权威·前沿·原创

皮书系列为
"十二五""十三五"国家重点图书出版规划项目

本书受到国家社会科学基金重大项目"建立社会公平保障体系与维护社会公平正义研究"（批准号：13&ZD042）、北京市科技项目"居家养老辅具产品开发与示范应用（一期）"、北京市劳动力市场与劳动科学发展研究中心资助

北京养老服务蓝皮书

BLUE BOOK OF
AGED CARE SERVICE IN BEIJING

北京康复辅助器具（老年）发展报告（2018）

DEVELOPMENT REPORT OF ELDERLY REHABILITATION
ASSISTIVE DEVICES IN BEIJING (2018)

江 华 张航空 冯喜良 等／著

社会科学文献出版社
SOCIAL SCIENCES ACADEMIC PRESS (CHINA)

图书在版编目（CIP）数据

北京康复辅助器具（老年）发展报告.2018／江华
等著.--北京：社会科学文献出版社，2018.6
（北京养老服务蓝皮书）
ISBN 978 - 7 - 5201 - 2773 - 8

Ⅰ.①北… Ⅱ.①江… Ⅲ.①老年病 - 康复训练 - 医
疗器械 - 产业发展 - 研究报告 - 北京 - 2018 Ⅳ.
①F426.4

中国版本图书馆 CIP 数据核字（2018）第 103596 号

北京养老服务蓝皮书
北京康复辅助器具（老年）发展报告（2018）

著 者／江 华 张航空 冯喜良 等

出 版 人／谢寿光
项目统筹／佟英磊
责任编辑／胡 亮 毕海英

出 版／社会科学文献出版社·社会学出版中心（010）59367159
地址：北京市北三环中路甲 29 号院华龙大厦 邮编：100029
网址：www.ssap.com.cn
发 行／市场营销中心（010）59367081 59367018
印 装／三河市龙林印务有限公司

规 格／开本：787mm × 1092mm 1/16
印 张：16 字 数：240 千字
版 次／2018 年 6 月第 1 版 2018 年 6 月第 1 次印刷
书 号／ISBN 978 - 7 - 5201 - 2773 - 8
定 价／89.00 元

皮书序列号／PSN B - 2018 - 716 - 1/1

本书如有印装质量问题，请与读者服务中心（010 - 59367028）联系

北京养老服务蓝皮书
编委会名单

著者简介

江 华 1979 年生，经济学博士，工商管理学博士后，首都经济贸易大学劳动经济学院副教授，中国社会保障学会会员，首都企业改革与发展研究会理事，曾在企业工作 1 年、政府机关工作 7 年，目前主要从事劳动经济、社会保障、养老服务研究。近年来先后在《中国人口科学》、《经济管理》等期刊发表论文 19 篇，出版专著《北京市养老机构运营模式与可持续发展研究》，获得人力资源和社会保障部优秀成果三等奖 2 项（排名第一），省级科技进步三等奖 1 项（排名第四），主持国家社科基金青年项目 1 项、省部级项目 4 项、企业委托人力资源管理咨询项目 4 项，作为第二作者参与出版专著 2 部，参与编写《北京养老产业发展报告（2015）》、《北京居家养老产业发展报告（2016）》，参与国家社科基金重大项目 2 项、国家社科基金一般项目 1 项、国家自然基金项目 1 项、其他省部级科研项目 7 项。

张航空 1982 年生，法学博士，首都经济贸易大学劳动经济学院副教授，中国老年学和老年医学学会理事，北京市人口学会理事，主要从事社会老年学研究。近年来先后在《人口与经济》、《人口与发展》等期刊发表论文 20 余篇，出版专著《首都人口老龄化与养老问题研究》，参编《中国人口老龄化和老龄事业发展报告》、《回顾与展望：中国老人养老方式研究》、《北京养老产业发展报告（2015）》、《北京居家养老产业发展报告（2016）》等书，主持国家社科基金青年项目 1 项、全国老龄办招标课题 1 项、北京市委组织部优秀人才培养资助项目 1 项，参与国家和北京市人口老龄化和养老相关主题课题多项。

冯喜良　1963年生，现任首都经济贸易大学劳动经济学院院长，教授。1991~2000年在日本留学并分别获得经济学学士，社会学硕士、博士学位。2000年4月至2001年3月在日本精神技术研究所工作。2001年3月归国，任教于首都经济贸易大学劳动经济学院。主要从事劳动关系、劳动社会学、劳动就业方面的研究和教学工作。主编《北京养老产业发展报告（2015）》、《北京居家养老产业发展报告（2016）》等书，主持包括国家社科基金重大项目"集体劳动争议的预防与处理机制系统化建构研究"等在内的课题近20项，发表论文20余篇。

摘　要

党的十九大报告提出要积极应对人口老龄化，北京市人口处于中度老龄化阶段，养老服务是未来要重点解决的问题，老年用品开始逐渐被国家层面关注。2016 年，《国务院关于加快发展康复辅助器具产业的若干意见》（国发〔2016〕60 号）印发，首次以国务院名义对辅助器具产业进行顶层设计和谋篇布局，制定了到 2020 年产业规模突破 7000 亿元的目标。

全书共包含一篇总报告、六篇分报告。总报告是北京市老年辅助器具发展报告，六篇分报告分别是康复辅助器具研究现状：理论与文献，康复辅助器具政策发展报告、北京市老年辅助器具产业发展报告、北京市老年辅助器具产品发展报告、老年辅助器具产品案例、北京市老年辅助器具企业（机构）案例。

总报告总结归纳了目前对辅助器具类别划分的各种标准，提出按照使用环境、使用对象对老年辅助器具进行划分；梳理归纳了 1988 年至 2017 年 12 月期间，国家层面关于辅助器具的 77 项政策文件和 2009 年以来北京市出台的 11 项政策文件；概括了目前北京市辖区内老年辅助器具产业链的现状，研究分析了北京市老年辅助器具产业的现状与问题、北京市老年辅助器具产品市场现状与问题，最后对北京市老年辅助器具市场发展做出了展望。

分报告一对老年辅助器具产品及产业状况的相关文献进行了研究总结。首先，简述了辅助器具的基本概念、历史沿革及分类，并对辅助器具的国内相关研究进行了归纳；其次，结合相关文献，提炼了老年辅助器具产品的概念、作用及配置原则；再次，梳理了已有研究中提出的老年辅助器具产业的特点并对比该产业国内外发展状况；最后，总结了学者对老年辅助器具产品及产业的四种评价方式，即满意度评价、生命质量评价、心理影响及经济学评价。总体而言，国内关于老年辅助器具产品及产业发展的研究落后于发达国家和地区，我们要将国外先进的方法理念介绍到国内，立足于我国国情和实际，开展高质量的本土化研究，并将研究成果应用于实践。

分报告二对辅助器具的政策进行梳理，涉及辅助器具的政策演变、研发与生产、扶持政策、机构建设与服务网络完善、免费配送、宣传与人才培养、产业与市场以及其他问题等九个方面，辅助器具政策未来需要老龄部门更多地参与进来，针对辅助器具研发、生产和销售市场中存在的问题专门出台政策，辅助器具的宣传要更加"接地气"，出台专门的有关辅助器具的人才培养政策和辅助器具租赁相关政策。

分报告三分析了北京市老年辅助器具产业发展状况，首先描述了对北京市企业样本数据库进行收集、摸底、调查及五次增加样本库的过程，在调查的基础上描述北京市老年辅助器具产业的企业区位分布、企业的经营类型、企业注册资金规模、企业经营时间的持续性等现状，提出产业市场规模体量小、产业竞争力有待提升、产业发展政策扶持力度较小、产业创新的研发资金支持少、老年人消费行为活跃度不高约束了市场发展等产业发展中存在的五个方面的问题，最后提出北京市老年辅助器具产业发展的对策建议。

分报告四主要分析北京市老年辅助器具产品市场状况，调查显示，北京市老年辅助器具销售量较大的产品为轮椅类、防褥疮产品类、拐杖、老年代步车、坐便椅等产品，销售渠道多样化。北京市辖区内的企业生产的产品包括轮椅、助听器、扶手、多功能座椅、机器人、拔罐、血压计、假肢、矫形器、肢体训练器、鞋、鞋垫等品种。北京市老年辅助器具产品存在整体研发创新能力和投入不足、产品的生产经营面临较大困难、老年人对辅助器具产品的购买力不足、政策对辅助器具产品的监管与支持不到位等问题。据此提出应加强辅助器具产品的宣传和推广、完善政策支持体系、重视科研创新型的投入、满足辅助器具产品的适配要求、打造人性化辅助器具产品、创建无障碍环境设施、发展我国辅助器具租借服务等建议。

分报告五选择移动类老年辅助器具、卧室老年辅助器具、厨房老年辅助器具、客厅老年辅助器具、卫生间老年辅助器具、移位老年辅助器具6个功能区 20 个类别的老年辅助器具产品作为典型案例介绍。每一类产品分别从产品类别、产品功能特点、产品案例等几个方面介绍。

分报告六从管理机构、研发、生产、销售、租赁、智能开发视角选择了14 家老年辅助器具企业（机构）作为案例重点介绍，它们分别是中国残疾人辅助器具中心、国家康复研究中心、国家康复器械质量监督检验中心、北京特别特无障碍康复辅具研发有限公司、北京美尔斯通科技发展股份有限公司、北京龙头天威科技发展有限公司、北京环球精博辅助器具技术有限公司、北京东方瑞盛假肢矫形器技术发展有限公司、北京康复之家医疗器械连锁经营有限公司、博爱方特国际贸易（北京）有限公司、长者友善商贸服务有限公司、北京老年用品展示中心有限公司、北京市健租宝科技有限公司、北京小豆当家科技有限公司。案例分析中主要介绍每家辅助器具企业（机构）的概况、运营现状、运营中遇到的困难与问题三个方面。

目　录

Ⅰ　总报告

Ⅱ　分报告

Ⅲ　附录

皮书数据库阅读**使用指南**

总 报 告
General Report

B.1

北京市老年辅助器具发展报告

江 华　张航空*

摘　要： 在积极应对人口老龄化，构建养老、孝老、敬老政策体系和社会环境，推进医养结合，加快老龄事业和产业发展的背景下，国家及相关部委均在积极促进康复辅助器具（以下简称"辅助器具"）产业的发展，北京市也逐步出台相应政策。本报告总结归纳了目前对辅助器具进行类别划分的各种标准，提出按照使用环境、使用对象对老年辅助器具进行划分；梳理归纳了1988年至2017年12月期间国家层面关于辅助器具的77项政策文件和2009年以来北京市出台的11项政策文件；概括目前北京市辖区内老年辅助器具产业链的现状，研究分析北京市老年辅助器具产业的现状与

---

* 江华，博士后，首都经济贸易大学副教授，研究方向为社会保障、劳动经济、养老服务；张航空，博士，首都经济贸易大学副教授，研究方向为社会老年学。

问题、北京市老年辅助器具产品市场现状与问题，最后对
北京市老年辅助器具市场发展做出展望。

关键词： 老年辅助器具　老年辅助器具产业　老年辅助器具政策

一　研究背景

党的十九大报告提出要积极应对人口老龄化，构建养老、孝老、敬老政
策体系和社会环境，推进医养结合，加快推进养老事业和产业发展。如图1
所示，我国65岁及以上老人人口规模不断加大，占总人口的比重持续增加，
至2000年我国65岁及以上老人比重超过7.0%，进入人口老龄化社会，
2016年上升至10.8%。

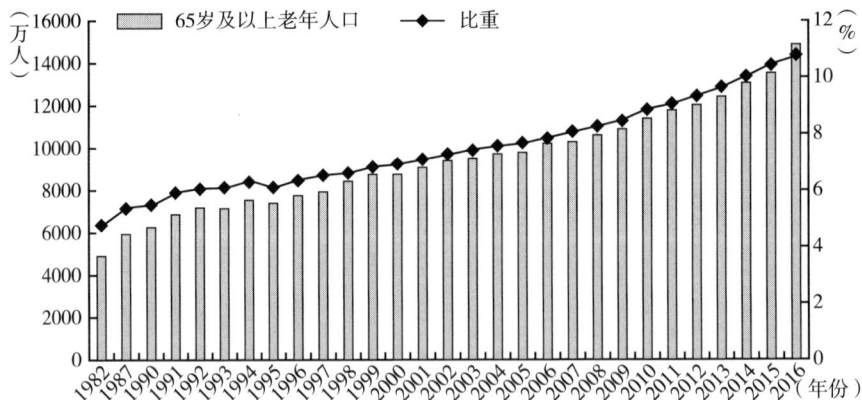

图1　中国1982～2016年部分年份65岁及以上老年人口数及占总人口的比重

资料来源：国家统计局编《中国统计年鉴（2017）》，中国统计出版社。

同样，北京市人口处于中度老龄化阶段（如图2所示），截至2015年
底，全市60岁及以上户籍老年人口约313.3万，占户籍总人口的23.4%，
户籍人口老龄化程度居全国第二位；全市常住老年人口340.5万，占常住人

口总数的 15.7%。人口老龄化对经济发展、社会保障、社会服务等各方面产生深远影响。

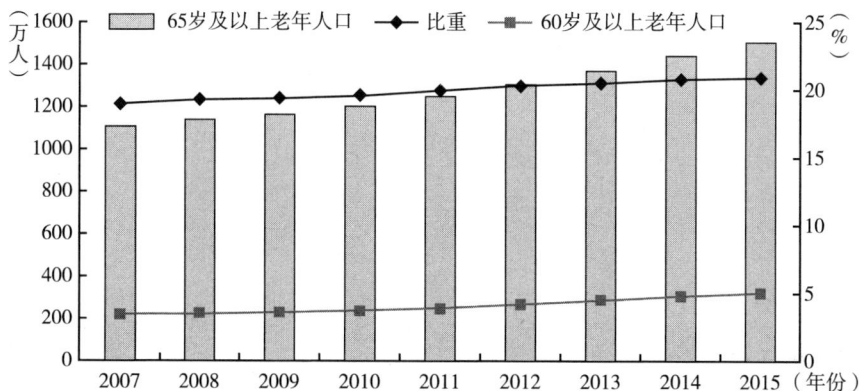

图 2 北京市 2007~2015 年 60 岁及以上老年人口数及占总人口的比重

资料来源：北京市统计局编《北京统计年鉴（2016）》，中国统计出版社。

根据 2015 年第四次中国城乡老年人生活状况抽样调查结果，在老年人口中，失能、半失能老年人大致为 4063 万人，占老年人口的比重为 18.3%。对于失能、半失能老年人的照顾护理，轮椅、拐杖、助行器、助听器等是不可或缺的辅助用品。第四次中国城乡老年人生活状况抽样调查的数据显示，在社区为老服务中，使用老年辅助器具用品租赁服务的比例为 3.7%。老龄用品推广应用的调查数据中，有 65.6% 的老年人使用了老龄用品，其中城镇为 71.8%，农村为 59.0%。使用老花镜的比例为 46.8%，使用假牙的比例为 27.0%，使用血压计的比例为 14.2%，使用拐杖的比例为 9.3%，使用血糖仪的比例为 3.9%，使用按摩器具的比例为 3.3%，使用轮椅的比例为 1.9%，使用助听器的比例为 1.6%，使用成人纸尿裤或护理垫的比例为 1.0%，足见老龄用品对老年人的重要性。

为了促进辅助器具产业的发展，2016 年 8 月 3 日国务院印发了《"十三五"加快残疾人小康进程规划纲要》（国发〔2016〕47 号），《纲要》前后共 26 处直接提及辅助器具，为下一阶段辅助器具产业的快速发展打下了良好的政策基础；2016年10月9日，中国残联、国家卫生计生委、民政部、教育部、人力资源和社会保障部、国家质检总局联合制定下发了《辅助器具推广和服务"十三五"实施方案》；同年10月23日，国务院又印发了《国务院关于加快发展康复辅助器具产业的若干意见》（国发〔2016〕60号），首次以国务院的名义对辅助器具产业进行顶层设计和谋篇布局，制定了到2020年产业规模突破7000亿元的目标，将部分辅助器具纳入医保范畴，辅助器具产业的优化升级也将加快，还特别对辅助器具企业给予税收价格优惠、金融服务、财政资金引导等一系列支持措施，辅助器具行业将迎来发展良机。

2016年5月，《北京市老龄工作委员会关于印发北京市支持居家养老服务发展十条政策的通知》（京老龄委发〔2016〕7号）第3条明确提出为经济困难的老年人家庭进行适老化改造，并出台了适老化改造工作实施细则，为老年人配备起居床、客厅家具、水盆、扶手、浴凳、坐便器等辅助器具，一定程度上提高了老年人的生活便利性。2016年12月18日，北京市老龄产业协会与北京城乡贸易股份有限公司合作，在海淀区玉泉新城成立北京市老年用品展示中心，为老年人集中提供老年用品的展示、体验、销售、租赁平台，展示中心有老年用品3000余种。据估计，北京市不能完全自理的老人占北京市老年人口的14%[①]，按此比例，户籍老年人口中不能完全自理的老人约为44.5万人，老年辅助器具用品市场潜力巨大。本报告在可获得的信息范围内，对北京市辖区内的老年辅助器具相关企业进行普查访谈，了解目前北京市老年辅助器具行业的发展现状、存在的问题，为北京市老年辅助器具行业发展提供信息及发展建议。

二 老年辅助器具产品类别划分

辅助器具主要指预防残疾，改善、补偿、替代人体功能和进行辅助性治疗的产品。辅助器具主要具有以下功能。（1）弥补失去的功能。弥补因各

[①] http://www.bj.chinanews.com/news/2015/1126/48882.html.

种原因导致的生理器官失能后的功能。（2）补偿减弱的功能。生理器官功能减弱后对其进行辅助，如配戴助听器能够使耳聋患者听到外界声音。（3）恢复和改善功能。如偏瘫患者能够通过助行器等辅助器具的训练恢复行走功能。通过以上改善，辅助器具可以让对应群体增强自理生活的能力，是其全面康复的工具、回归社会的桥梁。

辅助器具种类繁多，目前辅助器具主要有三种分类方法。

（一）按国家标准规定分类

辅助器具产品的分类标准主要有两个：一个是辅助器具的分类标准，另一个是民政部以公告形式发布的《中国康复辅助器具目录》。辅助器具的分类标准是国家标准，由中华人民共和国国家质量监督检验检疫总局、中国国家标准化管理委员会联合发布，标准名称为《康复辅助器具分类和术语》GB/T 16432—2016/ISO 9999：2011（等同采用国际标准），将残疾人辅助器具分为11个主类、135个次类和741个支类。11个主类划分如表1所示。

表1　辅助器具的11个主类划分

序号	类别	序号	类别
1	个人医疗辅助器具	7	家庭和其他场所使用的家具及其配件
2	技能训练辅助器具	8	通信、信息和信号辅助器具
3	矫形器和假肢	9	产品和物品管理辅助器具
4	生活自理和防护辅助器具	10	用于环境改善的辅助器具和设备、工具、机器
5	个人移动辅助器具	11	休闲娱乐辅助器具
6	家务辅助器具		

注：目前公开的最新标准是中华人民共和国国家标准 GB/T 16432—2016/ISO9999：2011《康复辅助器具分类和术语》，有关辅助器具分类的详细内容见该标准。

第二个分类标准是《民政部关于发布〈中国康复辅助器具目录〉的公告》（民政部公告第317号），是民政部为推动辅助器具行业发展和科学管理，加强辅助器具产品服务规范化引导，参照国际标准 ISO 9999：2011，并结合我国辅助器具行业实际编写发布的目录。目录中将中国辅助器具划分为12个类别（如表2所示），其中比表1多出"就业和职业训练辅助器具"一个类别。

表 2　辅助器具的划分

序号	类别	序号	类别
1	矫形器和假肢	7	技能训练辅助器具
2	个人移动辅助器具	8	操作物体和器具的辅助器具
3	个人生活自理和防护辅助器具	9	用于环境改善和评估的辅助器具
4	家庭和其他场所使用的家具及其适配件	10	家务辅助器具
5	沟通和信息辅助器具	11	就业和职业训练辅助器具
6	个人医疗辅助器具	12	休闲娱乐辅助器具

（二）按使用人群生理特征分类

按照使用人群生理特征可以将辅助器具划分为肢体残疾人辅助器具、听力残疾人辅助器具、言语残疾人辅助器具、视力残疾人辅助器具、精神残疾人辅助器具、智力残疾人辅助器具。

（三）按辅助器具的使用用途分类

辅助器具按使用用途可以分为移动类辅助器具、生活类辅助器具、信息类辅助器具、训练类辅助器具、教育类辅助器具、就业类辅助器具、娱乐类辅助器具。

以上按照不同划分标准对辅助器具进行了分类，但目前还没有一种分类是按照使用对象年龄类别做出的。从辅助器具的使用范围来说，也确实没有任何一种辅助器具是专门针对老年人使用开发的，目前的辅助器具只是针对个体生理功能需求而开发设置的，既提供给残疾人、伤病人等功能障碍者使用，也提供给有任何对应需要的老年人，以改善其生活质量和促进其康复。因此，本报告从养老服务的研究目标出发，将专门针对残疾人开发使用的假肢和矫形器排除在外，将公民达到老年阶段后满足居家或者入住养老机构养老护理需求的一些基本辅助器具作为老年辅助器具，结合老年人购买、了解，进而熟悉、接受的过程，按照居家使用环境的功能区将老年辅助器具进行分类，如表 3 所示。

表3　辅助器具的分类方法

功能区	辅助器具承担的功能	细分区
卫生间	辅助老人洗浴、如厕	洗浴、洗刷、排泄
卧室	辅助自理老人起居等必要的日常生活,辅助失能半失能老人起居、排泄、翻身、洗浴、饮食、娱乐	床内、床边
客厅/餐厅	辅助老人起坐、饮食	
厨房	辅助老人烹饪	洗、切、烧、储存
阳台	辅助老人娱乐、晾晒	
站线	辅助老人室内移位	卧室至阳台、卧室至客/餐厅、卫生间、厨房
室外	辅助老人室外移位	

从辅助器具的使用对象上来说,一般养老护理辅助器具可以提供给三类使用对象。一是老人。老年人可以利用辅助器具所具备的功能来满足某方面生理或者生活的需要,以解决老人某方面生理器官功能不足带来的不便,如使用步行辅助器。二是护理人员。护理人员在照护老人时,由于人的体征、身体的客观条件等,护理人员需要借助某些辅助器具降低照料护理强度,从而达到更加便捷地照顾老人的同时又不对自己身体造成不良影响的目的,如使用移动用升降机。三是老人和护理人员同时使用的辅助器具。这类辅助器具既可以帮助老人实现自立,使其相对独立地做些日常活动,又可以降低护理人员的照料护理强度,如使用轮椅车。总体而言,不论哪种辅助器具,主要完成两个功能:一是帮助老人特别是失能半失能的老人维持生活质量,二是减轻护理人员的照料护理负担。因此,本报告结合老年人的特点,将残疾人群体适配的假肢、矫形器排除在外,按照老年人的接受习惯,将老年人进入老年阶段后,由于生理器官功能退化、疾病、意外等各种原因,需要老年人自身或护理人员借助辅助器具满足老年人生活需求的产品称为老年辅助器具,并按照老年辅助器具使用的环境和使用对象划分类别,如图3所示。

按照功能区划分类别,主要功能区中一些常见的老年辅助器具产品示例介绍如表4所示。

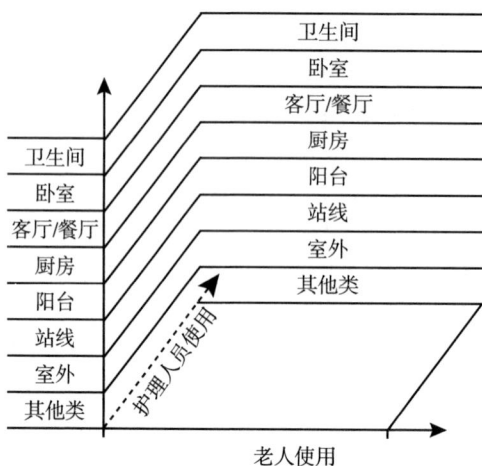

图3 老年辅助器具的划分方法

表4 主要功能区中一些常见的老年辅助器具产品示例

功能区域	产品类型	适用情况	功能介绍
卧室	电动护理床	一般适用于残疾人或行动不便的老年人	床面设计符合人体工程学原理，可随意调整成平躺位、坐卧位、倾斜等。护栏可收缩，更方便使用者上下床 护理人员只需使用遥控调节，就可以大大降低护理人员的工作强度，为照料者和使用者同时提供便利
	移位垫	一般用于瘫痪、无法正常移动、需要长期卧床的患者	辅助患者移位、过床转移；辅助患者翻身护理；防止患者失禁弄脏床铺
	床边护理桌	一般用于需要长期卧床、在床上用餐和看书的患者	该产品升降灵活、制动好，可折叠、可拆卸，桌面角度可调节
	防褥疮床垫	为预防和减缓褥疮疾病而辅助使用的医疗护理床垫，广泛应用于瘫痪、昏迷、重大手术后康复、骨折牵引、严重烧伤（冻伤）等患者，以及各种重症和终末期患者	具有温感性、减压性、透气性，吸收并转移人体体表的潮气，保持皮肤的舒适干爽，加强患者的血液流通，可防止因长期卧床而造成的肌肉坏死，起到防止褥疮形成的作用
	生命体征监测仪	缩短测量患者生命体征的时间，将患者护理提升到新的水平	快速准确地完成所有生命体征检测，可满足患者不同的需求，并为医护人员提供全面的分析诊断数据
	呼吸机	用于各种原因所致的呼吸衰竭，大手术期间的麻醉呼吸管理、呼吸支持治疗和急救复苏	能够起到预防和治疗呼吸衰竭、减少并发症、挽救及延长病人生命的重要作用

功能区域	产品类型	适用情况	功能介绍
卫浴室	洗浴椅	该沐浴座椅主要为不方便站立的老年人、残疾人和腰腿弯曲有障碍的人士淋浴时使用	该产品可以轻松调节脚架高度,适合不同身高的使用者使用,有防滑坐板贴合臀部,久坐不累,带孔易于排水
	坐便椅	适合体弱的老年人或行动不便的病人作为生活辅助器具。作为移动的洁具,可放在卧室床边或其他方便的地方,与卫生间的洁具配套使用更好	该产品可以轻松调节脚架高度,适合不同身高的使用者使用,方便折叠
	电动坐便支架	该设备适用于如厕不便者	该设备将便携式控制器置于支架上,如厕者在无他人帮助的情况下,可以根据需要(摁住按钮),调节升降坐便器盖板高度,方便如厕。支架上装有扶手,方便如厕者借力
	浴缸升降椅	该浴缸升降座椅专门为残疾人或行动不便者设计,避免进出浴缸时摔倒	进入浴缸之前,将椅子升到与浴缸外壁同等高度,使用者可以直接从浴缸外侧坐到椅子上,然后转身进入浴缸,再通过控制器来降低椅子的高度
厨房	无障碍升降灶台	适用于肢体残疾人士及行动有障碍的老年人群体	电动按钮控制升降,可以根据用户需求定制尺寸,自由调节整体台面高度
餐厅	餐具握器	使手部不能自主抓握餐具的人自如用餐,左右均可	餐具用一个可调式的蝴蝶螺母固定。可固定在日常适用的扁平柄的餐具上,方便抓握
	自助餐具(自助勺、自助筷、吸盘防洒碗)	适用于老人,手部残疾人士,手僵硬、中风、挛缩病人	通过手柄的加粗使手部掌指功能受限、抓握功能不到位、握力不足者,能够抓住手柄。肘关节屈曲受限较大者,前臂旋前、旋后功能受限,致使食物送不到嘴边,通过手柄的延长和改变餐具使用方法有助于把食物送到嘴边。针对手掌掌关节屈曲功能严重受限、丧失握力或手指屈伸功能,或手指离断的人,通过扣带把餐具手柄固定在手掌上,代替手指抓握的功能
客厅	自动抬起椅	适用于残疾人或行动有障碍的老年人群体	电动按钮控制椅垫自动抬起,不需旁人协助站立
	人体构造学坐垫	预防褥疮,分散压力,减轻腿部和尾骨压力,促进血液循环,适合双腿截瘫患者使用	符合人体构造学,坐垫确保使用者靠在椅背时不易向前倾倒

续表

功能区域	产品类型	适用情况	功能介绍
站移线	轮椅	适用于肢体伤残者、生理上短期需要者、长期行动不便者	轮椅座位的宽窄和深浅、靠背的高度、脚踏板到坐垫的距离会影响乘坐者相关着力部位的血液循环,并产生皮肤磨损,甚至压疮。轮椅的设计可以有效防止对特殊群体的二次伤害,同时具有代步功能
	空间移位机	适用于生活难以自理老人、急症手术病人、特殊病人及长期卧床病人的空间移动	固定式吊臂式电动移位机通过安装于楼顶或房顶的特制轨道,使用操作器让主机前行或后退、上升或下降,实现将瘫痪病人、腿脚受伤的病人或长年卧床的老年人转移到轮椅或座椅的无障碍移位的目的,使用者也可全程自行操作移位
	助步器	助步器是一种步行撑扶工具,供行动不便的老人、某些外伤患者、偏瘫患者与残疾人自行助步或锻炼四肢体力时使用,人们扶着它可以轻松慢行	可折叠,其握把的高度可以自由调节,使人行动更方便
	站立架	适用于残疾人或行动有障碍的老年人群体	患者不需旁人协助站立,站立架可移动,患者可进行活动,比如做家务、看书、体育锻炼等
	拐杖	适用于下肢肌力减退等下肢负重障碍者使用	用于下肢障碍者代步
	无障碍扶手	一种帮助老年人和残疾人行走和上下的设施	1. 过道走廊扶手 2. 卫生间、公共厕所无障碍扶手安全抓杆
	斜坡脚垫	适用于房门口、餐厅门口、卫生间门口等出入口	能够与各类台阶对接,实现无障碍移位
其他	助听器	辅助听力工具,适用于听力障碍者	助听器是一种小型扩音器,把原本听不到的声音加以扩大,再利用听障者的残余听力,使声音能送到大脑听觉中枢,使人感觉到声音

三 北京地区老年辅助器具产业链

产业链是各个产业部门之间基于一定的技术经济关联,并依据特定的逻辑关系和时空布局关系客观形成的链条式关联关系形态。产业链中存在大量上下游关系和相互价值交换，上游环节向下游环节输送产品或服务，下游环节向上游环节反馈信息。老年辅助器具产业链是以老年辅助器具产品为链条而形成的具有上下游内在价值联系的企业群。根据北京市老年辅助器具企业的存续与经营情况，目前北京市老年辅助器具产业链如图4所示。

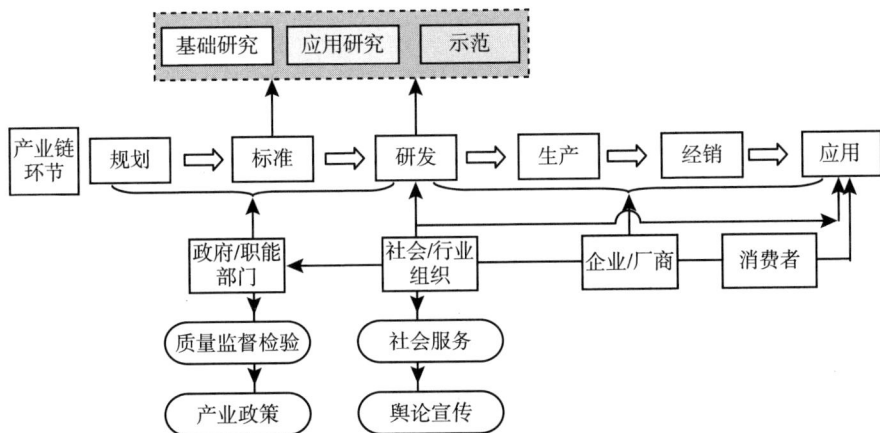

图4　北京市老年辅助器具产业链

基于被调研的30家老年辅助器具企业，目前北京市老年辅助器具的规划、标准制定、纯研发机构集中在民政、残联等政府职能部门的所属单位；研发、生产、销售一体型的14家企业，主要分布在通州区和大兴区；研销一体型企业和产销一体型企业在丰台区和大兴区各有1家，销售型的13家企业集中于朝阳区；租赁型企业仅有朝阳区的1家企业。

从注册资本规模看，在这30家老年辅助器具相关的企业中（除政府职能部门的所属单位以外），在北京市企业信用信息网中有27家企业有注册资本信息。其中，具有研发能力的企业中，有3家企业注册资本小于或等于100万元，有3家企业的注册资本在100万～500万元，注册资本在500万～1000万元和1000万元以上的企业分别有3家和6家。能够完成产品生产的企业中，有3家企业注册资本小于或等于100万元，有3家企业的注册资本在100万～500万元，注册资本在500万～1000万元和1000万元以上的企业分别有 3 家和 6 家。销售性质的企业（含 1 家租赁性质企业）中，有 4 家企业的注册资本在 100 万～500 万元，注册资本在 500 万～1000 万元和 1000 万元以上的企业分别有 1 家和 2 家。

从产权性质看，在被调查的 30 家企业中，除政府职能部门的所属单位以外，国有独资企业 1 家，该企业是具有研发能力的企业；民营企业 29 家。在存续时间上，具有研发能力的企业中，有 1 家企业成立了 1～3 年，有 3 家企业成立了 3～5 年，有 7 家企业成立了 5～10 年，有 1 家企业成立了 10～15 年，有 1 家企业成立了 15～20 年，经营了 20 年以上的企业仅有 2 家。能够完成产品生产的企业中，有 1 家企业成立了 1～3 年，有 2 家企业成立了 3～5 年，有 7 家企业成立了 5～10 年，有 1 家企业成立了 10～15 年，有 1 家企业成立了 15～20 年，经营了 20 年以上的企业仅有 2 家。销售性质的企业（含 1 家租赁性质企业）中，有 2 家企业成立了 1～3 年，有 3 家企业成立了 3～5 年，有 8 家企业成立了 5～10 年，仅有 1 家企业成立了 18 年。

四 老年辅助器具产业扶持政策

本报告对 1988 年至 2017 年 12 月期间国家层面关于辅助器具的 77 项文件和 2009 年以来北京市出台的 11 项文件进行了梳理，通过梳理发现，1991～2005 年，国家层面的文件中一共有 11 项文件涉及辅助器具；2006 年首次出现了以辅助器具命名的文件，2006 年以来有 65 项文件涉及辅助器具，2016 年是历年发布文件最多的年份，高达 16 项。根据已有的 77 项文件，可以发现已有的文件主要涉及以下七个方面。

辅助器具的研发与生产。1996 年发布的《全国残疾人用品用具供应服务"九五"实施方案》首次提出产品开发，在这一文件中提出鼓励残疾人及其亲友开发辅助用品自用，国家对于产品技术改进进行经费补贴。后来，一共有 13 个文件提到了辅助器具的研发和生产，但是几乎所有的政策文件只是提及了辅助器具的研发和生产方面的内容，并不具体。关于辅助器具研发与生产的具体内容可以分为两个方面，分别是提升辅助器具用品的科技含量和标准化。

辅助器具的扶持政策。关于辅助器具的扶持政策，包括以下几个方面。（1）安排残疾人就业的企业的税收优惠。包括所得税优惠，减征或免征土地使用税、房产税、增值税。（2）辅助器具企业的优惠政策。2016年发布的《国务院关于加快发展康复辅助器具产业的若干意见》对税收价格优惠做出了详细的规定，涉及辅助器具企业的研发费用加计扣除和固定资产加速折旧，公益性捐赠支出税前扣除，高新技术企业的企业所得税优惠，生产和装配伤残人员专门用品的企业和单位税收优惠，辅助器具配置服务企业用水、用电、用气、用热与工业企业同价等政策。（3）境外进口残疾人专用品免征进口关税、增值税和消费税。（4）生产和装配残疾人用品企业免征企业所得税。（5）贫困的持证残疾人配置基本辅助器具时的救助服务。（6）将辅助器具配置纳入社会保险和商业保险。（7）北京市的优惠政策包括研发费用加计扣除和固定资产加速折旧、公益性捐赠支出税前扣除，支持企业发行企业债、公司债和资产支持证券以及鼓励金融机构开发适合辅助器具企业的金融产品。

辅助器具的机构建设与服务网络完善。关于辅助器具机构建设与服务网络完善的文件至少有7项，辅助器具机构建设和服务网络完善的发展可以分为以下几个阶段：以中国残疾人用品开发供应总站为龙头的网络建设阶段、辅助器具服务体系建设阶段、辅助器具服务机构规范化建设阶段。北京市在2016年发布的《关于印发〈北京市残疾人辅助器具服务管理办法（试行）〉的通知》中提出了"三级管理，四级服务"，明确了市级残联、区级残联和街道（乡镇）残联的管理职责，对于市残疾人辅助器具资源中心、区级残疾人辅助器具服务机构的服务内容做出了规定。街道（乡镇）依托残疾人"温馨家园"等场所建立残疾人辅助器具服务站，鼓励有条件的社区（村）建立残疾人辅助器具服务站（点），这两个级别的服务站（点）提供相应的服务。

辅助器具的免费配送与配置补贴。在多个文件中对于辅助器具的免费配送数量与比例进行了规定，2011 年发布的《关于加强残疾人辅助器具服务机构规范化建设的意见》要求不同地区的残疾人基本辅助器具的配置率要分别达到 100%、90%、80% 和 70%。《辅助器具推广和服务"十三五"实施方案》中没有提及具体给残疾人发放多少件辅助器具，但是要求到 2020 年基本辅助器具适配要覆盖 80% 有需求的持证残疾人。在配置补贴方面，政策针对的范围包括重度残疾人、贫困残疾人、残疾人；在辅助器具方面，主要是基本型辅助器具和辅助器具；虽然各项文件中均已提及补贴，但是，到底补贴多少并没有明确的规定。2016 年发布的《关于印发〈北京市残疾人辅助器具服务管理办法（试行）〉的通知》对于残疾人购买（租赁）补贴目录内的辅助器具进行了规定，一般的残疾人购买（租赁）辅助器具按照相关标准的 50% 给予补贴，特殊的残疾人 100% 给予补贴；如果购买（租赁）辅助器具低于补贴标准，按照实际价格的 100% 给予补贴。

辅助器具的宣传。1996 年以来，至少有 5 项文件涉及辅助器具的宣传，关于辅助器具的宣传有以下几个变化：宣传方式在发生变化、宣传的受众在发生变化、宣传的内容在发生变化。

辅助器具的人才培养。1996 年以来发布的 10 项文件涉及了人才培养，在人才培养方面主要包括以下几个方面的内容：高等学校开设相关专业、编写培训教材、开展专业培训、开展执业资格认证和职业资格认证、建设人才队伍、校企联合、激励创新人才。

辅助器具产业与市场。已经发布的政策文件中关于辅助器具产业与市场的比较少。在产业方面，考虑到现在的产业比较低端，提出的是促进产业优化升级，从低端迈向中高端。文件中还涉及市场供给与市场监管。

除了上述几个方面以外，文件中还零星提到以下几个方面：居家生活环境配置辅助器具、养老设施配置辅助器具、老年人出行辅助器具配置，以及辅助器具的相关服务等。

针对辅助器具政策的现状，应该在以下几个方面进一步改进：老龄部门需要出台更多关于老年辅助器具的政策，针对辅助器具研发、生产和销售市场中存在的问题专门出台政策，辅助器具的宣传要更加"接地气"，出台专门的辅助器具的人才培养政策，出台辅助器具租赁相关政策等。

五 北京市老年辅助器具产业的现状与问题

我国老年辅助器具产业起步晚、发展慢，但伴随着我国人口老龄化问题的加剧，各类老年辅助器具的生产、经营和服务产业逐渐出现并发展。随着国家对养老服务的重视，以及老年辅助器具企业规模、数量、种类的扩张，老年辅助器具产业也在不断发展中。

项目调查组首先对北京市老年辅助器具企业的样本数据库进行收集，根据北京市企业信息网中的企业信息，以"辅具"、"器具"、"康复"、"辅助"、"假肢"、"老年用品"、"轮椅"、"老年"、"老人"等关键词逐一检索，同时根据中国残疾人辅助器具网提供的企业信息，初步找出符合老年辅助器具经营范围的企业193家，然后进行摸底调查，核实企业的存续状态和经营地址，摸底后能够找到地址的企业为65家，接着展开正式的调查走访，在调查走访过程中又通过调查企业访谈信息、中国辅助器具协会北京市会员单位、北京国际老龄产业博览会参展商、2017中国（北京）国际康复辅助器具博览会参展商、2017第六届中国国际养老服务业博览会参展商等渠道5次增加样本库数量，样本库包括228家企业和7家政府所属相关机构，最后按照经营范围走访调查54家企业和政府所属相关机构5家。调查完成后整理出与老年辅助器具相关企业30家（见表5）、机构5家（见表6）。

我们将相关的企业大致划分为研发、生产、销售（租赁）3种类型及不同类型组合，在调查的54家企业当中，销售企业27家，其中老年辅助器具企业13家；研产销一体的企业18家，其中老年辅助器具企业11家；其他类型的企业9家，老年辅助器具企业6家。整个产业链条中，生产型企业数量较少，这与首都科技创新中心的定位有着紧密的关联。现实中致力于服务老年辅助器具的企业数量较少，规模大的企业很少。

表5　调查组走访调查的北京市辖区内的老年辅助器具企业一览

序号	区位	企业、机构名称	序号	区位	企业、机构名称
1	西城	北京鹤逸慈辅具科技有限公司	17	丰台	北京依贝思商贸有限责任公司
2	西城	北京小豆当家科技有限公司	18	丰台	仁爱家和(北京)辅助器具科技有限公司
3	东城	禄祥源(北京)科技发展有限公司			
4	朝阳	北京温馨利康医疗器械有限公司	19	丰台	北京银发美医疗器械有限公司
5	朝阳	北京市健租宝科技有限公司	20	丰台	北京康复之家医疗器械连锁经营有限公司
6	朝阳	长者友善商贸服务有限公司			
7	朝阳	北京盛福互邦医疗器械有限公司	21	丰台	博爱方特国际贸易(北京)有限公司
8	朝阳	北京东方华商科技发展有限公司	22	通州	奥托博克(中国)工业有限公司
9	朝阳	全国残疾人用品开发供应总站辅助器具服务中心	23	通州	北京金运世纪高新技术有限公司
			24	通州	北京畅易达工贸有限公司
10	海淀	北京老年用品展示中心有限公司	25	通州	北京宝达华技术有限公司
11	海淀	北京软汇科技发展有限公司	26	通州	北京康祝医疗器械有限公司
12	海淀	北京仁本新动科技有限公司	27	昌平	博奥颐和健康科学技术(北京)有限公司
13	大兴	北京达福康辅助器具技术有限公司			
14	大兴	北京龙头天威科技发展有限公司	28	昌平	北京和美德科技有限公司
15	大兴	北京杰森恩柯科技有限公司	29	房山	北京天恒凯锐起重机械有限公司
16	大兴	北京特别特无障碍康复辅具研发有限公司	30	密云	北京美尔斯通科技发展股份有限公司

注：表3中对个别企业调查组走访1次或2次，但由于种种原因未能进行深度访谈的企业，在此也一并列出；对2家企业进行的是电话访谈。

表6　调查组走访调查的北京市辖区内的老年辅助器具机构一览

序号	区位	企业、机构名称	序号	区位	企业、机构名称
1	大兴	国家康复研究中心	4	丰台	国家康复器械质量监督检验中心
2	朝阳	北京市假肢矫形技术中心	5	丰台	中国残疾人辅助器具中心
3	朝阳	中国康复辅助器具协会			

　　对北京市老年辅助器具产业全面调查了解后，调查组发现北京市老年辅助器具的研发、生产、销售各类型企业均在自己最大的能力范围内凝聚各种可用资源，按照自己的设想独立发展，取得了一定业绩，但发展中还存在较多的问题和困难。调查组对北京市辅助器具产品市场发展中遇到的问题的整

体判断是："两头"不足，中间困难和产业政策偏弱（见图5）。"两头"即产品研发端和消费者购买端，中间即企业端，即企业的以生产与销售为主的经营行为。

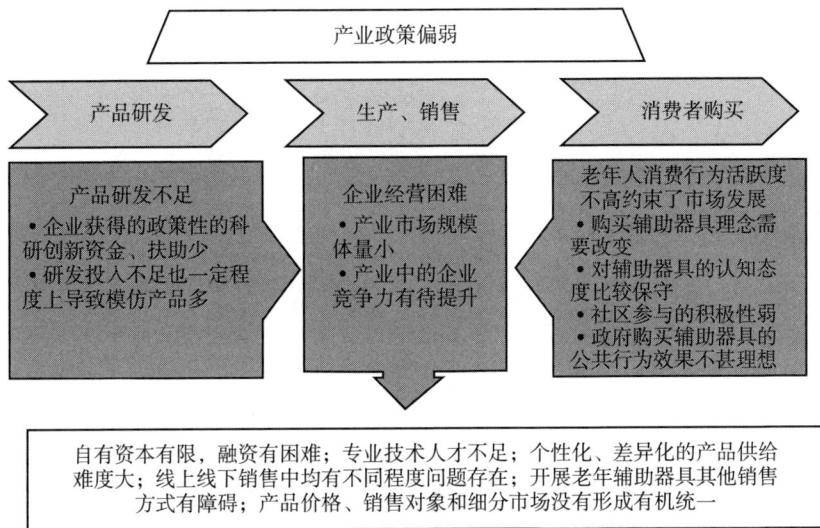

图 5 北京市老年辅助器具市场问题整体判断

从产业市场规模体量看，目前整体的产业规模较小。根据2017年对北京市辅助器具企业信息库的汇总及调查组的实地考察，北京市有30家老年辅助器具企业，企业数量少，而在起步晚、发展慢的背景下，北京市老年辅助器具产业市场的规模和体量并不能与当下北京市老年人口现状相匹配。北京市人口老龄化程度高，老龄人口增速快，且高龄化趋势明显。根据《北京市老龄事业和养老服务发展报告（2016年—2017年）》中的老龄人口数据，截至2016年底，北京市户籍总人口1362.9万人，其中，60岁及以上户籍老年人口数量高达329.2万，占总人口的24.1%，80岁及以上户籍老年人口数有59.5万。报告指出，两年来完成了对全市约16.57万老年人的能力评估工作和8.97万高龄老年人的需求调查工作，经评估确定为失能的老年人口数已达16.49万。根据老年辅助器具企业注册资本的数据（见图

6），加上调查所得信息，辅助器具企业的生产经营规模普遍较小，具有一定实力的企业年营业收入为几千万元，产业的规模体量相对北京市人口老龄化现状以及北京市打造技术高地的要求还有差距。

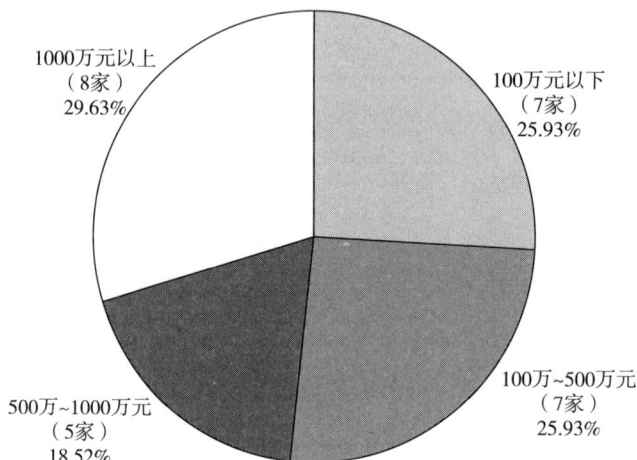

图6　北京市老年辅助器具企业注册资本分布情况

　　从产业政策支持力度看，老年辅助器具产业发展的政策扶持力度较小。第一，目前法律对知识产权的保护力度不足。企业为了减少投入的成本，短期内获得更大的效益，仿造产品成为其获益的"捷径"。复制易、传播快、控制难是产品投入市场后生产商不可把控的难题，厂家很难阻止侵权行为的发生，而现实中知识产权的保护并没有有效地实现，惩罚性赔偿的效力收效甚微。当然调查中也了解到，有的企业在受到知识产权侵犯后，曾运用法律武器来维护自己的权益，但由于诉讼成本较高、时间较长、惩罚力度不足、维权成本高，最后不了了之。第二，将老年辅助器具纳入医疗保险目录存在较多的客观约束。目前医疗保险的筹资、管理都有严格限制，医疗保险基金支付也相对紧张，老年辅助器具多是辅助性产品，并非严格意义上的医疗用品，因此将老年辅助器具划入我国医疗保险的报销范围内存在较多的客观约束。第三，老年辅助器具企业缺乏税收优惠政策扶持。调研企业过程中了解到，目前仅有1家企业获得了一定的所得税税收减免，其他企业均未获得税收优惠，多数企业对申请高科技企业认证和税收政策方面所知甚少。作为满足弱势群体需求的制造服务业，老年人辅助器具产品在促进老年人生活水平的提高、加快医疗康复的进程以及维护老年人精神文化生活质量等方面都有着重要的意义。产品自身的社会福利性特征会在很多方面产生社会效益，政府兜底保障的群体使用辅助器具会使社会效益更加明显，因此在依靠市场化手段发展老年辅助器具的同时，让税收手段发挥一定的产业促进作用也必不可少。尤其是在产业发展初期，税收政策的优惠对于促进企业进入的积极性、经营的持续性、产品的优化升级、企业的战略转型以及整个产业的进一步发展都会产生不可忽视的影响。第四，政府支持老年辅助器具"需求调研"的措施不足。政府很少对老年辅助器具做前期的需求调查，企业针对老年人进行入户市场调查有极大的难度，政府在资助入户调查老年人现实诉求，进而推动产业的精准定位和产品的准确适配等方面都是企业所无法企及的。第五，履行产品监督管理的职责弱。辅助器具产品质检部门仅有国家康复器械质量监督检验中心 1 家，质检设备落后，力量不足，监督部门的职责履行需要进一步完善。

从研发投入看，产业创新的研发资金支持少。首先，企业获得的政策性科研创新的资金扶助少。从整个行业的发展过程来看，整个产业的科研经费投入力度大，从产品构想到投入生产的耗时较长，但产品盈利回报周期长，该产业仍处于发展初期，各方存在不稳定因素，企业的资金压力巨大。在科研项目申请上，几乎所有企业都没参与申请过北京市或国家层面的自然科学基金项目，很多企业根本不知道有该类项目的存在，其中仅有 1 家企业申请到科技项目，1 家企业依靠政府研究机构以委托研发形式获得过研发资金，其他企业基本依靠自身力量做些研发工作。企业通过科研创新获得的资助资金很少，产业创新缺少政府资金的帮扶。这种现状也与作为首都核心功能之一的科技创新功能定位不符。其次，研发投入不足也在一定程度上导致模仿产品多。在走访的 54 家企业当中，12 家科研型企业有各自的专利产品，但专利数量并不多，在整个产业当中，生产型企业、科研型企业对产品研发的资金投入不足，产品研发的创新性较弱，很多企业无奈只能"借鉴"和

"模仿"国外产品，这样更加不利于产品的创新。

从企业的竞争力看，企业竞争力有待提升。自有资本有限，融资有困难。一方面，北京市多数辅助器具企业注册资本不多（见图6），在被调研的30家老年辅助器具企业中，企业注册资本超过1000万元的有8家，其中拥有5000万元及以上注册资本的企业仅有3家。这显然不能满足科研技术对于资金的大量需求。另一方面，老年辅助器具企业，尤其是研发生产型企业，资金循环周期长，整个运营过程中资金花费较大，且缺乏融资渠道，同时企业的产品销售规模有限，收益并不乐观。

企业竞争力不强还体现在如下三个方面。第一，专业技术人才供给数量与需求严重不匹配。无论是职业技术教育院校，还是高等教育院校，设置相关专业、拥有匹配性人才的学校屈指可数，最后从事该行业的人才也是凤毛麟角。目前北京市调研到的企业中，科研型人才基本不超过4人。此外，辅助器具研发人才不足与辅助器具的研发涉及多学科相关，例如有些辅助器具会涉及临床的解剖学、人体的生物力学以及机械制图和心理学等，单个个体很难全部掌握各类学科知识。第二，企业供给个性化、差异化产品的难度较大。在企业资金循环链条中，研发不足制约了生产的产品具有个性化和差异化特征，资金不足制约了生产个性化和差异化产品的企业生产能力。消费者行为不活跃又制约了资金的回流，进而又影响研发和生产投入，而作为身体机能逐步弱化的老年人，受性别、年龄阶段、身体状况等因素的影响，对辅助器具的产品又有着不同的诉求，他们更偏向于操作简单、轻巧方便且能满足自身需求的产品。由此导致一个不够良性的循环。第三，老年辅助器具的线上线下销售均有不同程度的问题存在。在整个走访调研中，企业的主要销售方式集中在实体店和网络平台销售，多数企业会将两种方式结合。实体店销售经营成本较高，很难展示全部产品从而满足老年人的直观选择需求；网络平台销售成本低，但老年辅助器具的特殊性、网络购买的无法体验性等特点会导致产品的售后成本增加。老年辅助器具其他销售方式开展效果一般。如政府、医院、福利机构等部门的采购都是通过招标实现的，对于企业的注册规模、产品的生产定位有着明晰的要求，对于多数企业来说有一定难度；展会平台销售具有周期长、参会人群的数量不确定、交易量较小、顾客的稳定性较差等特征。

从老年人的消费行为看，老年人的消费行为活跃度不高制约了市场发展。第一，老年人购买辅助器具的理念相对传统。在没有明显质量差别的前提下，产品价格较低的那一款往往是老年人最终的选择，而并不是最适合的那款。在购买动机上，只有出于现实身体状况的急切需要，老年人才会去借助外力设备，这直接导致老年人对于辅助器具产品本身的要求并不高。第二，老年人对辅助器具的认知态度比较保守。已有的认识仍然是：辅助器具只是辅助伤病人、残障者应对和解决生活起居中的功能性障碍的用具，一些预防性、便携式、智能化的产品被拒之门外，人们更不会花费一定金额去为护理人员购置辅助器具。第三，社区参与的积极性低。老年人购买商品的另一特点就是选择距离较近的门店或者大商场，这大大限制了老年人的选择范围，尤其对于出行不便的老年人，社区的参与就显得尤为重要。但现如今企业繁多，真假难辨，社区很难判断企业的优劣，出于回避风险的考量和相关政策推动的缺位，社区参与的积极性并不高。第四，政府购买辅助器具的公共行为效果也不尽理想。2016 年 5 月 3 日，北京市老龄工作委员会发布《北京市老龄工作委员会关于印发北京市支持居家养老服务发展十条政策的通知》（京老龄委发〔2016〕7 号），第三条提出，对本市户籍有需求的经济困难、失能、失独等特殊困难老年人家庭的通道、居室、卫生间等生活场所进行通行、助浴、如厕等适老化改造，同时对符合条件的经济困难、失能、失独等特殊困难老年人配备生活辅助器具给予支持。2016 年 9 月，全面启动了适老化改造相关工作，但整体上改造效果不尽理想，很多改造没能发挥作用，在满足老年人差异化需求上还有较多工作要做，通过政府购买行为促进老年辅助器具产业繁荣发展的作用打了折扣。

从服务内容看，政策安排也使得部分辅助器具被排除在外。《关于做好"十三五"听力残疾儿童康复和残疾人辅助器具服务有关工作的通知》中规定："原则上由各省（区、市）残联自行组织人工耳蜗、助听器、假肢、矫形器、轮椅、助视器等产品的招标采购。"而卫生间无障碍扶手、老人尿不湿、坐便椅等老年人经常使用的辅助器具产品没有在列。

六　北京市老年辅助器具产品市场现状与问题

（一）北京市辅助器具产品的市场发展现状

1.北京市老年辅助器具产品的生产情况

目前，北京市辖区内的企业生产的产品包括轮椅（手动、电动）、助听器、扶手、多功能座椅、机器人、拔罐、血压计、假肢、矫形器、肢体训练器、鞋、鞋垫、养老机器人、老年相关的软件开发等。产品提供的功能服务主要包括室内站线移位、其他生活健康辅助等类别，其中不乏自主研发并获得专利的产品。

2.北京市老年辅助器具产品的销售情况

目前北京市老年辅助器具市场销售的产品有少部分是本地企业生产的，其他产品多分布在江浙、福建、广东等地区。从企业视角了解到的产品销售量方面，轮椅、防褥疮的产品销量较高，拐杖、老年代步车等助行辅助器具销售量也比较大。其中个人移动辅助器具中，销量较高的只有普通轮椅、手杖等简单的辅助器具，而功能性轮椅、助行器、空间移位机等销量较小；生活护理类的只有防褥疮垫、坐便器、洗浴椅等类型销量较大，其余如方便进食碗、形状记忆汤匙（叉子）等自助类产品销量较小。

从老年辅助器具产品的销售渠道看，越来越多的企业选择运用线上的方式进行销售，有很多线下经营的企业，也在不断拓展网络销售这一渠道。但有些企业不选择做网络销售，因为网络销售渠道的仿制品众多，质量参差不齐，正品往往会丧失优势，比如轮椅的价格一般在千元以上，但是网络上有的模仿轮椅的样子比较相像，价格却远远低于正品，这种情况不但不利于正规企业的销售，反而还会影响其自身的品牌。此外，比较明显的一点是企业和社区的合作较少，没有政府部门的支持，企业如果想要进入社区推广产品存在较大难度。也有部分企业会通过各种辅助器具展览会、老年博览会等形式吸引老年人。在老年辅助器具产品的销售渠道中，政府、医院、大型养老机构等招标采购占据较大空间。各销售渠道占比如图7所示。

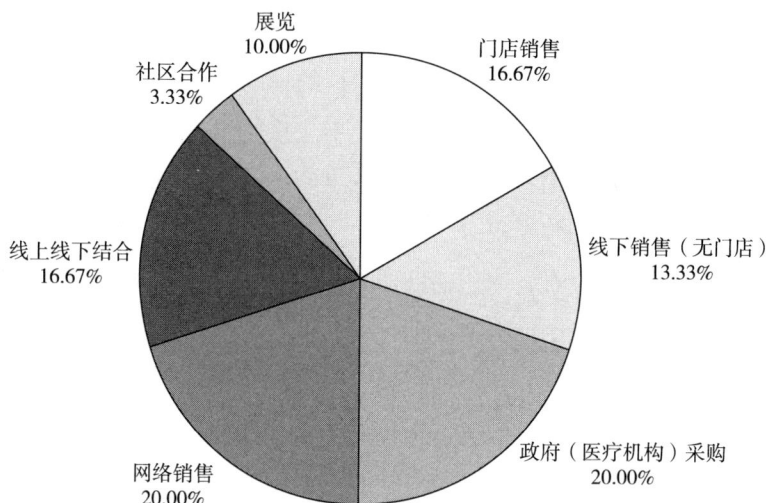

图7　辅助器具产品的销售方式

数据来源：根据所调查企业反馈状况得出。

（二）北京市辅助器具产品市场中的问题与原因

1. 老年辅助器具整体研发创新能力不足

辅助器具涉及医学、工程、教育、社会、心理等多个专业，具有较强的学科交叉性，加之很少有大学专业教育对应该领域，导致目前辅助器具从业人员专业化水平普遍较低，"无专业"人员居多，研发的基础比较薄弱。因而老年辅助器具产品同质化严重，大部分的产品处于模仿国外产品的阶段，中低端产品特别多。

同时，国内对于知识产权的保护力度低，所有调查企业一致反映在被模仿抄袭和侵权的事件面前无可奈何。研发创新需要大量投资，成本较高，单个企业很难承担研发所需的人才投入和时间成本，加之政府的研发资金投入不足，整体上老年辅助器具产品的研发创新能力较低。

2. 国产老年辅助器具产品种类少、质差价低

同美国、日本、德国等发达国家相同，我国的辅助器具产业发展也是从服务伤残军人开始的。相较于国外市场和老年人、残疾人迫切的康复需求，目前国产的辅助器具市场仍处于起步阶段。尽管辅助器具在我国拥有巨大的市场，但产品的数量和种类仍然较少且国产的辅助器具档次低，价格低廉。

在产品的原材料方面，国内很多企业不注重品质，为了迎合市场，急速攫取巨大利润，低价采购劣质材料，导致生产出的产品表面上看起来和国外的产品相似，实质上却差了很多。

从生产的精细程度看，国产辅助器具的细节和关键结构精细度不够。例如，直接与人皮肤接触的助行架、助行杖的把手，控制有轮式助行架前进速度及应对紧急状况的手闸，调整助行架、助行杖使用高度的关节连件，方便助行架、助行杖收纳的折叠处关节衔接，无轮式助行架、助行杖的防滑足头等，如果这些结构方面存在问题会直接影响老年人使用移动辅助器具，进而妨碍辅助器具本身功能的实现，从而让人产生产品档次较低的感觉。

从辅助器具产品的人性化设计看，国内辅助器具大多是模仿欧美和日本等国家，没有结合本国人民的体形和具体的身体情况设计生产，没能从中国老年人的人体数据出发，当然这也与我国老年人人体工效学发展滞后、相关数据偏少有关。

从产品样式、结构、色彩等外观看，国产产品的可选择性较小，主要是在设计初期更多地考虑功能和实用，没有兼顾使用者的心理感受和需求。例如，铝合金材料因其耐用、轻便等性能被广泛应用于老年人移动辅助器具，但少有设计者注意到机械的光感容易给老年人带来冰冷、不亲切的感受。

3. 产品销售具有一定的短期效应

企业对售后反馈关注度不够。老年辅助器具不同于一般的日常用品，结合老年人使用产品认知能力减弱的特点，企业既需要重视销售之前的推广宣传，同时还要注意产品销售后的使用指导和维修服务。一般情况下，越是经济发达的地区，用户动手能力就越弱，偏远地区的用户有时候自己就可以想办法解决问题。老年人群体购买辅助器具时具有比较典型的"双面"消费

特征：一方面，态度十分谨慎，首先考虑产品的实用性以及价格的合理性，尤其是价格因素对购买行为影响较大；另一方面，他们又是对辅助器具消费存在情感依赖、相对稳定的群体，一旦接受和习惯了适合自己的某种辅助器具，就不会轻易改变。这些消费特征要求辅助器具研发生产企业积极关注这一点并将其体现到经营行为中。

产品注重批量生产而忽视质量。辅助器具产品的消费者多为残疾人或老年人，他们的经济能力都十分有限，所以在挑选辅助器具之前，相较产品的性能和质量，他们可能最先考虑的会是产品的价格。很多商家企业就是看中这一点，为了追逐经济利益，导致产品良莠不齐，甚至许多产品还未完善全面就被出售。

4. 老年人对辅助器具产品的购买力不足

老年人群体对于辅助器具产品的了解不足。由于缺乏对于辅助器具产品的宣传和展示平台，这部分消费者群体对辅助器具的认识受到制约，从而直接影响了他们的消费需求。很多企业也意识到了这个问题，纷纷建立产品展览或推广中心，但单靠企业自身的力量是远远不够的。一方面，单个企业难以承担高昂的场地和营销费用；另一方面，单个企业的辅助器具种类不全，难以形成足够的规模和影响力。

公民对辅助器具产品的认知度不够。大部分老年人知识水平低，接受能力差，而且老年人身体的部分机能一旦受损就会难以进行正常的生活，我国的子女多会选择陪伴在老人身边或者雇用护理人员进行照料，这样就会造成其器官机能进一步弱化。从之前产品的销售情况中我们就可以看出，购买护理类产品的消费者比较多，而购买自助类产品的比较少，一方面是不希望老年人自己动手受累，更重要的原因是我国公民对辅助器具的认识不足，使得产品的作用得不到应有的发挥。

此外，老年人自身的预防意识也较弱，对于危机发生前的预防意识不足，更多的是关注事后的护理和照料，因而预防类的辅助器具产品销量不高。

5. 政策对辅助器具产品的监管与支持不到位

一方面，尽管民政系统和残联系统现在有相关产品质量检测系统，但我国尚未出台硬性的养老辅助器具检测规定；另一方面，许多新兴辅助器具都还没有与之对应的检测系统。制度性的法律法规、监管手段还有较大缺失。

七　发展展望

2017 年 9 月，中共中央、国务院批复了《北京城市总体规划（2016 年—2035 年)》，进一步明确了北京市作为全国政治中心、文化中心、国际交往中心、科技创新中心的四个中心功能，未来北京市老年辅助器具产业的发展应坚持科技引领，逐步释放政府采购的效应，并运用相关产业政策推进产业发展。同时企业应着眼长远发展，逐步改变目前产品质量不高、口碑不良等现状。

（一）突出北京市科技中心优势

《国务院关于加快发展康复辅助器具产业的若干意见》（国发〔2016〕60 号）要求深入实施创新驱动发展战略，增强自主创新能力，推动产业优化升级。《关于开展国家康复辅助器具产业综合创新试点的通知》（民发〔2017〕150 号）提出要推进政产学研用模式创新，突破一批前沿、关键和共性技术，促进新产品开发、旧产品升级，形成一批具有自主知识产权的高品质产品。《北京城市总体规划（2016 年—2035 年)》提出要大力加强科技创新中心建设，深入实施创新驱动发展战略，更加注重依靠科技、金融、文化创意等服务业及集成电路、新能源等高技术产业和新兴产业支撑引领经济发展，聚焦中关村科学城、怀柔科学城、未来科学城、创新型产业集群和"中国制造 2025" 创新引领示范区建设，发挥中关村国家自主创新示范区作用，构筑北京发展新高地。北京市作为科技中心，应该发挥技术研发优势、教育资源集中优势，应在辅助器具技术的先进性、领先性上有所突破，改变目前辅助器具科技含量不高、人性化设计薄弱的形态。

（二）政府采购逐步释放影响力

《北京市老龄工作委员会关于印发北京市支持居家养老服务发展十条政

策的通知》（京老龄委发〔2016〕7 号）第三条提出，实施经济困难老年人家庭适老化改造，对本市户籍、有需求的经济困难、失能、失独等特殊困难老年人家庭的通道、居室、卫生间等生活场所进行通行、助浴、如厕等适老化改造，2016 年对 5000 户老年人家庭实施改造，"十三五"期间覆盖全部经济困难老年人家庭，并引导其他有需求的家庭自主进行改造。同时对符合条件的经济困难、失能、失独等特殊困难老年人配备生活辅助器具给予支持。2016 年的 5000 户改造按照每户不超过 5000 元的标准进行，政府采购金额在 2000 万元以上，"十三五"期间还将持续采用政府购买形式进行，因此，政府采购过程中应充分释放老年人的需求，引导市场产品的供应导向。

（三）强化产业扶持政策的效力，通过科技资金的扶持促进产品研发

对处于发展初期的老年辅助器具企业提供研发资金，帮扶其实现技术提升，应该通过科技项目，自然科学基金项目，民政、残联等部门项目推动产品研发，通过鼓励性措施推动产学研平台建立，从而实现辅助器具产品技术上的先进性。同时，通过长期护理保险制度充分释放老年人对辅助器具的购买能力，从而活跃市场；通过税收的优惠措施降低辅助器具企业的经营成本，提升企业竞争力。

（四）企业应着眼长远发展

企业应将目光放长远，不要仅仅盯住眼前的短期利益，在老年辅助器具的产品设计、用材用料、设计的标准化程度、人性化的细节设计等方面全面提升，尽管短期内可能效益甚微甚至亏损，但只有创建自主知识产权产品，形成自己核心竞争力，才能实现可持续发展。

分　报　告

Segment Reports

B.2

康复辅助器具研究现状：理论与文献

冯　倩[*]

摘　要： 老年辅助器具是指能够针对功能障碍老年人发挥补偿、代偿功能，改善身体状况，辅助独立的辅助器具产品统称。本报告对老年辅助器具产品及产业状况的相关文献进行了研究总结。首先，简述了辅助器具的基本概念、历史沿革及分类，并对辅助器具的国内相关研究进展进行了归纳。其次，结合相关文献，提炼了老年辅助器具产品的概念、作用及配置原则。再次，梳理了已有研究中提出的老年辅助器具产业的特点并对比了该产业国内外发展状况。最后，总结了学者们对老年辅助器具产品及产业的四种评价方式，即满意度评价、生命质量评价、心理影响评价及经济学评价。总体而言，我国关于

---

* 冯倩，首都经济贸易大学硕士研究生，研究方向为社会保障与养老服务。

老年辅助器具产品及产业发展的研究落后于发达国家和地区，我们要将国外先进的方法理念介绍到国内，立足于我国国情和实际，开展高质量的本土化研究，并将研究成果应用于实践。

关键词： 辅助器具　老年辅具产品　老年辅具产业

随着我国社会人口老龄化程度的进一步加深，老年辅助器具由于其便捷性和实用性，越来越多地受到老年人的关注。但相比于现实中的关注，老年辅助器具的研究相对滞后，文献数量较少且研究领域尚待拓展。

一　辅助器具概述

（一）辅助器具的基本概念

1988 年，中国残疾人联合会制定并发布了残疾人事业"七五"工作纲要，该纲要中首次出现了"辅助器具"的概念，但这一概念在当时鲜为人知。1992 年，我国又发布了残疾人事业"八五"工作纲要，其中提出了"残疾人用品用具"的称谓，用来代指残疾人使用的，能够减轻和补偿由于肢残、视残、听残、智残等身体残疾带来的功能障碍的器具。1996 年，我国参照国际标准 ISO9999：1992，颁布了《GB/T 16432 - 1996 残疾人辅助器具分类》国家标准，从此，"辅助器具"一词开始被人们熟知并使用。

2004 年，我国又参照国际标准《ISO 9999 - 2002 残疾人专用辅助器具：分类和术语》制定了《残疾人辅助器具 分类和术语》这一国家标准。其中，将辅助器具定义为："残疾人使用的，特别生产的或一般有效的，防止、补偿、减轻、抵销残损、残疾或残障的任何产品、器械、设备或技术系统。"[1]

---

[1] 《GB/T 16432 - 2004：残疾人辅助器具分类和术语》，中国标准出版社，2004，第 2 页。

国际标准 ISO9999：2007 中，将辅助器具定义为："能预防、代偿、监护、减轻或降低损伤、活动受限和参与限制的任何产品，可以是特别生产的或通用产品。"[①] 2016 年制定的国家标准使用翻译法，等同于采用国际标准《ISO 9999－2011 残疾人辅助器具：分类和术语》，将辅助器具定义为："功能障碍者使用的，特殊制作或一般可得到的用于'有助于参与性的，对身体功能和活动起保护、支撑、训练、测量或代替作用，防止损伤、活动受限或参与限制'目的任何产品（包括器械、仪器、设备和软件）。"[②]

综上，我们可以将辅助器具理解为能够有效防止、替代、补偿、减轻因残疾或年老等原因造成的身体功能减弱或丧失的任何产品（包括器械、仪器、设备和软件）。在发达国家，辅助器具已经广泛地应用于老年人和残疾人康复、生活、就业、娱乐等方面。随着社会的进步和经济的发展，辅助器具在我国老年人日常生活中使用的概率也越来越高，老年辅助器具的作用与日俱增。

（二）辅助器具的分类

按照一定的标准可以将辅助器具划分成不同的类别。

1. 按残疾类别划分

不同类型的残疾人对辅助器具的要求各不相同，因此可以根据残疾类别对辅助器具进行分类。根据《中华人民共和国残疾人保障法》，我国的残疾人分为八类，即视力残疾、听力残疾、言语残疾、肢体残疾、智力残疾、精神残疾、多重残疾和其他残疾的人。[③] 失能、半失能以及失智老人的辅助器具也可以按照这种标准分类，如可以将轮椅纳入肢体残疾人辅助器具，助听器纳入听力残疾人辅助器具。这种分类方式的优点在于使用方便，使用者可以很容易根据自身缺陷选用相应的辅助器具；缺点则是无法

---

① ISO 9999 － 2007：*Technical Aids for Persons with Disabilities Classification and Terminology*. 2007.

② 《GB/T 16432－2016：康复辅助器具分类和术语》，中国标准出版社，2016。

③ 《中华人民共和国残疾人保障法》第二条。

反映出这些辅助器具的本质特征。此外，许多康复训练器材属于通用型的，并不属于某一人群专用。[①]

2. 按使用环境划分

失能老人或残障人士在不同的环境中用到的辅助器具不同，因此也可以采用使用环境这一标准对辅助器具进行分类。根据 WHO《国际功能、残疾和健康分类》[②] 中的使用环境，可以将辅助产品分为移动用、生活用、交流用、就业用、教育用、宗教用、文体用、公共用、居家用 9 类。此外，无障碍建筑的设施和技术也包括在广义的辅助器具范围内。这种分类方式的优势在于制订辅助器具适配方案时较为方便，目的性很强；而劣势同样在于这些辅助器具的本质区别无法得以体现。

3. 按功能划分

也可以根据辅助器具的不同功能进行分类。参照国际标准 ISO 9999：2011 年和 2016 年制定的最新版国家标准[③]，将辅助器具按照使用功能分为12 个主类，包括个人生活自理和防护辅助器具、个人医疗辅助器具、个人移动辅助器具、矫形器和假肢、技能训练辅助器具、家庭和其他场所的家具及其适配件、家务辅助器具、沟通和信息辅助器具、环境改善和评估辅助器具、操作物品和器具的辅助器具、就业和职业培训辅助器具及休闲娱乐辅助器具。根据这种分类方法，每类辅助器具都独有一个 6 位数字代码，其中每两位数字为一组，从前到后依次代表主类、次类和支类，通过代码就能顺利找到某个辅助器具属于哪一类。由于代码与类别相对应，我们还能通过代码的相似或不同推断出两个或更多的辅助器具是否存在功能上的联系和区别。按照这种标准进行分类，让辅助器具的统计和管理更加方便，但其缺点是使用时有些不便。

[①] 朱图陵、金德闻：《辅助器具与辅助技术》，《中国康复医学杂志》2006 年第 3 期。

[②] Smith M.，"World Health Organization：International Classification of Functioning，Disability and Health，" *Disability Development*，2013：1123 – 1141.

[③] 《GB/T 16432 – 2016：康复辅助器具分类和术语》，中国标准出版社，2016。

（三）辅助器具国内相关研究进展

我国引入辅助器具这一概念的时间相对较短，社会各界还没充分认识辅助器具的重要作用，国内研究辅助器具的论文数量也很少。在中国期刊全文数据库利用"高级搜索"选项搜索相关文献，截至2018年1月，情况如下。

以关键词对"篇名"进行精确查找，有如下结果：①以"器具"为关键词，输出文章4630篇；②以"辅助器具"为关键词，输出文章837篇；③以"辅具"为关键词，输出文章316篇；④以"老年辅具"为关键词，输出文章仅为1篇。

以关键词对"主题"进行精确查找，有如下结果：①以"器具"为关键词，输出文章45195篇；②以"辅助器具"为关键词，输出文章1498篇；③以"辅具"为关键词，输出文章1003篇；④以"老年辅具"为关键词，输出文章仅为10篇。

剔除法律法规、媒体报道、行业广告等项目，以上述关键词搜索到的文献，与辅助器具相关的数量相当少，并且大多是以工业设计为主的论文。通过阅读这些文献可以发现，其内容主要局限于介绍辅助器具产品和产业的概念、重要性、发展历程及现实困境。

其中，代表性的文献有以下几篇。王宏和许晓鸣的文章①中，介绍了辅助器具产品的种类和作用，对比了辅助器具在发达国家的发展情况和在我国的现状，并指出，我国辅助器具的研发和应用与发达国家相比还存在较大差距。② 许晓鸣等举例简述了辅助器具与残疾老年人的关系，从残疾老年人的失能状况、康复过程、辅助器具适用性等方面，说明辅助器具对残疾老年人

---

① 王宏、许晓鸣：《残疾人辅助器具及其服务》，《中国康复理论与实践》2007年第4期，第321～323页。

② 王宏、许晓鸣：《残疾人辅助器具及其服务》，《中国康复理论与实践》2007年第4期，第321～323页。

的意义。① 朱图陵梳理了辅助器具和辅助技术服务的发展脉络，介绍了二者的概念及特点，最后结合国际发展趋势，针对我国的现实情况提出了相应的改进建议。② 罗椅民等对比了我国与发达国家在老年辅助器具政策上的区别，详述了配适老年辅助器具时要遵循的原则和评估时要考虑的因素，并以轮椅、功能护理床等为例说明了老年辅助器具在对失能老人的日常护理中所发挥的重要作用。③

总而言之，无论是在数量上还是在深度上，国内对老年辅助器具的研究都比较欠缺，还停留在简单介绍概念及发展现状的阶段，尚未深入探讨相关理论。与此同时，研究的相对滞后也从侧面反映出，我国老年辅助器具产品的推广应用以及产业的发展都处在起步阶段，老年人和社会还没有真正意识到老年辅助器具的重要作用。

二 老年辅助器具产品

（一）老年辅助器具产品的基本概念

老年辅助器具产品是指能够帮助功能障碍老年人发挥补偿和代偿功能、改善身体状况、辅助独立的辅具产品统称，包括环境辅助类、护理辅助类、自我辅助类，它是辅助器具的组成部分。"辅助"直译理解为"从旁帮助"，是可以用于预防、护理、代偿、监测、缓解或降低残障的任何产品、器械、设备或技术系统。④

---

① 许晓鸣、王宏、许弦歌：《论辅助器具与残疾人的关系》，《中国康复理论与实践》2007 年第 4 期，第 312 ~ 313 页。
② 朱图陵：《辅助器具及服务模式的发展动态》，《中国康复理论与实践》2011 年第 6 期，第 586 ~ 588 页。
③ 罗椅民、师昉、纪树荣：《老年辅助器具与辅助技术在养老康复中的应用进展》，《中国康复医学杂志》2016 年第 7 期，第 813 ~ 816 页。
④ 罗椅民：《辅助器具管理》，中国大地出版社，2010，第 2 ~ 3 页。

（二）老年辅助器具产品的作用

2016 年，全国老龄办发布的《第四次中国城乡老年人生活状况抽样调查成果》总结了我国老年人口的性别、年龄结构、医疗卫生情况、经济状况以及老龄产业市场情况的最新调查数据。根据调查数据可见，处于失能、半失能状态的老年人总数将近 4063 万，占全体老年人的 18.3%，居住环境已不适应老年人身体状况变化的老年人家庭超过了六成。[1] 这些老年人大多患有疾病，生活上需要有人照顾，病情上需要进行专门的护理和康复训练。普通人很难胜任这些工作，需要一些具有护理知识的专业人员来完成。而需要照顾的老年人中由于肢体运动障碍造成生活自理能力低或者完全不能自理的又占到了 65%，大大增加了护理人员的负担。如果老年辅助器具能得到广泛使用，不但能保证护理人员的自身安全，提高护理效率，还能延缓老年人的失能过程，维护其尊严。[2]

（三）老年辅助器具产品在配置中的原则

老年辅助器具在配置中的原则是"能补则补，不能补则代，不能代则适应"。"能补则补"是指补偿，即如果老年人还有相应的能力，则增量式补偿其能力，例如，老年人有一定听力水平，则通过助听器进行增量式补偿，将其听力恢复到与正常人相当的水平；"不能补则代"，是说用替代的形式来满足老年人正常生活需要，例如，失明的老年人看不到东西，属于视力缺失，可用盲杖或音响辅助器具等其他器具来代偿其视觉的功能；"不能代则适应"，即指除了代偿，更要重视其适应性，例如，为下身瘫痪的老年人配备轮椅时，不但要考虑老年人对轮椅的适应性，还要考虑轮椅

---

[1] 钟长征：《三部门发布第四次中国城乡老年人生活状况抽样调查成果》，《中国社会工作》2016 年第 29 期，第 6 页。

[2] Mortenson W. B., Demers L., Fuhrer M. J., et al., "Effects of an Assistive Technology Intervention on Older Adults with Disabilities and their Informal Caregivers: An Exploratory Randomized Controlled Trial," *American Journal of Physical Medicine & Rehabiltation*, 2013, 92 (4): 297-306.

在老年人居住环境中的适应性。此外，在配置过程中强调"先适配后评估"①，目前市场上老年辅助器具有 2.9 万种以上，基本可以满足失能、半失能老人所需功能的 85% 以上。在适配时要为失能、半失能老人挑选相应类别的辅助器具，并针对老年人的自身情况，对辅助器具进行设计改装，从而达到满足老年人个性化需求的效果。

三　老年辅助器具产业

（一）老年辅助器具产业的特点

1. 个性化强

由于不同的老年人失能的程度和部位不同，对辅助器具的需求也各不相同，这就要求老年辅助器具企业针对个体进行"定制"产品和服务。但是，老年辅助器具的生产厂商出于对成本的考量，通常生产的都是具有通用性、可大批"复制"的辅助器具。所以老年辅助器具的销售网点和服务团队，就需要根据老年消费者的个人体质、特殊需求和家庭环境，对通用的辅助器具进行个性化改装及定制，因此，老年辅助器具产业具有个性化强的特征。

2. 专业性强

老年辅助器具一般都是提供给失能、半失能老人使用的，这类辅助器具不但要能保持和使用老年人尚存的肢体功能，而且要最大限度地提高老年人的活动能力，同时还要能适应各种使用环境，安全舒适且便于拆装。因此，在老年辅助器具的设计及安装服务过程中，需要有专门的人才针对老年人的身体特征及居住环境进行分析和评估，这些人才通常需要具备老年心理学、生理解剖学、神经科学、病理学、器具工程学等医学及工学等学科背景，具有很强的专业性。

---

① 罗椅民：《辅助器具适配评估》，中国大地出版社，2010，第 16~17 页。

3. 需要多学科协作

老年辅助器具产品设计具有的个性化和专业性特征，决定了需要多学科专家共同参与。例如，在老年辅助器具产品的销售服务点，往往需要配备一支包括康复医师、器具工程师、中医理疗师等在内的多学科交叉团队，对老年消费者的功能丧失程度、生理和心理需求以及生活环境进行分析评估，设计康复方案，选择适合的老年辅助器具，并进行个性化改装，达到让老年消费者满意的目的。[1]

（二）老年辅助器具产业的发展概况

1. 国内发展概况

我国辅助器具行业作为保障民生的一项重要内容，与大多数国家一样，也是首先从生产假肢和矫形器发展起来的。在新中国成立前，英、法、德、日等国开办的假肢装配室首先出现在北京、上海、重庆等大城市，由于价格十分昂贵，一般只有上层人士才能消费得起。[2] 在抗日战争及解放战争期间，为了满足抗战的需要，晋察冀边区以及解放区政府的民政机构先后成立了一批公立的假肢厂和义肢装配室，主要为在战争中受伤致残的军人服务。直至 1958 年，为了满足普通民众的需求，政府在各大城市几乎都设立了假肢厂和装配点，向全社会提供假肢与矫形器的生产装配服务。[3]

"文化大革命"期间，我国的假肢矫形器行业曾一度呈停滞、倒退局面。1979 年民政部恢复后，召开了第一次全国假肢工作会议，并重建了假肢科学研究所，加强了对行业的统一管理。[4] 通过积极开展中外技术交流、开发新产品、编写教材、培养专业人才，我国的假肢矫形器行业有了飞速发展。1986 年 11 月，成立了中国假肢矫形器协会，而后又建立了国家

---

① 王珏：《与残疾朋友谈谈辅助技术服务》，《中国残疾人》2004 年第 11 期，第 44～45 页。
② 马凤领、刘俊玲：《我国辅助器具标准化的轨迹》，《中国康复理论与实践》2007 年第 4 期，第 329～330 页。
③ 罗椅民：《辅助器具》，中国大地出版社，2010。
④ 民政部：《民政部关于印发〈全国假肢工作会议纪要〉的通知》，1979 年 10 月 8 日，http://www.chinalawedu.com/falvfagui/fg22598/33283.shtml。

级质量监督检验中心，开办了假肢矫形技术专业学校，自此，我国的假肢矫形器行业初步形成了科研、教学、标准制定、生产、质量检验、装配的完整体系。

进入 21 世纪以后，随着经济的发展和人民群众对生活质量的追求，假肢和矫形器的生产厂商日益增多，提供的产品也不再局限于单一的假肢和矫形器，而是拓展到用于生活自理和防护、治疗和训练、家政处理、环境改善、休闲娱乐等方方面面的上万种辅助器具，我国的假肢、矫形器行业正式转变为辅助器具行业，得到历史性跨越式发展。

目前，我国已经初步建立了老年辅助器具的"省、市、县"三级销售服务体系，除了向失能、半失能老人销售包括轮椅、助听器、助视器等在内的辅助器具外，还向老年人及社会公众提供知识宣传及信息咨询等服务。但由于销售服务体系还在起步阶段，所以存在销售网点少且分布不均、辅助器具种类较少、服务提供能力有限等问题和缺陷，并不能完全满足老年人的需求。

不过，个别经济发达地区在老年辅助器具行业的发展上已经领先全国。例如，上海市不但提供政府购买服务和财政补贴，还尝试引入第三方评估、消除销售中间商环节等创新机制，不断更新观念，优化老年辅助器具的适配流程。而深圳市则打造了一支包括康复医生、辅助器具工程师、老人护工、社区工作者在内的专业技术团队，提供具有针对性的辅助器具适配服务，并依托已有的销售网点和社区养老机构，完善辅助器具的销售服务网。

梳理国内相关文献，可以发现部分学者已经对我国老年辅助器具产业的发展历程、现状以及经验教训做了总结、归纳。例如，马凤领和刘俊玲介绍了中国辅助器具行业标准化工作的历史和现状，并提出了新的工作思路。[①]金乐民指出我国要想发展老年辅助器具产业，首先要在政策研发、生产适配、销售及回收再利用等一系列环节上规范执行标准；其次还要对照护中心

---

① 马凤领、刘俊玲：《我国辅助器具标准化的轨迹》，《中国康复理论与实践》2007 年第 4 期，第 329～330 页。

及有需求的老年消费者提供标准化的配套服务；最后分析了我国老年辅助器具市场的发展前景，并提出了相应建议。① 陈振声介绍了我国与辅助器具相关的法律法规，指出了当前我国老年辅助器具行业中存在法规政策缺失、服务网点较少、服务能力低下等问题。② 罗椅民首先介绍了我国老龄化严重的现实国情，其次评述了我国老年辅助器具产业取得的成就和存在的不足，最后提出了老年辅助器具行业发展的新高度和新理念。③

2. 发达国家及地区的发展概况

相对于我国而言，发达国家和地区的老年辅助器具产业具有更长的发展历史、更精确的产品标准和更规范的销售服务，积累了很多可以学习、借鉴的先进理论和经验。值得一提的是，由于老年辅助器具产业本身具有个性化强、专业性强和需要多学科协作等特点，发达国家和地区的老年辅助器具产品及服务通常也是由多机构合作提供的。

在日本，主要有两种法律法规与辅助器具相关④，一种是护理保险法，另一种是残疾人自立支援法。护理保险法规定，高龄人士辅助器具的租用或购买费用由护理保险赔付，赔付标准由用户的护理程度决定。残疾人自立支援法规定，应为残疾人提供辅助器具和生活用具，费用主要依靠公费，但用户也会自愿承担一部分，一般来说不超过 10%。如果护理保险法的适用人士和残疾人自立支援法的适用人士同时需要某种辅助器具的话，则护理保险法的适用人士享有优先权。值得一提的是，无论是护理保险法，还是残疾人自立支援法，均对专业咨询人士的执业资格进行了严格规定。实践中，有一些康复中心还配备了康复工程师。

---

① 金乐民：《中国残疾人辅助器具服务之探索》，《中国康复医学杂志》2007 年第 3 期，第 244～245 页。
② 陈振声：《中国辅助器具服务体系的构建》，《中国康复理论与实践》2011 年第 6 期，第 583～585 页。
③ 罗椅民：《关于建立国家适老辅具服务体系的探讨》，《标准科学》2018 年第 3 期，第 61～65 页。
④ 〔日〕田中理：《日本与辅助器具相关的法律制度及供给系统》《中国康复理论与实践》2007 年第 13 卷第 4 期，第 317～318 页。

在大部分欧洲国家，对老年辅助器具产业提供的经济支持来源于社会福利政策，但由于各国福利模式存在区别，老年辅助器具产业的发展模式也各不相同。[1] 在实行全民福利模式的北欧国家，老年辅助器具产品及服务均由公共财政提供，并把老年辅助器具产品的个性化设计及改装都纳入政府预算。[2] 此外，还设置了"国家—省—县"三级服务机构，在机构中为失能及半失能老人服务的都是受过训练的专业人士。以德国为代表的社会保险模式国家，公办机构的老年辅助器具及照护费用主要由社会保险来承担，此外还有多样化的民间机构可供选择。英国的模式兼具了北欧和德国的特点，老年辅助器具和服务的来源渠道既有官方，也有社会慈善组织。东欧国家在经历了由社会主义向民主化转型后，各国的福利制度发展存在明显差异。[3] 总体来说，东欧各国的政府承担了照护失能、半失能及失智老人的基本职责，但由于条件有限，在提供老年辅助器具时，家庭和民间慈善组织也起到一定的支撑作用。

在我国台湾地区，老年辅助器具的费用主要由医保系统进行给付结算，除困难群体外，每人都需要交纳医疗保险费。在香港地区，个人则无须缴费，由政府为全民缴纳医疗保险，并向有需求的残障人士配发辅助器具。[4] 学者王喜太建议，应将老年辅助器具纳入我国医保体系。一些省份也对此进行了探索和试点，新疆和安徽两地已将部分辅助器具纳入了新型农村合作医疗补偿范围，江苏省则在全国率先将部分辅助器具纳入医疗保险保障范围。[5]

---

[1] Löfqvist C., Nygren C., Széman Z., et al., "Assistive Devices among very Old People in Five European Countries," *Scandinavian Journal of Occupational Therapy*, 2009, 12 (4): 181 – 192; Deloitte & Touche, "Access to Assistive Technology: A Study Prepared," In: *European Commission*, *Social Security and Social Integration*.

[2] Hvinden B., "Nordic Disability Policies in a Changing Europe: Is there still a Distinct Nordic Model?" *Social Policy & Administration*, 2010, 38: 179 – 189.

[3] Szeman Z., Harsanyi L., *Caught in the Net in Hungary and Eastern Europe*, Budapest: Hungarian Academy of Sciences, 2000; Lipsmeyer C. S., "Reading between the Wellfare Lines: Politics and Policy Structure in the Post-communist Europe," *Europe-Asian Studies*. 2010, 52: 1191 – 1211.

[4] 王喜太:《将辅助器具纳入医保有利于保障民生扩大内需》,《中国民政》2012 年第 6 期。

[5] 王喜太:《将辅助器具纳入医保有利于保障民生扩大内需》,《中国民政》2012 年第 6 期。

四 老年辅助器具产品及产业的评估

对老年辅助器具产品及产业进行效果评估，不仅可以优化辅助器具产品设计，还能提高辅助器具适配服务质量，吸引更多的消费者，促进老年辅助器具产业的健康发展。目前，已经有学者对如何评估老年辅助器具产品及产业效果做了研究。例如，针对老年人生活自理能力、生活质量等方面的评价，已经研制出了一些普适的量表。本报告从满意度、生命质量、心理影响和经济学四方面对国外先进经验做了总结，我们可以结合我国国情，在老年辅助器具产品及产业效果评估中进行借鉴。

（一）满意度评价

能否让老年消费者满意，是评价辅助器具产品质量及服务最重要、最直接的指标。因此，设置科学合理的满意度评价指标体系就显得尤为重要，发达国家和地区的学者对此做了很多有益的探讨。Louisedemers 等学者认为，一个科学的满意度评价指标体系需要具备三个基本条件：第一，具有可信度和有效区分度；第二，能够评价各种不同的老年辅助器具；第三，具备足够的灵敏度，能够有效区分不同消费者对同一辅助器具的满意程度。[①] 随着科学的发展，满意度评价指标体系也在对照研究和试验中不断完善。现在，在国外文献中用于评估老年消费者对辅助器具产品及服务满意程度的指标有魁北克辅助产品使用者满意度评价、辅助器具偏好评估等。

（二）生命质量评价

补偿或代偿失能、半失能老人失去的机体功能，帮助老年消费者延缓失能，提高其生命质量，是研发和生产老年辅助器具时最基本的意义。例如，

---

① Louisedemers P. D. , Bernadetteska P. D. , "Item Analysis of the Quebec User Evaluation of Satisfaction with Assistive Technology (QUEST)," *Assist Technol*, 2000, 12（2）：96－105.

助行器能让老年人在房间自主行走，不用整日坐卧在床上，既能延缓老年人肌肉萎缩，又降低了其因长期躺卧发生肺部或尿路感染的概率。由此可见，是否有效提高了老年消费者的生命质量，应该是评价老年辅助器具产品的另一项重要指标。关于生命质量评价指标，国内外学界做了大量研究，目前已有一些生命质量量表被科学家验证后认为可行，如 SF－36 生命质量量表、SF－12 生命质量量表、世界卫生组织生命质量测定量表等。但很少有学者把这些量表用于评价老年人生活质量，应用到评价老年辅助器具产品效用的更是屈指可数。

（三）心理影响评价

也有部分学者认为，生命质量量表无法完全评价老年辅助器具给老年消费者带来的生活上和身心上的改变。Lawton 认为原因有两个：第一，生命质量量表是非常医学化的评价指标，测试的主要内容是身体状况和健康，但老年辅助器具产品的作用主要是补偿和代偿老年消费者失去的功能，而非治疗疾病或促进健康；第二，生命质量量表不是专业的测试辅助器具影响的量表，其功能主要是测量健康及疾病改善，而不是测量由于使用了辅助器具给老年人带来的身心上的改变。[1] 因此，有学者设计了专门的辅助器具社会心理学影响量表，并指出可以从以下三个角度来评估辅助器具给老年消费者带来的心理影响：第一，是否提高了老年消费者的满足感；第二，是否增强了老年消费者的自信程度；第三，是否让老年消费者更乐于去探索人生的各种可能。[2]

（四）经济学评价

提供辅助器具产品后的一大难题就是在适配给老年消费者后遭到弃用。

---

[1]　Lawton, M. P., "Measure of Quality of Life and Subjective Well-being," *Generation*, 1997, (21): 45－47.

[2]　Jutai J. and Day, H., "Psychosocial Impact of Assistive Devices Scale (PIADS)," *Technology and Disability*, 2002, 14: 107－111.

居高不下的弃用率不但浪费了大量的资源，而且阻碍了辅助器具产业的健康发展。针对弃用的原因，目前已有学者通过"成本 – 效益分析"、"成本 – 效果分析"等经济学方法对其进行评价研究。

五 总结

我们通过梳理文献可以发现，发达国家和地区对老年辅助器具产品和产业发展的相关研究，与我国相比，历史更长，文献数量更多，内容也更宽泛。所以，将国外先进的理念和技术方法介绍到国内，对于开展立足于我国实际的、高质量的本土化研究具有非常重要的意义。同时，无论是国内还是国外，虽然已经涌现出了一些与老年辅助器具相关的理论研究成果，但将这些成果应用到实践中的却比较少见，还有待相关人员进一步努力。

B.3
康复辅助器具政策发展报告

张航空 *

摘　要： 对辅助器具的政策进行梳理时，涉及辅助器具的政策演变、研发与生产、扶持政策、机构建设与服务网络完善、免费配送、宣传与人才培养、产业与市场以及其他问题等九个方面，辅助器具政策未来需要老龄部门更多地参与进来，针对辅助器具研发、生产和销售市场中存在的问题专门出台政策，辅助器具的宣传要更加"接地气"，出台专门的辅助器具的人才培养政策和辅助器具租赁相关政策。

关键词： 辅助器具　扶持政策　宣传政策　人才政策　免费配送

一　辅助器具政策演变

（一）国家辅助器具政策演变

辅助器具最开始更多的是给残疾人使用，后来，随着时间的推移，人们逐渐认识到生活不能自理的老年人及其照顾者也需要使用辅助器具以提高老年人的生活质量。从残疾的定义来看，老年人在生活自理能力退化以后生活不能自理时也属于残疾人。而且，一些残疾人使用的辅助器具同时也被老年人使用。所以，关于辅助器具的文件主要来自关于残疾人的文件和老年人的

---

* 张航空，博士，首都经济贸易大学副教授，研究方向为社会老年学。

文件，截至2017年12月底一共有77项政策涉及辅助器具。

关于辅助器具的文件和政策，可以追溯到1988年发布的《中国残疾人事业五年工作纲要》，在这一文件中首次提及研制和生产残疾人专用的辅助器具，与残疾人相关的用品的销售、维修也被提上议事日程。严格来说，1988年的这一文件更多的是针对残疾人，并未涉及老年人。具体到残疾人的用品时，文件提到了逐步在大中城市设立假肢装配及维修服务站。

1991~2005年，一共有11项文件涉及辅助器具，发布的文件中陆续提到了辅助器具，其中为了扶持辅助器具生产企业和残疾人用品用具供应总站出台了减税免税、残疾人专用品免征进口税等政策。同时，"八五"计划和"九五"计划专门出台的配套实施方案中均提到了辅助器具，而"十五"计划专门出台了残疾人用品用具供应服务实施方案。

2006年以来对于辅助器具的重视力度大大加强，2006年首次出现了以辅助器具命名的文件，而接下来的2008年出台的《中共中央国务院关于促进残疾人事业发展的意见》作为里程碑式的文件，为后续文件的出台奠定了良好的基础。

从文件的发布数量来看，77项政策中，1988年1项，1991~2005年一共11项，2006~2017年65项。其中2011年以来提及辅助器具的文件数量呈密集的态势，2011年以前涉及辅助器具的文件最多的年份只有5项，但是2011年达到了7项，2012年进一步增加到8项，虽然2013~2015年的数量没有2012年的多，但是，2016年猛增到16项，2017年10项。需要注意的是，之所以2016年关于辅助器具的文件如此之多，与当年出台了很多规划类文件有很大的关系，规划类文件占了9个之多。

在已经出台的77项文件中，涉及老年人的文件中提及辅助器具的文件一共有16项，首次在涉老文件中提及辅助器具的是2011年发布的《国务院关于印发中国老龄事业发展"十二五"规划的通知》，首次在涉老文件中提及老年辅助器具的是2012年发布的《民政部关于开展"社会养老服务体系建设推进年"活动暨启动"敬老爱老助老工程"的意见》，在这个文件中提到了"老年辅助器具配置计划"。同样在2012年，《民政部关于鼓励和引导民间资本进入养老服务领域的实施意见》是提及老年辅助器具的第二个文件。

表1　1988～2017年国家层面出台的涉及辅助器具的相关政策

发展阶段	特征	政策文件名称
第一阶段 （1988年）	初步重视： 政策零星提及	《中国残疾人事业五年工作纲要》（1988）
第二阶段 （1991～ 2005年）	持续重视： 政策正面提及	《中国残疾人事业"八五"计划纲要（1991～1995年）》（1991） 《中国残疾人事业"八五"计划纲要》的制定与实施（1991） 《国家税务局关于生产和经营残疾人用品用具给予减税免税的通知》（1992） 《关于民政福利企业征收流转税问题的通知》（1994） 《全国残疾人用品用具供应服务"九五"实施方案》（1996） 《中国残疾人事业"九五"计划纲要配套实施方案》（1996） 《残疾人专用品免征进口税收暂行规定》（1997） 《中国残联关于执行国务院、海关总署有关进口残疾人专用品免税规定的通知》（1998） 《残疾人用品用具供应服务"十五"实施方案》（2001） 《中国残疾人事业"十五"计划纲要》（2001） 《关于生产和装配伤残人员专门用品企业免征企业所得税的通知》（2004）
第三阶段 （2006年 至今）	高度重视： 政策密集出台	《全国民政标准2006—2010年发展规划》（2006） 《中国残疾人联合会关于进一步加强残疾人辅助器具服务工作的意见》（2006） 《残疾人辅助器具供应服务"十一五"实施方案》（2007） 《关于促进残疾人就业税收优惠政策征管办法的通知》（2007） 《关于"十一五"普及型假肢装配站补贴和贫困残疾人矫形器装配补贴经费使用要求的通知》（2007） 《中国残疾人事业"十一五"发展纲要》（2007） 《中华人民共和国残疾人保障法》（2007） 《中共中央国务院关于促进残疾人事业发展的意见》（2008） 《关于安置残疾人员就业有关企业所得税优惠政策问题的通知》（2009） 《农村五保供养服务机构管理办法》（2010） 《残疾人辅助器具基本配置目录》（2010） 《关于做好创建国家辅助器具区域中心工作的通知》（2010） 《关于安置残疾人就业单位城镇土地使用税等政策的通知》（2010） 《国务院关于印发国家人口发展"十二五"规划的通知》（2011） 《关于生产和装配伤残人员专门用品企业免征企业所得税的通知》（2011） 《国务院关于印发中国老龄事业发展"十二五"规划的通知》（2011）

发展阶段	特征	政策文件名称
第三阶段 （2006 年 至今）	高度重视： 政策密集出台	《关于加强残疾人辅助器具服务机构规范化建设的意见》（2011） 《中国残疾人事业"十二五"发展纲要》（2011） 《残疾人辅助器具服务中心建设准入标准》（2011） 《全国民政标准化"十二五"发展规划》（2011） 《国务院关于批转社会保障"十二五"规划纲要的通知》（2012） 《社会管理和公共服务标准化工作"十二五"行动纲要》（2012） 《国家基本公共服务体系"十二五"规划》（2012） 《农村残疾人扶贫开发纲要（2011—2020 年）》（2012） 《残疾人辅助器具服务"十二五"实施方案》（2012） 《国务院关于印发服务业发展"十二五"规划的通知》（2012） 《民政部关于开展"社会养老服务体系建设推进年"活动暨启动"敬老爱老助老工程"的意见》（2012） 《民政部关于鼓励和引导民间资本进入养老服务领域的实施意见》（2012） 《国务院关于加快发展养老服务业的若干意见》（2013） 《国务院关于促进健康服务业发展的若干意见》（2013） 《关于进一步加强老年人优待工作的意见》（2013） 《教育部等九部门关于加快推进养老服务业人才培养的意见》（2014） 《国务院关于促进旅游业改革发展的若干意见》（2014） 《国务院关于加快推进残疾人小康进程的意见》（2015） 《关于加快推进民政标准化工作的意见》（2015） 《国家标准体系建设发展规划（2016—2020 年）》（2015） 《国务院办公厅关于印发中医药健康服务发展规划（2015—2020 年）的通知》（2015） 《关于鼓励民间资本参与养老服务业发展的实施意见》（2015） 《国务院办公厅转发卫生计生委等部门关于推进医疗卫生与养老服务相结合指导意见的通知》（2015） 《民政事业发展第十三个五年规划》（2016） 《国务院关于加快发展康复辅助器具产业的若干意见》（2016） 《关于促进残疾人就业增值税优惠政策的通知》（2016） 《促进残疾人就业增值税优惠政策管理办法》（2016） 《关于生产和装配伤残人员专门用品企业免征企业所得税的通知》（2016） 《国务院办公厅关于全面放开养老服务市场提升养老服务质量的若干意见》（2016） 《残疾人康复服务"十三五"实施方案》（2016） 《辅助器具推广和服务"十三五"实施方案》（2016） 《工伤保险辅助器具配置管理办法》（2016） 《关于做好"十三五"听力残疾儿童康复和残疾人辅助器具服务有关工作的通知》（2016）

发展阶段	特征	政策文件名称
第三阶段 (2006~)	高度重视: 政策密集出台	《国家残疾预防行动计划(2016—2020年)》(2016) 《国务院关于印发"十三五"加快残疾人小康进程规划纲要的通知》(2016) 《国家中医药管理局关于印发中医药发展"十三五"规划的通知》(2016) 《关于印发〈全国民政标准化"十三五"发展规划〉的通知》(2016) 《"健康中国2030"规划纲要》(2016) 《国务院关于印发国家人口发展规划(2016—2030年)的通知》(2016) 《国务院办公厅关于制定和实施老年人照顾服务项目的意见》(2017) 《关于印发"十三五"健康老龄化规划的通知》(2017) 《残疾预防和残疾人康复条例》(2017) 《关于印发〈智慧健康养老产业发展行动计划(2017—2020年)〉的通知》(2017) 《国务院关于印发"十三五"国家老龄事业发展和养老体系建设规划的通知》(2017) 《"十三五"社会服务兜底工程实施方案》(2017) 《国务院关于印发"十三五"推进基本公共服务均等化规划的通知》(2017) 《民政部关于推动落实〈国务院关于加快发展康复辅助器具产业的若干意见〉的通知》(2017) 《关于开展国家康复辅助器具产业综合创新试点的通知》(2017) 《关于印发支持国家康复辅助器具产业综合创新试点工作政策措施清单的通知》(2017)

（二）北京市辅助器具政策演变

2009年以来北京市一共出台了11项文件（见表2），从这11项文件的分布年份来看，主要是2016年和2017年，其中2016年4项，2017年2项。从北京市出台的文件来看，内容涉及辅助器具的免费发放、购买补贴、适配评估、工伤配置的辅助器具项目及费用的限额等。在这些文件中，具有里程碑意义的文件是2017年发布的《北京市人民政府办公厅印发〈关于加快发展康复辅助器具产业的实施意见〉的通知》，在这个文件中提到了创新能力、产业升级、有效供给、"放管服"改革、优惠政策、金融服务、资金保障、消费政策和人才建设。

表 2　北京市出台的涉及辅助器具的相关政策

政策文件名称
《中共北京市委北京市人民政府关于促进残疾人事业发展的实施意见》(2009)
《北京市残疾人辅助器具服务暂行办法》(2010)
《关于印发〈北京市残疾人辅助器具适配评估工作方案〉的通知》(2010)
《北京市实施〈中华人民共和国残疾人保障法〉办法》(2012)
《关于印发〈北京市工伤辅助器具配置项目及费用限额标准〉的通知》(2013)
《〈北京市残疾人辅助器具服务管理办法(试行)〉实施细则》(2016)
《北京市残疾人联合会关于印发〈北京市残疾人辅助器具购买补贴目录〉的通知》(2016)
《关于印发〈北京市残疾人辅助器具服务管理办法(试行)〉的通知》(2016)
《关于印发〈北京市残疾人辅助器具入围产品服务机构管理规定(试行)〉的通知》(2016)
《北京市人民政府办公厅印发〈关于加快发展康复辅助器具产业的实施意见〉的通知》(2017)
《关于印发〈北京市残疾预防行动计划(2017—2020 年)〉的通知》(2017)

二　辅助器具的研发与生产

1996 年发布的《全国残疾人用品用具供应服务"九五"实施方案》首次提出产品开发，在这一文件中提出鼓励残疾人及其亲友开发辅助器具自用，国家对于产品技术改进进行经费补贴。后来，一共有 13 个文件提到了辅助器具的研发和生产，但是，几乎所有的政策文件只是提及了辅助器具的研发和生产方面的内容，并不具体。根据文件发布的时间，内容如下：(1) 2011 年发布的《国务院关于印发中国老龄事业发展"十二五"规划的通知》提出"重视辅助器具老年特需产品的研究开发"；(2) 2011 年发布的《国务院关于印发国家人口发展"十二五"规划的通知》提出"支持残疾人辅助器具的研发、生产和适配服务"；(3) 2012 年发布的《民政部关于开展"社会养老服务体系建设推进年"活动暨启动"敬老爱老助老工程"的意见》提出"鼓励研发养老护理专业设备、辅具"；(4) 2012 年发布的《民政部关于鼓励和引导民间资本进入养老服务领域的实施意见》提出"鼓励和引导民间资本开发老年辅助器具等产品和服务市场"；(5) 2013 年发布的《国务院关于加快发展养老服务业的若干意见》、2015 年发布的《关于鼓励民间资本参与养老服务业发展的实施意见》、2015 年发布的《国务院办公厅转发卫生计生委等部门关于推进医疗卫生与养老服务相结合指导意见的通知》均提出"支持企业积极开发安全有效的辅助器具等老年用品用具和服务产品";（6）2013 年发布的《国务院关于促进健康服务业发展的若干意见》和 2017 年发布的《关于印发"十三五"健康老龄化规划的通知》均提出提升包括辅助器具在内的相关产品研发制造技术水平，2013 年发布的《国务院关于促进健康服务业发展的若干意见》同时提出支持包括辅助器具在内的研发生产；（7）2016 年发布的《国务院办公厅关于全面放开养老服务市场提升养老服务质量的若干意见》提出"重点支持自主研发和生产康复辅助器具"；（8）2016 年发布的《"健康中国 2030"规划纲要》提出要"加快发展康复辅助器具产业，增强自主创新能力"；（9）2016 年发布的《民政事业发展第十三个五年规划》提出"优先发展适用于老年人护理照料的辅助器具产品"；（10）2017 年发布的《国务院关于印发"十三五"国家老龄事业发展和养老体系建设规划的通知》提出引导相关行业与企业推进包括辅助器具在内的老年人适用产品、技术的研发和应用。

关于辅助器具研发与生产的具体内容可以分为两个方面，分别是提升辅助器具用品的标准化和科技含量。

在辅助器具用品的标准化方面，1996 年发布的《中国残疾人事业"九五"计划纲要配套实施方案》首次提出要给残疾人开发标准化和系列化的产品。2006 年发布的《全国民政标准 2006—2010 年发展规划》中提及了重点发展领域，这其中就涉及辅助器具的标准制定。2011 年以后涉及辅助器具标准的文件出现了分化，一方面是关于相关标准的制定，另一方面是标准的国际化。（1）关于辅助器具标准化的制定，2011 年发布的《全国民政标准化"十二五"发展规划》提出辅助器具技术标准研制，辅助器具单位的"等级划分与评定"国家或行业标准，辅助器具领域中重点研制残疾人辅助器具分类和术语，轮椅车、轮椅座椅、辅助器具装配、假肢和矫形器生产装配单位资质，生活保障辅助器具和康复训练辅助器具试验方法等方面的标准。2012 年发布的《社会管理和公共服务标准化工作"十二五"规划》提出辅助器具标准制定修订工作。2015 年发布的《关于加快推进民政标准化工作的意见》提出两个方面的内容：一是制定辅助器具专项业务标准化规划；二是加快辅助器具领域标准制定修订，重点研制辅助器具基础标准、管理标准、服务标准和产品标准。2016 年发布的《关于印发〈全国民政标准化"十三五"发展规划〉的通知》提出健全并优化残疾人辅助器具及服务业务领域标准体系和各类辅助器具管理要求、使用指导、服务规范等标准。（2）关于辅助器具标准的国际化，2011 年发布的《全国民政标准化"十二五"发展规划》提出辅助器具国际先进技术跟踪研究；2016 年发布的《国务院关于加快发展康复辅助器具产业的若干意见》提出在康复辅助器具标准方面加强国际合作，参与国际标准的制定，推动中国的优势技术标准成为国际标准；2012 年发布的《社会管理和公共服务标准化工作"十二五"规划》提出推动国际标准在国内的应用；2016 年发布的《关于印发〈全国民政标准化"十三五"发展规划〉的通知》提出加大先进国际标准转化力度，积极争取承担国际标准化技术组织关键职务，研究我国标准上升为国际标准、区域标准的可能性，设计国际标准化工作路线图，提交国际标准提案；探索开展民政国际标准化工作平台建设，为国内有关单位和人员参与国际标准化交流提供渠道、资金、政策支撑，积极争取承办民政领域国际标准化交流活动。

在辅助器具用品的科技含量方面，2007 年的《残疾人辅助器具供应服务"十一五"实施方案》首次提及了辅助器具的开发和生产，要求企业开发生产针对残疾人的辅助器具，对辅助器具的科技含量提出了要求。2011 年发布的《残疾人辅助器具服务"十二五"实施方案》再次提及辅助器具的科技含量，2016 年发布的《辅助器具推广和服务"十三五"实施方案》从多个角度对辅助器具的产业发展提出规划，鼓励企业、高校、社会组织和科研机构参与辅助器具的研发和生产，通过建设辅助器具产业发展促进平台为辅助器具的研发等提供支持。《辅助器具推广和服务"十三五"实施方案》的亮点是提出了加强辅助器具的科技创新，加大辅助器具关键共性技术、先进实用技术和残疾人急需的辅助器具的研发力度，加快科研成果转化，培育国产化品牌，促进产品升级换代。2016 年发布的《国务院关于加快发展康复辅助器具产业的若干意见》与《辅助器具推广和服务"十三五"实施方案》部分内容比较一致，不同的是这个文件更加强调在关键环节和重要领域的创新能力，统筹企业、高校和科研机构的资源搭建创新平台，重视基础研究，承接政府的相关项目等。

北京市在 2017 年发布的《北京市人民政府办公厅印发〈关于加快发展康复辅助器具产业的实施意见〉的通知》中提出了增强创新能力，主要包括两个方面的内容，分别是搭建创新平台，整合企业、科研院所、高等院校等单位的资源，促进成果转化，实现创新成果的产业化、规模化。同时，在这个文件中还提到了产业升级问题，北京的目标是建设国际先进研发中心，推进辅助器具全产业链的优化整合，持续拓展中高端产品的国际国内市场。

三　辅助器具的扶持政策

（一）税收优惠政策

针对安排残疾人就业的企业税收优惠。1994 年以来发布的政策包括：（1）1994 年国家税务总局发布的《关于民政福利企业征收流转税问题的通知》，优惠政策涉及增值税、消费税和营业税，有效期为 2 年；（2）2007 年国家税务总局发布的《关于促进残疾人就业税收优惠政策征管办法的通知》，优惠政策涉及增值税、营业税和所得税，有效期至 2016 年；（3）2009 年财政部和国家税务总局联合发布的《关于安置残疾人员就业有关企业所得税优惠政策问题的通知》，对于安置残疾人就业的所得税优惠进行规定，允许企业计算应纳税所得额时实现税前工资扣除；（4）2010 年财政部和国家税务总局联合发布的《关于安置残疾人就业单位城镇土地使用税等政策的通知》，对安置残疾人就业的企业的城镇土地使用税政策进行了规定，当企业安置的残疾人超过一定的比例和人数时可以减征或免征土地使用税，同时，通知还对出租房产免收出租期间的房产税和将地价计入房产原值征收房产税进行了规定；（5）2016年财政部和国家税务总局联合发布的《关于促进残疾人就业增值税优惠政策的通知》对于录用残疾人就业的用人单位增值税征收做出规定，同时，对于享受税收优惠政策的条件做出了新规定；（6）2016年发布的《国务院关于加快发展康复辅助器具产业的若干意见》对税收优惠做出了详细的规定，涉及辅助器具企业的研发费用加计扣除和固定资产加速折旧政策，公益性捐赠支出税前扣除，高新技术企业的企业所得税优惠，生产和装配伤残人员专门用品的企业和单位有关税收优惠，康复辅助器具配置服务企业用水、用电、用气、用热与工业企业同价等。

生产辅助器具的企业免征产品税和增值税。1992年发布了《国家税务局关于生产和经营残疾人用品用具给予减税免税的通知》，对于残疾人用具供应总站开业初期给予3～5年所得税免征的优惠，如果其缴纳营业税有困难，可以减税、免税；对于生产辅助器具的企业可以免征产品税和增值税。

从境外进口残疾人专用品免征进口关税、增值税和消费税。1997年发布的《残疾人专用品免征进口税收暂行规定》对于进口的残疾人专用品免征进口关税和进口环节增值税、消费税。1998年发布的《中国残联关于执行国务院、海关总署有关进口残疾人专用品免税规定的通知》进一步规定境外捐赠的残疾人专用品依照本通知执行，即免征进口关税和进口环节增值税、消费税。

生产和装配残疾人用品企业免征企业所得税。2004年、2011年、2016年民政部、财政部和国家税务总局联合发布的《关于生产和装配伤残人员专门用品企业免征企业所得税的通知》规定对于满足相关条件的企业免征企业所得税。

（二）财政补贴政策

财政补贴涉及贫困残疾人、残疾人用品开发供应总站的建设与日常运营。

财政补贴给残疾人。1996年发布的《全国残疾人用品用具供应服务"九五"实施方案》提出贫困的残疾人在购买相关的用品用具时可以享受经费补贴。2001 年发布的《残疾人用品用具供应服务"十五"实施方案》提出中央经费、地方经费和社会筹款中都有一部分用来支持贫困残疾人购买相关的用品用具。2006 年发布的《中国残疾人联合会关于进一步加强残疾人辅助器具服务工作的意见》提出从就业保障金中安排资金用于残疾人就业培训中和培训后的辅助器具配置,《意见》同时提出有条件的地区可以对配置了辅助器具的残疾人给予补偿和救助,把残疾人购买辅助器具纳入社会保障体系。2007 年发布的《关于"十一五"普及型假肢装配站补贴和贫困残疾人矫形器装配补贴经费使用要求的通知》规定,对 1 万例矫形器装配给予每例 300 元的补贴。2016 年发布的《辅助器具推广和服务"十三五"实施方案》明确提出从中央经费和地方经费中拿出一部分用于贫困的持证残疾人配置基本辅助器具时的救助服务。

财政补贴用于机构建设与日常运营。1996 年发布的《全国残疾人用品用具供应服务"九五"实施方案》规定,市级残疾人用品开发供应总站启动由中央给予一次性专项补贴经费,筹建的市级残疾人用品开发供应总站也可以申请一次性专项补贴经费,同时要求地方政府给予配套经费。2001 年发布的《残疾人用品用具供应服务"十五"实施方案》提出中央经费用于支持全国残疾人用品用具供应服务的相关工作,地方经费用于残疾人用品用具供应服务站的日常经费补贴。2007 年发布的《关于"十一五"普及型假肢装配站补贴和贫困残疾人矫形器装配补贴经费使用要求的通知》规定,中央财政对全国 200 个普及型假肢装配站每站给予 3 万元的补贴。2016 年发布的《辅助器具推广和服务"十三五"实施方案》明确提出从中央经费和地方经费中拿出一部分用于辅助器具适配机构的建设。

财政资金引导与金融支持。2016 年发布的《国务院关于加快发展康复辅助器具产业的若干意见》明确提出把康复辅助器具产业纳入相关财政和新兴产业投资支持范围,地方财政以各种形式给予支持,采购时向国产产品倾斜,首台(套)重大技术装备保险补偿试点包含高端康复辅助器具产品。在这个文件中同时提到了相关基金按照市场化的方式投向辅助器具产业创新,鼓励金融机构开发适合康复辅助器具企业的金融产品。

（三）将辅助器具配置纳入社会保险和商业保险

2016 年由人力资源和社会保障部、民政部及国家卫生和计划生育委员会联合发布的《工伤保险辅助器具配置管理办法》规定，发生工伤的职工配置假肢、矫形器、假眼、假牙和轮椅等辅助器具所产生的费用由工伤保险基金支付。在这个《办法》里同时规定了国家和各省区要制定各自的辅助器具配置目录，对配置的项目、适用范围、最低使用年限等做出规定，并根据情况适时调整。

2011 年下发的《北京市辅助器具配置项目及费用限额表》、2013 年北京市发布的《关于印发〈北京市工伤辅助器具配置项目及费用限额标准〉的通知》对因工伤配置的辅助器具项目及费用限额做出了明确规定。北京市在 2017 年发布的《北京市人民政府办公厅印发〈关于加快发展康复辅助器具产业的实施意见〉的通知》提出支持将基本的治疗性康复辅助器具逐步纳入基本医疗保险支付范围，以及商业保险公司将康复辅助器具配置纳入保险支付范围。

2016 年发布的《辅助器具推广和服务"十三五"实施方案》和 2017 年发布的《国务院关于印发"十三五"国家老龄事业发展和养老体系建设规划的通知》提出鼓励有条件的地方将基本的治疗性辅助器具逐步纳入基本医疗保险支付范围。能否最终被纳入基本医疗保险支付范围尚需各地加以综合考量。

另外，2016 年发布的《国务院关于加快发展康复辅助器具产业的若干意见》提出支持商业保险公司提供新的保险品种，把康复辅助器具纳入商业保险支付范围。

（四）其他优惠政策

北京市在 2017 年发布的《北京市人民政府办公厅印发〈关于加快发展康复辅助器具产业的实施意见〉的通知》中提出了以下几个方面的优惠政策：第一，研发费用加计扣除和固定资产加速折旧；第二，公益性捐赠支出税前扣除；第三，水、电、气、热与工业企业同价。在金融服务方面，主要是支持企业发行企业债、公司债和资产支持证券，鼓励金融机构开发适合辅助器具企业的金融产品。

四　辅助器具的机构建设与服务网络完善

关于辅助器具机构建设与服务网络完善的文件至少有 7 项，比较重要的文件是 1996 年发布的《全国残疾人用品用具供应服务"九五"实施方案》，在这个文件中提出了残疾人用品用具的网络建设，包括"总站"、"省级站"、"市级供应站"及县（区）等基层供应服务部。另外一个比较重要的文件是 2010 年发布的《关于做好创建国家辅助器具区域中心工作的通知》，这是关于辅助器具中心建设的唯一文件，对辅助器具建设做出了详细的规定。从辅助器具机构建设和服务网络完善的发展阶段来看，可以分为以下几个阶段。

第一，以中国残疾人用品开发供应总站为龙头的网络建设阶段。1996年发布的《全国残疾人用品用具供应服务"九五"实施方案》提出了网络建设，这一网络包括"总站"、"省级站"、"市级供应站"及县（区）等基层供应服务部，在方案中明确规定供应服务网络为非营利性福利机构。1996年的这个文件为辅助器具的供应网络建设奠定了基础。

第二，辅助器具服务体系建设阶段。2001 年发布的《残疾人用品用具供应服务"十五"实施方案》提出要建立服务体系，2006 年的《中国残疾人联合会关于进一步加强残疾人辅助器具服务工作的意见》提出了完善辅助器具服务体系，涉及辅助器具的人员编制、经费投入、各级辅助器具服务机构提供的服务以及辅助器具服务体系包括的内容。2007 年发布的《残疾人辅助器具供应服务"十一五"实施方案》再次提及服务网络的完善，强调国家级辅助器具资源中心、省级辅助器具资源中心、普及型假肢装配站、县级残疾人综合服务设施的功能定位。为了发挥国家辅助器具区域中心的辐射作用，2010 年发布了《关于做好创建国家辅助器具区域中心工作的通知》，提出到"十二五"期末，在全国建设 5～6 个国家辅助器具区域中心，对国家辅助器具区域中心的作用与定位进行了说明。同时还对省级辅助器具服务机构建设和能力建设、辅助器具服务工作发展途径做出详细说明。

第三，辅助器具服务机构规范化建设阶段。经历了辅助器具机构的基本建设以后，2011 年发布了《关于加强残疾人辅助器具服务机构规范化建设的意见》，要求机构业务建设要对照《残疾人辅助器具服务中心建设基本标准》，提升专业水平。《残疾人辅助器具服务中心建设基本标准》对辅助器具服务中心的选址与规划布局、规模与功能、业务部门设置、人员配置、设备设施和机构管理等 7 个方面做出了详细规定。2012 年发布的《残疾人辅助器具服务"十二五"实施方案》再次提及服务机构的规范化建设，对中国残疾人辅助器具中心和省、市、县级辅助器具中心（站）的建设提出了要求，并提出要加强相关专业人员执业资格制度建设。

需要注意的是，2016 年发布的《辅助器具推广和服务"十三五"实施方案》中的说法是健全辅助器具服务体系，与以往的文件相比，提出了支持民办辅助器具服务机构发展，县级及以下辅助器具服务设施和能力建设成为"十三五"重点实施方案。

北京市在 2016 年发布的《关于印发〈北京市残疾人辅助器具服务管理办法（试行）〉的通知》中提出了"三级管理，四级服务"，明确了市级残联、区级残联和街道（乡镇）残联的管理职责，对于市残疾人辅助器具资源中心、区级残疾人辅助器具服务机构的服务内容做出了规定，街道（乡镇）依托残疾人"温馨家园"等场所建立残疾人辅助器具服务站，鼓励有条件的社区（村）建立残疾人辅助器具服务站（点），这两个级别的服务站（点）提供相应的服务。

五　辅助器具的免费配送与配置补贴

从辅助器具的免费配送情况来看，在一些文件中提出了要通过实施重点工程为贫困残疾人配置辅助器具，这些文件包括 2006 年发布的《中国残疾人联合会关于进一步加强残疾人辅助器具服务工作的意见》和 2007 年发布的《残疾人辅助器具供应服务"十一五"实施方案》。

为了检验残疾人辅助器具的完成情况，2006 年发布的《中国残疾人联合会关于进一步加强残疾人辅助器具服务工作的意见》提出，2010 年不同类别地区（分别为一类地区、二类地区、三类地区和四类地区）残疾人基本辅助器具的配置率要分别达到 80% 、70% 、60% 和 50% ，2015 年分别达到 100% 、90% 、80% 和 70% 。2011 年发布的《关于加强残疾人辅助器具服务机构规范化建设的意见》要求不同地区残疾人基本辅助器具的配置率要分别达到 100% 、90% 、80% 和 70% 。

与此同时，自"十五"以来，在历次的五年计划中均对残疾人用品用具的供应提出了具体目标。《中国残疾人事业"十五"计划纲要》提出要供应 250 万件用品用具；《残疾人辅助器具供应服务"十一五"实施方案》中这一数字上升到 300 万，其中向残疾人免费发放 30 万件；《残疾人辅助器具服务"十二五"实施方案》规定供应 500 万件辅助器具，其中为贫困残疾人免费配发 50 万件，为 5 万名贫困重度残疾人配发基本生活需要的辅助器具，为 2 万名贫困重度残疾人家庭适配辅助器具提供补贴；《辅助器具推广和服务"十三五"实施方案》没有提具体给残疾人发放多少件辅助器具，但是要求到 2020 年基本辅助器具适配要覆盖 80% 有需求的持证残疾人。

另外，还有一些文件提及针对特殊群体的辅助器具适配。2010 年发布的《农村五保供养服务机构管理办法》提出对集中供养的重度残疾五保对象配置基本型辅助器具。2017 年发布的《国务院关于印发"十三五"推进基本公共服务均等化规划的通知》提出针对贫困残疾人的辅助器具适配和强化县级残疾人的辅助器具适配。

在配置补贴方面，有 5 个文件涉及这一方面，这 5 个文件虽然都涉及了配置补贴，但是有一些差异，差异主要体现在补贴的对象和辅助器具的范围。在补贴对象上，政策针对的范围包括重度残疾人、贫困残疾人、残疾人；在辅助器具方面，主要是基本型辅助器具和康复辅助器具。具体来看，2012 年发布的《国务院关于印发国家基本公共服务体系"十二五"规划的通知》提出针对重度残疾人的基本型辅助器具补贴制度；2016 年发布的《民政事业发展第十三个五年规划》提出鼓励有条件的地区探索建立贫困残疾人、重度残疾人康复辅助器具配置补贴制度；2016 年发布的《国务院关于印发国家人口发展规划（2016—2030 年）的通知》也提出了针对贫困残疾人和重度残疾人的康复辅助器具配置补贴，不同的是，在康复辅助器具前面加了三个字"基本型"；2016 年发布的《"健康中国 2030"规划纲要》也提出了基本型辅助器具配置补贴，不过，对象是残疾人。2016 年发布的《国务院关于加快发展康复辅助器具产业的若干意见》针对的对象是贫困残疾人和重度残疾人，补贴的是基本型康复辅助器具配置。另外，2016 年发布的《国务院关于印发国家人口发展规划（2016—2030 年）的通知》同时提出制定政府补贴的残疾人基本型辅助器具目录。

对于北京市的残疾人来说，他们在购买辅助器具的时候也享有补贴或者直接免费配发的辅助器具。根据 2010 年发布的《北京市残疾人辅助器具服务暂行办法》，满足相关条件的残疾人可以申请免费配发辅助器具，16～60 周岁的残疾人可以申请购买辅助器具的补贴，补贴标准为购买辅助器具金额的 30%，如果单件辅助器具超过 1 万元，每件辅助器具补贴上限为 3000 元。2016 年发布的《关于印发〈北京市残疾人辅助器具服务管理办法（试行）〉的通知》对于残疾人购买（租赁）补贴目录内的辅助器具进行规定，一般的残疾人购买（租赁）辅助器具按照相关标准的 50% 给予补贴，特殊的残疾人 100% 给予补贴；如果购买（租赁）辅助器具低于补贴标准，按照实际价格的 100% 给予补贴。

六　辅助器具的宣传

1996 年以来，至少有 5 个文件涉及辅助器具的宣传，分别是《全国残疾人用品用具供应服务"九五"实施方案》（1996）、《残疾人用品用具供应服务"十五"实施方案》（2001）、《中国残疾人联合会关于进一步加强残疾人辅助器具服务工作的意见》（2006）、《残疾人辅助器具服务"十二五"实施方案》（2012）、《辅助器具推广和服务"十三五"实施方案》（2016）。从上述 5 个文件中关于辅助器具的宣传内容来看，有以下几方面的变化。

第一，宣传方式在发生变化。1996 年发布的《全国残疾人用品用具供应服务"九五"实施方案》明确提到通过中国残疾人用品开发供应总站的录像带、宣传册、购物指南等进行宣传；到了 2006 年，《中国残疾人联合会关于进一步加强残疾人辅助器具服务工作的意见》提出的宣传方式为通过广播、电视、报刊、网络等媒体宣传和产品展示、咨询、会议、公益活动、讲座等；2011 年发布的《残疾人辅助器具服务"十二五"实施方案》提到了网络平台与网站建设；2016 年发布的《辅助器具推广和服务"十三五"实施方案》提到的是大数据、"互联网＋"、物联网等手段及博览会、展销会等平台。

第二，宣传的受众在发生变化。宣传工作的对象由最初的残疾人及其亲友、残疾人工作者扩大到社会公众，2016 年的文件只提到了社会公众，说明政策制定者已经意识到辅助器具不仅仅关系到残疾人及其亲友，而且关系到更多的普通人，需要全社会来关注。

第三，宣传的内容在发生变化。1996 年的《全国残疾人用品用具供应服务"九五"实施方案》和 2001 年的《残疾人用品用具供应服务"十五"实施方案》明确提出宣传的内容包括用品用具的功能、购买、使用、保养等知识，到了 2006 年，《中国残疾人联合会关于进一步加强残疾人辅助器具服务工作的意见》提出了"对辅助器具的认知度"、"推广较为先进的辅助器具理念"，2012 年的《残疾人辅助器具服务"十二五"实施方案》进一步提出"为残疾人、企业及社会公众提供辅助器具信息交流平台"、"加大政策、服务有关信息和辅助技术知识宣传普及力度"，2016 年发布的《辅助器具推广和服务"十三五"实施方案》提出了"推广辅助器具应用"、"推介辅助器具新产品、新技术、新理念"。

七 辅助器具的人才培养

1996 年以来发布的 10 个文件涉及了人才培养，分别是《全国残疾人用品用具供应服务"九五"实施方案》（1996）、《中国残疾人联合会关于进一步加强残疾人辅助器具服务工作的意见》（2006）、《残疾人辅助器具供应服务"十一五"实施方案》（2007）、《关于加强残疾人辅助器具服务机构规范化建设的意见》（2011）、《国务院关于批转社会保障"十二五"规划纲要的通知》（2012）、《教育部等九部门关于加快推进养老服务业人才培养的意见》（2014）、《辅助器具推广和服务"十三五"实施方案》（2016）、《民政事业发展第十三个五年规划》（2016）、《国务院关于加快发展康复辅助器具产业的若干意见》（2016）、《国务院关于印发"十三五"国家老龄事业发展和养老体系建设规划的通知》（2017）。从上述几个文件涉及的内容来看，在人才培养方面主要包括以下几个方面的内容。

第一，高等学校开设相关专业。选择 1～2 所高校开设辅助器具专业学历教育，开设辅助器具工程学专业，培养辅助器具设计和适配的高等专业人才。鼓励将康复辅助器具相关知识纳入专业教育和继续教育范围，依托科研院所、高校和企业设立辅助器具方面的博士后工作站。另外，文件中还强调要加强辅助器具服务人才的培养力度，支持高等学校和职业学校开设相关的专业与课程。需要注意的是，到底给予什么样的支持并未明确。

第二，编写培训教材。编写的培训教材主要涉及中国残疾人用品开发供应总站的经营、管理和服务等业务以及各级供应服务机构的工作要求。

第三，开展专业培训。培训涉及的人员包括省内供应服务站（部）工作人员、省级站业务骨干、各级辅助器具机构专业人员、假肢和矫形器制作人员、假肢师、矫形器师、听力师等辅助器具工程技术人员及相关从业人员、卫生专业技术人员、社区康复协调员等，形式包括分期办班，专项研讨，开办培训班、进修班、学术讲座、学术会议，业务考察和远程教育，上岗培训。

第四，执业资格认证和职业资格认证。执业资格认证方面包括的人员有各级假肢、矫形器制作机构工作人员，辅助器具从业人员；职业资格认证方面包括假肢师、矫形器师、听力师。另外，在一些文件中还提到了假肢和矫形器生产装配企业资格认定制度、康复辅助器具从业人员职业分类、国家职业标准和职称评定政策。

第五，人才队伍建设。人才队伍建设的相关规定体现在 2011 年发布的《关于加强残疾人辅助器具服务机构规范化建设的意见》，《意见》规定各级残联的辅助器具服务机构要落实工作人员的事业编制，注意引进相关专业的人才。

第六，校企联合。校企联合的内容主要包括校企建立实用型人才培养基地，企业为教师和学生提供实践和实习的机会和岗位。

第七，激励创新人才。实施更加积极的创新人才培养政策，打造多学科的人才聚合创新机制，造就一批创新创业领军人才和高水平创新团队。

八　辅助器具产业与市场

已经发布的政策文件中关于辅助器具产业与市场的比较少，2016 年发布的《国务院关于加快发展康复辅助器具产业的若干意见》就这两个问题专门做出了规定。另外，北京市在 2017 年发布的《北京市人民政府办公厅印发〈关于加快发展康复辅助器具产业的实施意见〉的通知》也提到了类似的问题。

在产业方面，考虑到现在的产业比较低端，《国务院关于加快发展康复辅助器具产业的若干意见》首先提出的是促进产业优化升级，从低端迈向中高端。从现有的产业空间分布来看，需要进一步优化，长三角、珠三角和京津冀等进一步建设国际领先的研发中心和总部基地，中西部地区根据各自的情况发展劳动密集型康复辅助器具产业。同时，在辅助器具制造体系方面，实施智能制造工程，促进制造体系升级。另外，文件中还提到了要大力发展生产性服务和提高国际合作水平。

在市场供给方面，首先，要培育市场主体，培养领军企业，组建产业联盟或产业联合体，扶持社会力量举办辅助器具博览会、展览会和交易平台；其次，要丰富产品供给，对于产品需求量较大的群体，优先发展辅助器具，强化医工结合，培育知名品牌产品；再次，要增强服务能力，重点推进相关领域，促进辅助器具在相关领域的应用，开展康复辅助器具的租赁服务，建立辅助器具信息平台，沟通供需双方；最后，加强康复辅助器具的质量管理，建立质量管理体系认证，完善服务回访制度，加强质量监督抽查等工作。

辅助器具的市场监管。2016 年发布的《国务院关于加快发展康复辅助器具产业的若干意见》提出了辅助器具市场监管问题，主要包括执行相关法律，打击各种违法违规行为，尤其是知识产权侵犯和假冒伪劣商品制售行为。通过各种企业信用信息公示系统、共享平台和网站建设，建立康复辅助器具企业的信用信息公示机制，支持行业组织完善自律惩戒机制。

九　辅助器具的其他问题

2011 年以来的一些政策文件中提及了在老年人生活的环境中与相关的设施中配置老年辅助器具。（1）居家生活环境配置辅助器具，2012 年发布的《民政部关于开展"社会养老服务体系建设推进年"活动暨启动"敬老爱老助老工程"的意见》提出"支持失能、半失能老年人辅助器具配置，改善老年人居家生活环境"。（2）养老设施配置辅助器具，2012 年发布的《民政部关于开展"社会养老服务体系建设推进年"活动暨启动"敬老爱老助老工程"的意见》提到了老年辅助器具配置计划，即在养老机构和社区养老服务设施中为老年人配置符合体能心态特征的辅助器具。2016 年发布的《民政事业发展第十三个五年规划》提出社区养老服务设置中配备辅助器具。2017 年发布的《"十三五"社会服务兜底工程实施方案》提出支持养老设施配置基本康复辅助器具（设备包）。（3）老年人出行辅助器具配置。2013 年发布的《关于进一步加强老年人优待工作的意见》、2014 年发布的《国务院关于促进旅游业改革发展的若干意见》、2017 年发布的《国务院办公厅关于制定和实施老年人照顾服务项目的意见》提出配备老年人出行辅助器具以方便老年人出行。

关于辅助器具的服务，相关文件的内容主要包括如下方面。2012 年发布的《国务院关于印发国家基本公共服务体系"十二五"规划的通知》提出要全面开展包括辅助器具适配在内的康复服务；2015 年发布的《国务院办公厅关于印发中医药健康服务发展规划（2015—2020 年）的通知》和2016 年发布的《国家中医药管理局关于印发中医药发展"十三五"规划的通知》均提出推动各级各类医疗机构开展包括辅助器具服务在内的相关服务；2016 年发布的《民政事业发展第十三个五年规划》提出在居家养老服务网络平台提供包括辅助器具在内的适合老年人的服务项目；2016 年发布的《关于印发〈北京市残疾人辅助器具入围产品服务机构管理规定（试行）〉的通知》对残疾人辅助器具入围产品服务机构的资格、服务管理以及责任追究做出了明确规定；2010 年发布的《关于印发〈北京市残疾人辅助器具适配评估工作方案〉的通知》对于残疾人申请购买辅助器具补贴和免费配发的适配评估做出了详细规定；2016 年发布的《〈北京市残疾人辅助器具服务管理办法（试行）〉实施细则》明确提出辅助器具评估分为初级、区级和市级三个评估级别。

十　辅助器具政策的未来走向

（一）老龄部门需要出台更多关于老年辅助器具的政策

从本报告对老年辅助器具相关政策的梳理来看，更多的是中国残疾人联合会、国家税务总局以及财政部的发文，民政部门的政策中关于辅助器具的内容较少。比如，《国务院关于印发中国老龄事业发展"十二五"规划的通知》提到"重视辅助器具、电子呼救等老年特需产品的研究开发"，《国务院关于加快发展养老服务业的若干意见》提到"支持企业积极开发安全有效的辅助器具"，《关于加快推进民政标准化工作的意见》提到"加快辅助器具领域标准制定修订，重点研制辅助器具基础标准、管理标准、服务标准和产品标准"，《国务院办公厅关于全面放开养老服务市场提升养老服务质量的若干意见》提到"及时更新康复辅助器具配置目录，重点支持自主研发和生产康复辅助器具"，《国务院关于印发"十三五"国家老龄事业发展和养老体系建设规划的通知》提到"引导支持相关行业、企业围绕辅助器具等重点领域，推进老年人适用产品、技术的研发和应用"。尚未专门出台以老年辅助器具为名称的法律和文件，这对于老年辅助器具的研发和生产是非常不利的。更加需要注意的是，目前专门出台的相关政策更多的是针对残疾人使用的辅助器具，虽然一部分老年人也是残疾人，但是二者使用的辅助器具依然有较大差异，因此迫切需要制定针对老年人辅助器具的法律法规。

（二）针对辅助器具研发、生产和销售市场中存在的问题专门出台政策

不管是已有的文献还是实地调研均发现中国的残疾人/老年人辅助器具在研发领域投入不够，国内自有的研发产品科技含量不高，更多的是对国外企业产品的模仿，一些科研机构和高校研发的产品无法投入生产。尽管研发领域存在短板，在生产环节更多的是模仿，但是，国内的企业只能做到"形似"而不能做到"神似"，生产出来的产品与国外的产品相比有较大的差距。所以，国内同类型的产品在销售的时候更多的是打价格战。一款产品投入市场以后，国内模仿国外，国内互相模仿，侵犯专利行为没有得到有效的遏制，部分企业没有动力自主研发，产品质量很难得到提升。辅助器具在研发、生产和销售市场中存在的问题迫切要求政府部门出台专门的政策鼓励企业和科研机构加大研发的力度，严厉打击侵犯专利行为的违法活动，规范辅助器具的生产领域。

（三）辅助器具的宣传要更加"接地气"

虽然从 1996 年开始就已经提及辅助器具的宣传问题，但是，20 多年过去了，辅助器具的宣传依然是一个较大的问题，如果问题得不到解决，辅助器具的生产和销售市场将处于非常不利的状况。从实地调研来看，销售商普遍反映目前国内的民众对于辅助器具的了解还很不够，甚至对于部分辅助器具的了解基本为零，对于新生产的辅助器具，有需求的残疾人/老年人不知道去哪里买，残疾人/老年人的潜在需求没有被挖掘出来。从宣传方面存在的问题来看，辅助器具的宣传要更加"接地气"，通过基础信息收集，合理评估残疾人/老年人对辅助器具相关知识的了解程度、他们最喜欢和最能接受的宣传方式，让有需求的残疾人/老年人了解辅助器具，并知道去哪里购买。

（四）出台专门的辅助器具的人才培养政策

虽然 1996 年以来已经有 5 项文件涉及辅助器具的人才培养政策，而且政策内容涉及专业开设、教材编写、队伍建设、专业培训和资格认证等方面，但是，目前尚没有专门的政策针对辅助器具的人才培养，因此需要对人才培养的政策内容进行细化。高等学校到底开设什么样的专业？应该开设哪些课程？应该编写和翻译哪些教材？更为重要的是，一定要确保人才培养政策落到实处，只有这样才能逐步提高辅助器具的科研实力和后备力量。

（五）出台辅助器具租赁相关政策

针对残疾人，中国残疾人联合会已经开始配发辅助器具。从残疾人的身体特征来看，残疾人的辅助器具很有可能跟随其一生。对于老年人来说，有些辅助器具只能使用一时，如果购买辅助器具的话，对于老年人来说并不划算。所以，租赁辅助器具对于老年人来说比较划算，也有较大的市场需求。尽管中国残疾人联合会和民政部发布的文件中尚未提及辅助器具租赁，但从实地调研情况来看，辅助器具租赁市场目前正在形成。而辅助器具租赁市场更多的是"单打独斗",辅助器具租赁公司租赁的辅助器具相对有限,不能满足老年人多元化的需求。另外,辅助器具公司与老年人之间还存在着信息不对称的问题,因此,需要对辅助器具企业的辅助器具进行整合,组建相关的租赁平台,进行市场化运作。另外,辅助器具租赁对于部分老年人来说是一笔不小的开支,建议已经发放了相关补贴如居家养老服务补贴的省份允许老年人使用居家养老服务补贴支付老年辅助器具的租赁费用。

B.4
北京市老年辅助器具产业发展报告

江 华 刘璐瑶*

摘 要： 本报告分析了北京市老年辅助器具产业发展状况，首先描述
了收集、摸底、调查及5次增加企业样本数据库的过程，在
调查的基础上描述了北京市老年辅助器具产业的企业区位分
布状况、企业的经营类型、企业注册资本规模、企业经营时
间的持续性、企业的收益情况等现状，提出产业市场规模体
量小、企业竞争力有待提升、产业发展政策扶持力度较小、
产业创新的研发资金支持少、老年人消费行为活跃度不高约
束了市场发展等产业发展中存在的问题，最后对北京市老年
辅助器具产业发展提出对策、建议。

关键词： 产业规模 企业竞争力 老年人消费行为

我国老年辅助器具产业起步晚、发展慢，但伴随着我国人口老龄化问题
的加剧，各类老年辅助器具的生产、经营和服务逐步出现并发展，随着国家
对养老服务的重视，以及老年辅助器具企业规模、数量、种类的扩张，老年
辅助器具产业也在不断发展之中。

---

* 江华，博士后，首都经济贸易大学副教授，研究方向为社会保障、劳动经济、养老服务；刘
璐瑶，首都经济贸易大学硕士研究生，研究方向为社会保障与养老服务。

一 北京市老年辅助器具企业调查核实过程

（一）北京市老年辅助器具企业基础信息库的收集建立

首先，针对研究的内容，以"辅具"、"器具"、"康复"、"辅助"、"假肢"等关键词在北京市企业信用信息网上对目标企业进行整理，共收集企业154家。其次，根据中国残疾人辅助器具网，对相关企业进行收集归纳，在原有基础上增加34家企业。最后，有6家北京市或者国家层面上的辅助器具机构被列入走访名单。截至2017年4月25日，共有188家企业、5家机构成为调研对象。在这188家企业当中，各区分布有所不同。其中，朝阳区36家、丰台区39家、海淀区28家、东城区13家、西城区12家、昌平区12家、通州区12家、大兴区9家、密云区6家、顺义区5家、门头沟区6家、平谷区3家、房山区3家、延庆区2家、怀柔区1家、石景山区1家。

（二）北京市老年辅助器具企业基础信息库的摸底核查

调研项目组进行了百分之百的上门核查，经过40天的筛查工作，截至2017年6月8日，完成了对193家企业（含非企业机构）的核实确认工作：有128家企业按其登记注册地址或者登记的经营地址未能找到，其中有84家企业的登记地址并非该企业，另外44家企业按登记地址亦未找到，例如登记地址为小区居民住户、办公大楼里无标牌的房间，被告知已经搬迁，未标明具体楼层和房间号等。剩余65个可供调研对象包括5家机构、60家企业。详情见表1。

（三）走访调查过程中企业基础信息库的核减

在第二轮的调研过程中，丰台区有1家、海淀区有2家因企业搬迁、新址未知的因素被排除在外。除去非企业的5家机构，剩余的57家企业中，

表1 2017年北京市辅助器具企业（含非企业机构）第一轮筛选情况

单位：家

序 号	地 区	企业数	实际可调研企业数、机构数
1	昌 平 区	12	3
2	朝 阳 区	38	16
3	大 兴 区	10	6
4	东 城 区	13	4
5	房 山 区	3	2
6	丰 台 区	41	13
7	海 淀 区	28	8
8	怀 柔 区	1	0
9	门头沟区	6	2
10	密 云 区	6	0
11	平 谷 区	3	0
12	石景山区	1	0
13	顺 义 区	5	0
14	通 州 区	12	8
15	西 城 区	12	3
16	延 庆 区	2	0
合 计		193	65

项目组对经营范围符合辅助器具的企业进行了核减和调研走访。截至2017年8月，在基础信息库中，北京市辅助器具企业实际为36家，分布在北京市的10个区。其中，朝阳、丰台区、通州区和东城区的数量最多，这四个地区的企业数量占北京市老年辅助器具企业数的75%。丰台区和通州区各有9家和8家，合计约占总数的47.22%；朝阳区有6家，约占总数的16.67%；东城区、大兴区、西城区各有4家、3家、2家企业是辅助器具企业；昌平区、房山区、海淀区、门头沟区均各有1家符合条件的企业；北京市其余的6个区内均无相关企业的存在。具体情况见表2。

表2 2017年北京辅助器具企业第二轮筛检情况

单位：家

序号	地区	实际的企业数	符合条件的企业数
1	丰台区	11	9
2	通州区	8	8
3	朝阳区	14	6
4	东城区	4	4
5	大兴区	5	3
6	西城区	3	2
7	昌平区	3	1
8	房山区	2	1
9	海淀区	8	1
10	门头沟区	2	1
11	怀柔区	0	0
12	密云区	0	0
13	平谷区	0	0
14	石景山区	0	0
15	顺义区	0	0
16	延庆区	0	0
合　计		60	36

（四）走访调查过程中企业基础信息库的增加

1. 第一次增加样本库

调研项目组从北京国际老龄产业博览会上获得参展单位的名称信息，根据与已有企业基础信息库的对比，新增企业4家，分别是海淀区的北京软汇科技发展有限公司、北京仁本新动科技有限公司、北京养正投资有限公司，以及西城区的北京诚和敬投资有限责任公司，然后根据企业名称从北京市企业信用信息网查询企业注册信息，确认经营范围、注册地址等。后续根据地址实地走访调研，这四家企业均属于辅助器具企业，其中3家属于老年辅助器具企业。

2. 第二次增加样本库

在2017年5月26日的2017中国（北京）国际康复辅助器具博览会上，

根据对目标条件的筛选和整合，在第一次新增后的企业基础信息库中新增了企业，形成新的样本库，其中，大兴区新增2家，昌平区新增2家，朝阳区新增3家。根据北京市企业信用信息网上各企业经营范围的登记，在新增的辅助器具企业中，有7家企业属于老年辅助器具企业。

3. 第三次增加样本库

通过网络检索和实地走访调研中的信息了解，我们查找到中国康复辅助器具协会的北京地区的一些会员名单。在第二次增加的企业基础信息库中新增企业19家，丰台区、密云区、顺义区、西城区各新增1家，大兴区、东城区和昌平区各新增2家，朝阳区新增4家，海淀区新增5家。根据对企业经营范围的了解，新增的企业当中，绝大部分企业与目标企业的经营范围差异较大。

4. 第四次增加样本库

2017年8月4~6日，调研项目组参观了在北京国家会议中心，由中国社会福利与养老服务协会、中国社会保障学会、中职国旅总社共同主办的第六届中国国际养老服务业博览会。通过对中国国际养老服务业博览会参展商的逐一参观了解，新增老年辅助器具企业1家，更新了原有企业基础信息库中的企业数量。该企业是位于大兴区的研产销一体的老年辅助器具企业。

5. 第五次增加样本库

在实地走访过程中，我们通过老年辅助器具产业内企业提供的相关信息，进一步更新了第四次新增样本后的企业基础信息库，从而形成了最终的北京市辅助器具企业基础信息库。在第五次新增企业中，房山区和丰台区各新增1家，海淀区和西城区各新增2家，即有6个新增样本。根据对企业经营范围的进一步了解，这几家企业更偏向于辅助器具企业信息技术方向，其中只有两家企业符合老年辅助器具企业的目标要求。

（五）汇总形成北京市老年辅助器具企业基础信息库

除非企业的5家国家层面或北京市层面的辅助器具机构外，通过各种渠道整理归纳的北京市辅助器具企业共有227家，根据调研组的第一轮走访调研，排除按照登记地址未找到或者可能停业的企业 131 家，明确实际存在的企业为 96 家。根据实际找到的企业基础信息库中的相关信息，剔除服务对象非辅助器具使用者的企业，即经营范围与调研目标不符的 42 家企业，最终确定摸底企业 54 家。通过调研组的第二轮摸底调研走访，有 8 家企业出现了企业搬迁、经营范围与调研目标差异大等现象，有 46 家辅助器具企业成为主要的调研对象。实际调研走访过程中，调研项目组深入了解企业的经营理念、目标群体。实际上，这些企业并非全部致力于服务老年人群体，46 家企业中不乏生产假肢、矫形器等企业，而将焦点更多地集中于老年人群体康复辅助器具的企业有且仅有 30 家。北京市辅助器具企业基础信息库核实及汇总见表 3。

表3 2017 年北京市辅助器具企业基础信息库汇总及调研情况

单位：家

序号	地区	收集的辅助器具企业基础信息库	找到且正常经营的企业	调查摸底后的辅助器具企业	调研访谈的辅助器具企业	老年辅助器具企业
1	昌平区	16	7	3	3	2
2	朝阳区	44	22	9	7	5
3	大兴区	14	10	6	6	4
4	东城区	15	6	4	4	1
5	房山区	4	3	1	1	1
6	丰台区	41	12	10	9	6
7	海淀区	38	16	6	3	3
8	怀柔区	1	0	0	0	0
9	门头沟区	6	2	1	1	0
10	密云区	7	1	1	1	1
11	平谷区	3	0	0	0	0
12	石景山区	1	0	0	0	0
13	顺义区	6	1	0	0	0
14	通州区	13	9	8	8	5
15	西城区	16	7	5	3	2
16	延庆区	2	0	0	0	0
	合 计	227	96	54	46	30

通过调查后符合北京市老年辅助器具条件的企业如表 4 所示。

表4　北京市辖区内老年辅助器具企业（机构）一览

序号	区位	企业名称	序号	区位	企业名称
1	大兴	北京达福康辅助器具技术有限公司	16	丰台	仁爱家和(北京)辅助器具科技有限公司
2	大兴	北京龙头天威科技发展有限公司	17	丰台	北京银发美医疗器械有限公司
3	大兴	北京杰森恩柯科技有限公司	18	丰台	北京康复之家医疗器械连锁经营有限公司
4	大兴	北京特别特辅助器具技术有限公司			
5	昌平	博奥颐和健康科学技术（北京）有限公司	19	丰台	博爱方特国际贸易(北京)有限公司
			20	海淀	北京市老年用品展示中心有限公司
6	昌平	北京和美德科技有限公司	21	海淀	北京软汇科技发展有限公司
7	朝阳	北京温馨利康医疗器械有限公司	22	海淀	北京仁本新动科技有限公司
8	朝阳	长者友善商贸服务有限公司	23	密云	北京美尔斯通科技发展股份有限公司
9	朝阳	北京盛福互邦医疗器械有限公司	24	通州	奥托博克(中国)工业有限公司
10	朝阳	北京东方华商科技发展有限公司	25	通州	北京金运世纪高新技术有限公司
11	朝阳	全国残疾人用品开发供应总站辅助器具服务中心	26	通州	北京畅易达工贸有限公司
			27	通州	北京宝达华技术有限公司
12	东城	禄祥源(北京)科技发展有限公司	28	通州	北京康祝医疗器械有限公司
13	房山	北京天恒凯锐起重机械有限公司	29	西城	北京鹤逸慈辅具科技有限公司(北京鹤逸慈康复护理用品有限公司)
14	丰台	北京依贝思商贸有限责任公司			
15	丰台	北京市健租宝科技有限公司	30	西城	北京小豆当家科技有限公司

在46家辅助器具企业当中，有15家企业的研发及销售领域为假肢和矫形器，有30家企业的经营范围为老年辅助器具（见图1）。可见，虽然当前市场上辅助器具产品的类型正在日益丰富，但真正针对老年人的辅助器具却并不充分。北京市老龄化程度在不断加深，截至2015年底，北京全市60岁及以上户籍老年人口约313.3万，占户籍总人口的23.4%，老龄化程度居全国第二位。官方预计，到2020年北京常住老年人口将超过400万人。随着老年人身体各方面机能的不断衰竭，移动辅助器具作为一种日常行动的补助和支撑被很大一部分老年人迫切需要。而现今市场上的一些常见移动辅助器具更多的是针对肢体障碍者，比起老年人这一群体，更倾向于残障人士，另外老年人的自尊心也使得他们不大愿意被等同为"残障人士"。鉴于此，老年人移动辅助器具市场需求的增长与现有移动辅助器具发展的相对滞后形成较大的反差。

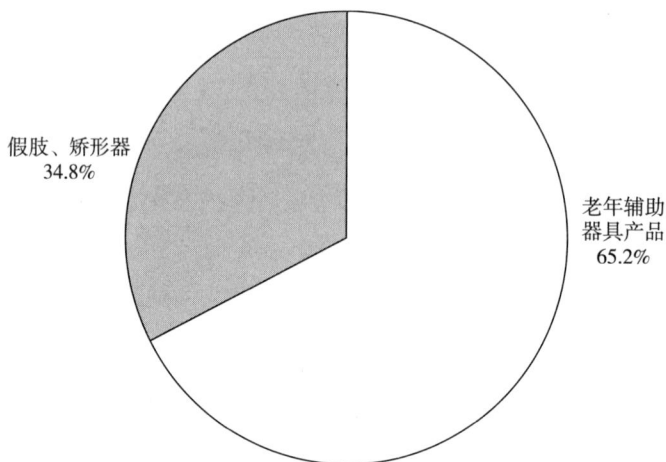

图1 北京市辅助器具企业中的老年辅助器具企业占比

二 北京市老年辅助器具产业发展现状

产业是指由利益相互联系的、具有不同分工的各个相关行业组成的业态总称，本报告所调查企业的生产经营对象和经营范围为老年辅助器具一类产品，尽管企业的经营方式、经营形态和流通环节有所不同，提供的产品也不完全是销售给老年人，但它们所经营的产品主要供老年人使用，产品主要应用于养老服务中，因此可以近似地认为此类企业集合体为老年辅助器具产业，产业中包括老年辅助器具的研发、生产、销售各单一环节企业及各环节组合的企业。

（一）北京市老年辅助器具企业区位分布状况

根据表4的归纳整理可知，北京市老年辅助器具产业中有30家符合调研目标的企业。这些企业分布在北京的10个区域内，其中丰台区有6家，通州区和朝阳区各有5家，大兴区有4家，海淀区有3家，昌平区和西城区各有2家，东城区、房山区、密云区均有1家。具体见图2。

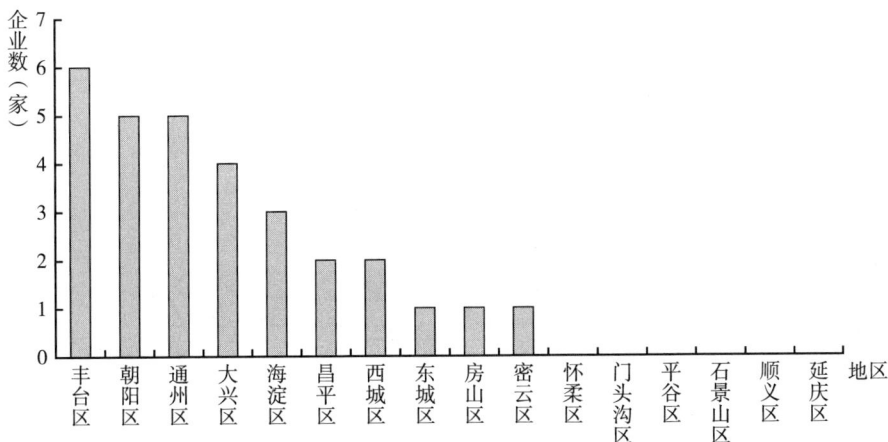

图2　2017年北京市老年辅助器具企业区位分布状况

（二）北京市老年辅助器具企业的经营类型

就老年辅助器具产品而言，从研发、生产到销售的整个过程当中，不同类型的企业有着各自不同的侧重。基于被调研对象，我们将相关的企业和机构大致划分为销售、研发、质检、产销一体、研销一体、研产销一体和行业服务7种类型，其中在分类处理中，考虑到老年辅助器具的租赁属于服务类销售企业，调研组将提供老年辅助器具服务的企业归属销售类企业中。在调研的非生产营利性的5家老年辅助器具相关机构中，研产销一体、质检、行业服务型各1家，研发型有2家。而在被调研的30家企业中，企业类型主要集中在销售型和研产销一体型，这两类企业占被调研的老年辅助器具企业数的93.33%，而研销一体和产销一体型有且仅各有1家。具体见图3。事实上，整个产业链条中，生产型企业数量较少，这与首都科技创新中心的定位有着紧密的关联。

在这30家老年辅助器具企业中，销售型企业中有5家位于朝阳区，有5家位于丰台区；产销一体型企业有且仅有1家，在通州区；研产销一体型企业有3家位于大兴区，有4家位于通州区；研销一体型企业有且仅有1家，位于大兴区。企业类型的具体分布见表5。

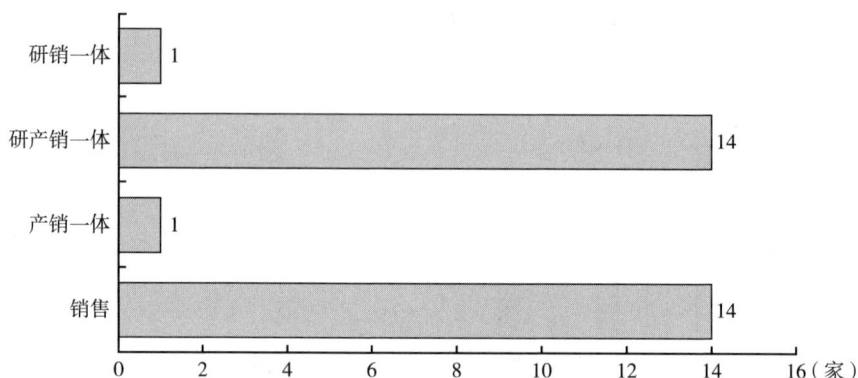

图3 2017年北京市30家老年辅助器具企业的类型划分

表5 2017年北京市老年辅助器具企业不同类型的区域划分

单位：个

	销售	产销一体	研产销一体	研销一体
大 兴 区	0	0	3	1
昌 平 区	1	0	1	0
朝 阳 区	5	0	0	0
东 城 区	1	0	0	0
房 山 区	0	0	1	0
丰 台 区	5	0	1	0
海 淀 区	1	0	2	0
密 云 区	0	0	1	0
通 州 区	0	1	4	0
西 城 区	1	0	1	0
合 计	14	1	14	1

（三）北京市老年辅助器具企业注册资金规模情况

通过在北京市企业信用信息网上的查询，在30家老年辅助器具企业中，有27家企业提供了注册资金的相关信息。其中，有7家企业注册资金小于或等于100万元，占总体的25.93%；有7家企业的注册资金在100万~500

万元；注册资金在 500 万～1000 万元与 1000 万元以上的企业分别有 5 家和 8 家，分别占总体的 18.52% 和 29.63%，详情见图 4。在这 1000 万元以上的企业中，有 4 家企业的注册资金在 2800 万～4000 万元，而拥有 5000 万元及以上注册资金的企业仅有 3 家。

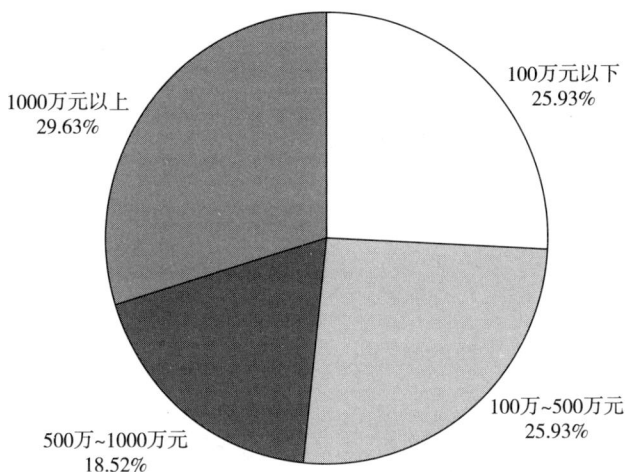

图 4　2017 年北京市老年辅助器具企业注册资金规模

（四）北京市老年辅助器具企业持续经营的时间情况

北京市辅助器具企业逐步增多，但多数企业成立时间较短。1991～2000 年，北京市辅助器具的企业发展缓慢。1991 年，第一家北京市老年辅助器具企业成立。截至 2001 年，全北京市仅有 3 家老年辅助器具企业；2001～2006 年，北京市辅助器具企业有且只有 3 家。2007～2012 年，北京市辅助器具企业数量翻倍增长。截至 2012 年底，有 15 家辅助器具企业进行企业注册，增幅高达 4 倍；2013～2017 年，北京市共有 9 家老年辅助器具企业。详情见图 5。

根据数据显示，北京市老年辅助器具企业的成立时间均较短。截至 2017 年 9 月，30 家企业中成立了 1～10 年的有 24 家，占现有老年辅助器具

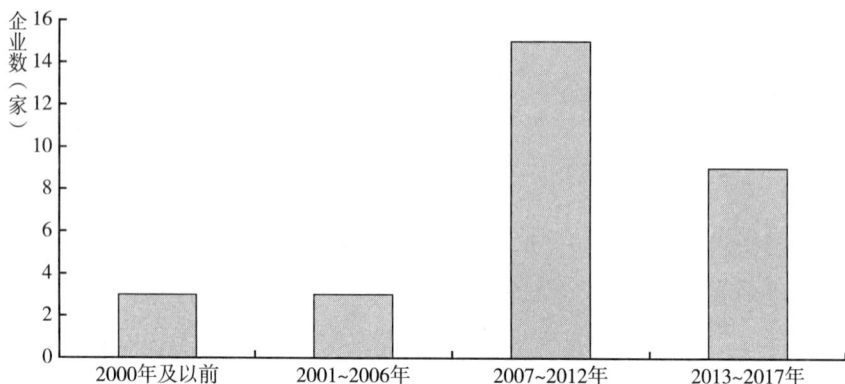

图 5 1991～2017 年北京辅助器具企业数量情况

企业数的 80%；有 13.33% 的企业成立了 11～20 年，有且仅有 4 家；而只有 2 家企业成立了 20 年以上。

三 北京市老年辅助器具产业发展中存在的问题

目前，北京市老年辅助器具的研发、生产、销售各类型企业均在自己最大的能力范围内，凝聚各种可用资源，按照自己的设想独立发展，取得一定业绩，但发展中还存在较多的问题和困难，整体的判断是"两头"不足，中间困难及政策偏弱（见图 6）。"两头"即产品研发端和消费者购买端，中间即企业端，即以生产与销售为主的经营行为。

（一）产业市场规模体量小

根据对 2017 年北京市辅助器具企业基础信息库的汇总及调研组的实地考察，北京市有 30 家老年辅助器具企业，在起步晚、发展慢的产业背景下，北京市老年辅助器具产业市场的规模和体量并不能与当下北京市老年人口现状相匹配。北京市人口老龄化程度高，老龄人口增速快，且高龄化明显。根据《北京市老龄事业和养老服务发展报告（2016 年—2017 年）》中的老龄人口数据，截至 2016 年底，北京市户籍总人口 1362.9 万人，其中，60 岁

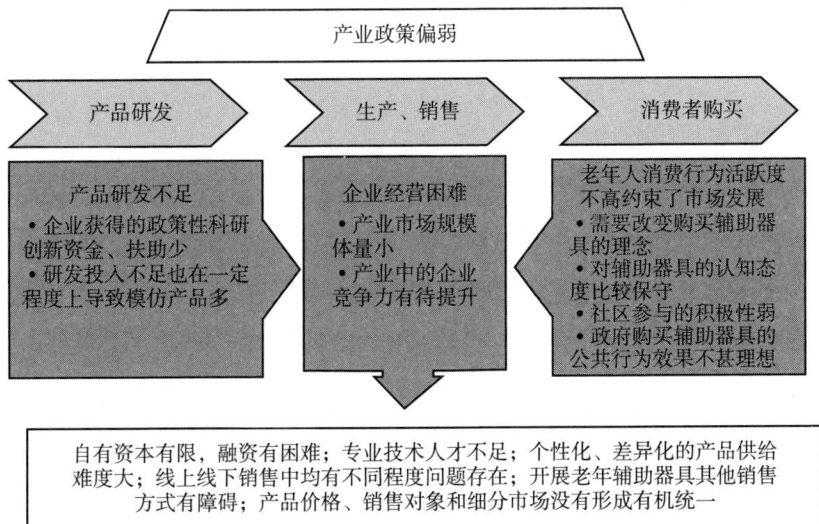

图6 2017年北京市老年辅助器具产业发展中存在的问题和困难

及以上户籍老年人口数量高达329.2万人，占总人口的24.2%，80岁及以上的户籍老年人口有59.5万人。与2012年底的数据相比，60岁及以上的户籍老年人口增加了66.3万人，80岁及以上的户籍老年人口增加了16.9万人。报告指出，两年来，完成了对全市约16.57万老年人的能力评估工作和8.97万高龄老年人的需求调查工作，经评估确定为失能的老年人口已达16.49万。根据老年辅助器具企业注册资本的数据，加上调查了解到的信息，辅助器具企业的生产经营规模普遍较小，具有一定实力的企业年营业收入为几千万元，产业的规模体量相对于北京市人口老龄化现状以及北京市打造技术高地的要求还有差距。

（二）产业中的企业竞争力有待提升

1. 自有资本有限，融资有困难

一方面，北京市多数辅助器具企业注册资金不多（见图4），在被调研的30家企业中，科研型且有注册资金信息的16家企业中，7家企业注册资金不超过100万元，这显然不能满足科研型企业对于资金的大量需求；另一方面，老年辅助器具企业的运营成本较高，且缺乏融资渠道，主要表现为：自有资本有限、初始投资数额大（尤其是研发生产一体的企业）、投资回收期长、宣传运作投入大、消费者承担能力有限。我国辅助器具产业仍处于起步发展的阶段，相关的政策、配套的服务等都有待完善，这也在一定程度上加大了企业的成本开支。首先，企业根据已有经验和市场调研，需要投入相当数额的研发资金，产品的研发、专利的申请、成果的转化等都是前期需要投入的必要性花费。其次，辅助器具产品的特殊性直接导致投资回报期较长，且收益额偏少。从短期来看，企业的投资收益并不乐观，甚至难以持平。在低迷阶段的辅助器具市场环境中立住脚跟、开拓市场，为老年人提供适配的辅助器具对整个行业来说都是难题。另外，企业所涉及的产品主要针对的是使用辅助器具的老年人，宣传的方式需要迎合老年人群体。这需要花费相当一部分人力、物力，例如走进社区、街道、医院，以及有合作关系的医疗器械直营店，开展公益、体验、推广等活动。最后，在维持企业运转的资金链条中，每一个环节都需要一定的资金支持。

2. 专业技术人才供给不足

人才供给数量与需求极不匹配。老年辅助器具产业仍处于稳步发展的初期，正需要大量的专业型技术人才，但是，我国致力于发展辅助器具的科研型人才数量较少。通过对辅助器具企业的走访调研，调研组发现，北京市各企业中的科研型人才通常不超过 4 人。从学历教育上来说，无论是职业技术教育院校，还是高等教育院校，设置相关专业、拥有匹配性人才的学校屈指可数，最后从事该行业的人才更是凤毛麟角。人才供给数量与需求极不匹配是当下亟待解决的关键性问题之一。

人才供给的专业化与需求严重不匹配。当下人才供给的专业化水平远不能满足企业科研技术发展战略的主观需求，也不能满足该行业由"量变"到"质变"的客观需要。辅助器具的研发涉及多方面的学科，例如矫形器涉及临床的解剖学、人体的生物力学以及机械制图和心理学等。通过调研走访得知，企业中科研型人才少，专业化供给不足，各个企业很难拥有辅助器具研发的一整套专业化人才，这对于企业的技术突破无疑是一个严峻的考验。

3. 个性化、差异化的产品供给难度大

由于老年人身体状况、生活环境、所处地区等方面的原因，老年人群体对于产品有着个性化、差异化的现实诉求。而产品供给方往往不能提供相应的适配产品。这主要是由于在企业资金循环链条中，研发不足制约了产品设计的个性化和差异化，资金不足制约了个性化和差异化产品的生产，消费者行为不活跃又制约了资金的回流，进而影响研发和生产投入。

根据老年辅助器具企业注册资本的相关信息以及调研组实地访谈所得信息，不可否认，由于成本限制，企业对于差异化、个性化产品的研发和生产资金投入量占比并不大。在产品研发环节，资金的投入是关键性的影响因素，如技术人员的引进、模具的设计、新技术的学习和设计材料的使用等都是科研环节中资金投入的方向，而事实上企业并没有充足的资金预算和资本积累来推动目标落地。在产品生产环节，资金投入不足也在一定程度上影响了生产差异化和个性化产品的目标。企业以生产大众化产品来保持成交量和现有的盈利额，而个性化和差异化产品的生产计划如有经济折损则会直接影响企业的正常运营，适配性产品的生产能力也会随之受到影响和制约。在交易市场当中，老年人作为需求方对产品的价格、质量因素有考量，对于产品的设计也有不同的考虑和想法，这影响着需求者对于产品的购买意愿。而市面上所销售的多数产品都没有达到个性化和差异化的适配效果，消费者的消费意愿低，产品销售量低，资金回流效果差，进而影响在研发和生产中的资金投入。

4. 老年辅助器具的线上线下销售中均有不同程度的问题存在

根据对销售型以及有销售行为的企业的深度走访，企业的主要销售方式集中为实体店和网络平台销售，多数企业会将两种方式相结合。

实体店的销售方式如下。①一些生产型企业拥有销售自己产品的店面，在进货数量、产品流向等方面都具有有效的数据积累。但老年人对于辅助器具产品的需求各有不同，单独的生产商很难满足顾客对于种类多样化的要求。②一些生产型企业将产品委托给医疗器械直营店、辅助器具产品销售商

售卖，但由于存在第三方，企业压缩了单个产品的收益额，或者只能提高产品单价。另外，购买者的需求意愿也不能直接反馈到生产方。③部分生产型企业将这两种方式相结合，不仅有自己的直营店，也将产品委托售卖。但经营成本增加，企业需要有强大的经济支撑。

网络平台的销售方式如下。一些生产型企业为了节约实体店的成本投入，则在自己的网络宣传中直接进行销售，或者在京东、天猫等平台上进行售卖。而网络售卖会导致产品的售后成本增加，商品发生故障时所产生的运费成本、人工成本在一定程度上削减了实际收益；网络售卖的隐性问题是顾客对于商品的认可度不高，例如网络的购买评价度低及无法直接进行用户体验等，都导致购买者对于网络售卖持观望态度。

5. 开展老年辅助器具其他销售方式有障碍

在整个后期的走访调研中，也有部分企业依靠定点采购和展会平台的方式来维持运营。①定点采购，这种方式主要集中在政府、医院、福利机构等部门。与政策相应的配套服务、政府针对辅助器具的课题项目等都是企业竞标的内容，医院康复科室、福利机构和养老机构等也都是各种辅助器具产品的销售流向。企业的综合实力与发展定位是获取资格的重要标准，这激励了企业的积极性，但定点采购中对于企业的注册规模、经营产品的生产定位有着明晰的要求。②展会平台，每年在我国的北京、上海等地都会举办相关的展会，很多的销售企业、福利机构、国外企业负责人、个人等也都来参展，这就为部分企业带来了有意愿的合作商。但由于展会召开的周期长以及参会人群的数量不确定，顾客的稳定性较差。

6. 产品价格、销售对象和细分市场没有形成有机统一

企业对于产品的价格定位、销售对象以及市场划分没有形成一个有序的发展模式。老年辅助器具产品现多用于老年人所处的养老机构、医疗康复机构以及家庭内部等场所，对产品的类别、价格、质量等方面的要求也各有不同。作为老年辅助器具的主要消费群体，大多数老年人都更偏向于选择经济实用的产品，短期使用辅助器具的老年人更加重视价格的合理性。而对于需要各类老年辅助器具的养老机构和医疗康复机构来说，产品的性能和质量则

更多信息请登录

皮书数据库
http://www.pishu.com.cn

中国皮书网
http://www.pishu.cn

皮书微博
http://weibo.com/pishu

皮书微信"皮书说"

请到当当、亚马逊、京东或各地书店购买，也可办理邮购

咨询 / 邮购电话：010-59367028 59367070

邮　　箱：duzhe@ssap.cn

邮购地址：北京市西城区北三环中路甲29号院3号楼
　　　　　华龙大厦13层读者服务中心

邮　　编：100029

银行户名：社会科学文献出版社

开户银行：中国工商银行北京北太平庄支行

账　　号：0200010019200365434

社长致辞

　　蓦然回首，皮书的专业化历程已经走过了二十年。20年来从一个出版社的学术产品名称到媒体热词再到智库成果研创及传播平台，皮书以专业化为主线，进行了系列化、市场化、品牌化、数字化、国际化、平台化的运作，实现了跨越式的发展。特别是在党的十八大以后，以习近平总书记为核心的党中央高度重视新型智库建设，皮书也迎来了长足的发展，总品种达到600余种，经过专业评审机制、淘汰机制遴选，目前，每年稳定出版近400个品种。"皮书"已经成为中国新型智库建设的抓手，成为国际国内社会各界快速、便捷地了解真实中国的最佳窗口。

　　20年孜孜以求，"皮书"始终将自己的研究视野与经济社会发展中的前沿热点问题紧密相连。600个研究领域，3万多位分布于800余个研究机构的专家学者参与了研创写作。皮书数据库中共收录了15万篇专业报告，50余万张数据图表，合计30亿字，每年报告下载量近80万次。皮书为中国学术与社会发展实践的结合提供了一个激荡智力、传播思想的入口，皮书作者们用学术的话语、客观翔实的数据谱写出了中国故事壮丽的篇章。

　　20年跨步千里，"皮书"始终将自己的发展与时代赋予的使命与责任紧紧相连。每年百余场新闻发布会，10万余次中外媒体报道，中、英、俄、日、韩等12个语种共同出版。皮书所具有的凝聚力正在形成一种无形的力量，吸引着社会各界关注中国的发展，参与中国的发展，它是我们向世界传递中国声音、总结中国经验、争取中国国际话语权主要的平台。

　　皮书这一系列成就的取得，得益于中国改革开放的伟大时代，离不开来自中国社会科学院、新闻出版广电总局、全国哲学社会科学规划办公室等主管部门的大力支持和帮助，也离不开皮书研创者和出版者的共同努力。他们与皮书的故事创造了皮书的历史，他们对皮书的拳拳之心将继续谱写皮书的未来！

　　现在，"皮书"品牌已经进入了快速成长的青壮年时期。全方位进行规范化管理，树立中国的学术出版标准；不断提升皮书的内容质量和影响力，搭建起中国智库产品和智库建设的交流服务平台和国际传播平台；发布各类皮书指数，并使之成为中国指数，让中国智库的声音响彻世界舞台，为人类的发展做出中国的贡献——这是皮书未来发展的图景。作为"皮书"这个概念的提出者，"皮书"从一般图书到系列图书和品牌图书，最终成为智库研究和社会科学应用对策研究的知识服务和成果推广平台这整个过程的操盘者，我相信，这也是每一位皮书人执着追求的目标。

　　"当代中国正经历着我国历史上最为广泛而深刻的社会变革，也正在进行着人类历史上最为宏大而独特的实践创新。这种前无古人的伟大实践，必将给理论创造、学术繁荣提供强大动力和广阔空间。"

　　在这个需要思想而且一定能够产生思想的时代，皮书的研创出版一定能创造出新的更大的辉煌！

社会科学文献出版社社长

中国社会学会秘书长

2017年11月

社会科学文献出版社简介

社会科学文献出版社（以下简称"社科文献出版社"）成立于1985年，是直属于中国社会科学院的人文社会科学学术出版机构。成立至今，社科文献出版社始终依托中国社会科学院和国内外人文社会科学界丰厚的学术出版和专家学者资源，坚持"创社科经典，出传世文献"的出版理念、"权威、前沿、原创"的产品定位以及学术成果和智库成果出版的专业化、数字化、国际化、市场化的经营道路。

社科文献出版社是中国新闻出版业转型与文化体制改革的先行者。积极探索文化体制改革的先进方向和现代企业经营决策机制，社科文献出版社先后荣获"全国文化体制改革工作先进单位"、中国出版政府奖·先进出版单位奖，中国社会科学院先进集体、全国科普工作先进集体等荣誉称号。多人次荣获"第十届韬奋出版奖""全国新闻出版行业领军人才""数字出版先进人物""北京市新闻出版广电行业领军人才"等称号。

社科文献出版社是中国人文社会科学学术出版的大社名社，也是以皮书为代表的智库成果出版的专业强社。年出版图书2000余种，其中皮书400余种，出版新书字数5.5亿字，承印与发行中国社科院院属期刊72种，先后创立了皮书系列、列国志、中国史话、社科文献学术译库、社科文献学术文库、甲骨文书系等一大批既有学术影响又有市场价值的品牌，确立了在社会学、近代史、苏东问题研究等专业学科及领域出版的领先地位。图书多次荣获中国出版政府奖、"三个一百"原创图书出版工程、"五个'一'工程奖"、"大众喜爱的50种图书"等奖项，在中央国家机关"强素质·做表率"读书活动中，入选图书品种数位居各大出版社之首。

社科文献出版社是中国学术出版规范与标准的倡议者与制定者，代表全国50多家出版社发起实施学术著作出版规范的倡议，承担学术著作规范国家标准的起草工作，率先撰写完成《皮书手册》对皮书品牌进行规范化管理，并在此基础上推出中国版芝加哥手册——《社科文献出版社学术出版手册》。

社科文献出版社是中国数字出版的引领者，拥有皮书数据库、列国志数据库、"一带一路"数据库、减贫数据库、集刊数据库等4大产品线11个数据库产品，机构用户达1300余家，海外用户百余家，荣获"数字出版转型示范单位""新闻出版标准化先进单位""专业数字内容资源知识服务模式试点企业标准化示范单位"等称号。

社科文献出版社是中国学术出版走出去的践行者。社科文献出版社海外图书出版与学术合作业务遍及全球40余个国家和地区，并于2016年成立俄罗斯分社，累计输出图书500余种，涉及近20个语种，累计获得国家社科基金中华学术外译项目资助76种、"丝路书香工程"项目资助60种、中国图书对外推广计划项目资助71种以及经典中国国际出版工程资助28种，被五部委联合认定为"2015-2016年度国家文化出口重点企业"。

如今，社科文献出版社完全靠自身积累拥有固定资产3.6亿元，年收入3亿元，设置了七大出版分社、六大专业部门，成立了皮书研究院和博士后科研工作站，培养了一支近400人的高素质与高效率的编辑、出版、营销和国际推广队伍，为未来成为学术出版的大社、名社、强社，成为文化体制改革与文化企业转型发展的排头兵奠定了坚实的基础。

宏 观 经 济 类

经济蓝皮书

2018 年中国经济形势分析与预测

李平 / 主编　2017 年 12 月出版　定价：89.00 元

◆　本书为总理基金项目，由著名经济学家李扬领衔，联合中国社会科学院等数十家科研机构、国家部委和高等院校的专家共同撰写，系统分析了 2017 年的中国经济形势并预测 2018 年中国经济运行情况。

城市蓝皮书

中国城市发展报告 No.11

潘家华　单菁菁 / 主编　2018 年 9 月出版　估价：99.00 元

◆　本书是由中国社会科学院城市发展与环境研究中心编著的，多角度、全方位地立体展示了中国城市的发展状况，并对中国城市的未来发展提出了许多建议。该书有强烈的时代感，对中国城市发展实践有重要的参考价值。

人口与劳动绿皮书

中国人口与劳动问题报告 No.19

张车伟 / 主编　2018 年 10 月出版　估价：99.00 元

◆　本书为中国社会科学院人口与劳动经济研究所主编的年度报告，对当前中国人口与劳动形势做了比较全面和系统的深入讨论，为研究中国人口与劳动问题提供了一个专业性的视角。

中国省域竞争力蓝皮书

中国省域经济综合竞争力发展报告（2017～2018）

李建平 李闽榕 高燕京 / 主编　2018 年 5 月出版　估价：198.00 元

◆　本书融多学科的理论为一体，深入追踪研究了省域经济发展与中国国家竞争力的内在关系，为提升中国省域经济综合竞争力提供有价值的决策依据。

金融蓝皮书

中国金融发展报告（2018）

王国刚 / 主编　2018 年 6 月出版　估价：99.00 元

◆　本书由中国社会科学院金融研究所组织编写，概括和分析了 2017 年中国金融发展和运行中的各方面情况，研讨和评论了 2017 年发生的主要金融事件，有利于读者了解掌握 2017 年中国的金融状况，把握 2018 年中国金融的走势。

区域经济类

京津冀蓝皮书

京津冀发展报告（2018）

祝合良 叶堂林 张贵祥 / 等著　2018 年 6 月出版　估价：99.00 元

◆　本书遵循问题导向与目标导向相结合、统计数据分析与大数据分析相结合、纵向分析和长期监测与结构分析和综合监测相结合等原则，对京津冀协同发展新形势与新进展进行测度与评价。

社 会 政 法 类

社会蓝皮书

2018 年中国社会形势分析与预测

李培林　陈光金　张翼 / 主编　2017 年 12 月出版　定价：89.00 元

◆　本书由中国社会科学院社会学研究所组织研究机构专家、高校学者和政府研究人员撰写，聚焦当下社会热点，对 2017 年中国社会发展的各个方面内容进行了权威解读，同时对 2018 年社会形势发展趋势进行了预测。

法治蓝皮书

中国法治发展报告 No.16（2018）

李林　田禾 / 主编　2018 年 3 月出版　定价：128.00 元

◆　本年度法治蓝皮书回顾总结了 2017 年度中国法治发展取得的成就和存在的不足，对中国政府、司法、检务透明度进行了跟踪调研，并对 2018 年中国法治发展形势进行了预测和展望。

教育蓝皮书

中国教育发展报告（2018）

杨东平 / 主编　2018 年 3 月出版　定价：89.00 元

◆　本书重点关注了 2017 年教育领域的热点，资料翔实，分析有据，既有专题研究，又有实践案例，从多角度对 2017 年教育改革和实践进行了分析和研究。

社会体制蓝皮书

中国社会体制改革报告 No.6（2018）

龚维斌／主编　2018年3月出版　定价：98.00元

◆　本书由国家行政学院社会治理研究中心和北京师范大学中国社会管理研究院共同组织编写，主要对2017年社会体制改革情况进行回顾和总结，对2018年的改革走向进行分析，提出相关政策建议。

社会心态蓝皮书

中国社会心态研究报告（2018）

王俊秀　杨宜音／主编　2018年12月出版　估价：99.00元

◆　本书是中国社会科学院社会学研究所社会心理研究中心"社会心态蓝皮书课题组"的年度研究成果，运用社会心理学、社会学、经济学、传播学等多种学科的方法进行了调查和研究，对于目前中国社会心态状况有较广泛和深入的揭示。

华侨华人蓝皮书

华侨华人研究报告（2018）

贾益民／主编　2017年12月出版　估价：139.00元

◆　本书关注华侨华人生产与生活的方方面面。华侨华人是中国建设21世纪海上丝绸之路的重要中介者、推动者和参与者。本书旨在全面调研华侨华人，提供最新涉侨动态、理论研究成果和政策建议。

民族发展蓝皮书

中国民族发展报告（2018）

王延中／主编　2018年10月出版　估价：188.00元

◆　本书从民族学人类学视角，研究近年来少数民族和民族地区的发展情况，展示民族地区经济、政治、文化、社会和生态文明"五位一体"建设取得的辉煌成就和面临的困难挑战，为深刻理解中央民族工作会议精神、加快民族地区全面建成小康社会进程提供了实证材料。

产业经济类

房地产蓝皮书

中国房地产发展报告 No.15（2018）

李春华　王业强／主编　2018 年 5 月出版　估价：99.00 元

◆　2018 年《房地产蓝皮书》持续追踪中国房地产市场最新动态，深度剖析市场热点，展望 2018 年发展趋势，积极谋划应对策略。对 2017 年房地产市场的发展态势进行全面、综合的分析。

新能源汽车蓝皮书

中国新能源汽车产业发展报告（2018）

中国汽车技术研究中心　日产（中国）投资有限公司

东风汽车有限公司／编著　2018 年 8 月出版　估价：99.00 元

◆　本书对中国 2017 年新能源汽车产业发展进行了全面系统的分析，并介绍了国外的发展经验。有助于相关机构、行业和社会公众等了解中国新能源汽车产业发展的最新动态，为政府部门出台新能源汽车产业相关政策法规、企业制定相关战略规划，提供必要的借鉴和参考。

行业及其他类

旅游绿皮书

2017 ～ 2018 年中国旅游发展分析与预测

中国社会科学院旅游研究中心／编　2018 年 1 月出版　定价：99.00 元

◆　本书从政策、产业、市场、社会等多个角度勾画出 2017 年中国旅游发展全貌，剖析了其中的热点和核心问题，并就未来发展作出预测。

民营医院蓝皮书

中国民营医院发展报告（2018）

薛晓林 / 主编　2018 年 11 月出版　估价：99.00 元

◆　本书在梳理国家对社会办医的各种利好政策的前提下，对我国民营医疗发展现状、我国民营医院竞争力进行了分析，并结合我国医疗体制改革对民营医院的发展趋势、发展策略、战略规划等方面进行了预估。

会展蓝皮书

中外会展业动态评估研究报告（2018）

张敏 / 主编　　2018 年 12 月出版　估价：99.00 元

◆　本书回顾了 2017 年的会展业发展动态，结合"供给侧改革"、"互联网 +"、"绿色经济"的新形势分析了我国展会的行业现状，并介绍了国外的发展经验，有助于行业和社会了解最新的展会业动态。

中国上市公司蓝皮书

中国上市公司发展报告（2018）

张平　王宏淼 / 主编　　2018 年 9 月出版　估价：99.00 元

◆　本书由中国社会科学院上市公司研究中心组织编写的，着力于全面、真实、客观反映当前中国上市公司财务状况和价值评估的综合性年度报告。本书详尽分析了 2017 年中国上市公司情况，特别是现实中暴露出的制度性、基础性问题，并对资本市场改革进行了探讨。

工业和信息化蓝皮书

人工智能发展报告（2017 ~ 2018）

尹丽波 / 主编　　2018 年 6 月出版　　估价：99.00 元

◆　本书国家工业信息安全发展研究中心在对 2017 年全球人工智能技术和产业进行全面跟踪研究基础上形成的研究报告。该报告内容翔实、视角独特，具有较强的产业发展前瞻性和预测性，可为相关主管部门、行业协会、企业等全面了解人工智能发展形势以及进行科学决策提供参考。

国际问题与全球治理类

世界经济黄皮书

2018 年世界经济形势分析与预测

张宇燕 / 主编　2018 年 1 月出版　定价：99.00 元

◆　本书由中国社会科学院世界经济与政治研究所的研究团队
撰写，分总论、国别与地区、专题、热点、世界经济统计与预
测等五个部分，对 2018 年世界经济形势进行了分析。

国际城市蓝皮书

国际城市发展报告（2018）

屠启宇 / 主编　2018 年 2 月出版　定价：89.00 元

◆　本书作者以上海社会科学院从事国际城市研究的学者团队
为核心，汇集同济大学、华东师范大学、复旦大学、上海交通
大学、南京大学、浙江大学相关城市研究专业学者。立足动态
跟踪介绍国际城市发展时间中，最新出现的重大战略、重大理
念、重大项目、重大报告和最佳案例。

非洲黄皮书

非洲发展报告 No.20（2017 ～ 2018）

张宏明 / 主编　2018 年 7 月出版　估价：99.00 元

◆　本书是由中国社会科学院西亚非洲研究所组织编撰的非洲
形势年度报告，比较全面、系统地分析了 2017 年非洲政治形
势和热点问题，探讨了非洲经济形势和市场走向，剖析了大国
对非洲关系的新动向；此外，还介绍了国内非洲研究的新成果。

国别类

美国蓝皮书

美国研究报告（2018）

郑秉文　黄平 / 主编　2018 年 5 月出版　估价：99.00 元

◆　本书是由中国社会科学院美国研究所主持完成的研究成果，它回顾了美国 2017 年的经济、政治形势与外交战略，对美国内政外交发生的重大事件及重要政策进行了较为全面的回顾和梳理。

德国蓝皮书

德国发展报告（2018）

郑春荣 / 主编　2018 年 6 月出版　估价：99.00 元

◆　本报告由同济大学德国研究所组织编撰，由该领域的专家学者对德国的政治、经济、社会文化、外交等方面的形势发展情况，进行全面的阐述与分析。

俄罗斯黄皮书

俄罗斯发展报告（2018）

李永全 / 编著　2018 年 6 月出版　估价：99.00 元

◆　本书系统介绍了 2017 年俄罗斯经济政治情况，并对 2016 年该地区发生的焦点、热点问题进行了分析与回顾；在此基础上，对该地区 2018 年的发展前景进行了预测。

文 化 传 媒 类

新媒体蓝皮书

中国新媒体发展报告 No.9（2018）

唐绪军 / 主编　2018 年 6 月出版　估价 : 99.00 元

◆　本书是由中国社会科学院新闻与传播研究所组织编写的关于新媒体发展的最新年度报告，旨在全面分析中国新媒体的发展现状，解读新媒体的发展趋势，探析新媒体的深刻影响。

移动互联网蓝皮书

中国移动互联网发展报告（2018）

余清楚 / 主编　　2018 年 6 月出版　估价 : 99.00 元

◆　本书着眼于对 2017 年度中国移动互联网的发展情况做深入解析，对未来发展趋势进行预测，力求从不同视角、不同层面全面剖析中国移动互联网发展的现状、年度突破及热点趋势等。

文化蓝皮书

中国文化消费需求景气评价报告（2018）

王亚南 / 主编　2018 年 3 月出版　定价 : 99.00 元

◆　本书首创全国文化发展量化检测评价体系，也是至今全国唯一的文化民生量化检测评价体系，对于检验全国及各地 " 以人民为中心 " 的文化发展具有首创意义。

地方发展类

北京蓝皮书

北京经济发展报告（2017～2018）

杨松 / 主编　2018 年 6 月出版　估价：99.00 元

◆　本书对 2017 年北京市经济发展的整体形势进行了系统性的分析与回顾，并对 2018 年经济形势走势进行了预测与研判，聚焦北京市经济社会发展中的全局性、战略性和关键领域的重点问题，运用定量和定性分析相结合的方法，对北京市经济社会发展的现状、问题、成因进行了深入分析，提出了可操作性的对策建议。

温州蓝皮书

2018 年温州经济社会形势分析与预测

蒋儒标　王春光　金浩 / 主编　2018 年 6 月出版　估价：99.00 元

◆　本书是中共温州市委党校和中国社会科学院社会学研究所合作推出的第十一本温州蓝皮书，由来自党校、政府部门、科研机构、高校的专家、学者共同撰写的 2017 年温州区域发展形势的最新研究成果。

黑龙江蓝皮书

黑龙江社会发展报告（2018）

王爱丽 / 主编　2018 年 1 月出版　定价：89.00 元

◆　本书以千份随机抽样问卷调查和专题研究为依据，运用社会学理论框架和分析方法，从专家和学者的独特视角，对 2017 年黑龙江省关系民生的问题进行广泛的调研与分析，并对 2017 年黑龙江省诸多社会热点和焦点问题进行了有益的探索。这些研究不仅可以为政府部门更加全面深入了解省情、科学制定决策提供智力支持，同时也可以为广大读者认识、了解、关注黑龙江社会发展提供理性思考。

宏观经济类

城市蓝皮书
中国城市发展报告（No.11）
著(编)者：潘家华 单菁菁
2018年9月出版 / 估价：99.00元
PSN B-2007-091-1/1

城乡一体化蓝皮书
中国城乡一体化发展报告（2018）
著(编)者：付崇兰
2018年9月出版 / 估价：99.00元
PSN B-2011-226-1/2

城镇化蓝皮书
中国新型城镇化健康发展报告（2018）
著(编)者：张占斌
2018年8月出版 / 估价：99.00元
PSN B-2014-396-1/1

创新蓝皮书
创新型国家建设报告（2018~2019）
著(编)者：詹正茂
2018年12月出版 / 估价：99.00元
PSN B-2009-140-1/1

低碳发展蓝皮书
中国低碳发展报告（2018）
著(编)者：张希良 齐晔
2018年6月出版 / 估价：99.00元
PSN B-2011-223-1/1

低碳经济蓝皮书
中国低碳经济发展报告（2018）
著(编)者：薛进军 赵忠秀
2018年11月出版 / 估价：99.00元
PSN B-2011-194-1/1

发展和改革蓝皮书
中国经济发展和体制改革报告No.9
著(编)者：邹东涛 王再文
2018年1月出版 / 估价：99.00元
PSN B-2008-122-1/1

国家创新蓝皮书
中国创新发展报告（2017）
著(编)者：陈劲　2018年5月出版 / 估价：99.00元
PSN B-2014-370-1/1

金融蓝皮书
中国金融发展报告（2018）
著(编)者：王国刚
2018年6月出版 / 估价：99.00元
PSN B-2004-031-1/7

经济蓝皮书
2018年中国经济形势分析与预测
著(编)者：李平　2017年12月出版 / 定价：89.00元
PSN B-1996-001-1/1

经济蓝皮书春季号
2018年中国经济前景分析
著(编)者：李扬　2018年5月出版 / 估价：99.00元
PSN B-1999-008-1/1

经济蓝皮书夏季号
中国经济增长报告（2017~2018）
著(编)者：李扬　2018年9月出版 / 估价：99.00元
PSN B-2010-176-1/1

农村绿皮书
中国农村经济形势分析与预测（2017~2018）
著(编)者：魏后凯 黄秉信
2018年4月出版 / 定价：99.00元
PSN B-1998-003-1/1

人口与劳动绿皮书
中国人口与劳动问题报告No.19
著(编)者：张车伟　2018年11月出版 / 估价：99.00元
PSN G-2000-012-1/1

新型城镇化蓝皮书
新型城镇化发展报告（2017）
著(编)者：李伟 宋敏
2018年3月出版 / 定价：98.00元
PSN B-2005-038-1/1

中国省域竞争力蓝皮书
中国省域经济综合竞争力发展报告（2016~2017）
著(编)者：李建平 李闽榕
2018年2月出版 / 定价：198.00元
PSN B-2007-088-1/1

中小城市绿皮书
中国中小城市发展报告（2018）
著(编)者：中国城市经济学会中小城市经济发展委员会
　　　　　中国城镇化促进会中小城市经济发展委员会
　　　　　《中国中小城市发展报告》编纂委员会
　　　　　中小城市发展战略研究院
2018年11月出版 / 估价：128.00元
PSN G-2010-161-1/1

区域经济类

东北蓝皮书
中国东北地区发展报告（2018）
著(编)者：姜晓秋　2018年11月出版 / 估价：99.00元
PSN B-2006-067-1/1

金融蓝皮书
中国金融中心发展报告（2017~2018）
著(编)者：王力 黄育华　2018年11月出版 / 估价：99.00元
PSN B-2011-186-6/7

京津冀蓝皮书
京津冀发展报告（2018）
著(编)者：祝合良 叶堂林 张贵祥
2018年6月出版 / 估价：99.00元
PSN B-2012-262-1/1

西北蓝皮书
中国西北发展报告（2018）
著(编)者：王福生 马廷旭 董秋生
2018年1月出版 / 定价：99.00元
PSN B-2012-261-1/1

西部蓝皮书
中国西部发展报告（2018）
著(编)者：璋勇 任保平　2018年8月出版 / 估价：99.00元
PSN B-2005-039-1/1

长江经济带产业蓝皮书
长江经济带产业发展报告（2018）
著(编)者：吴传清　2018年11月出版 / 估价：128.00元
PSN B-2017-666-1/1

长江经济带蓝皮书
长江经济带发展报告（2017~2018）
著(编)者：王振　2018年11月出版 / 估价：99.00元
PSN B-2016-575-1/1

长江中游城市群蓝皮书
长江中游城市群新型城镇化与产业协同发展报告（2018）
著(编)者：杨刚强　2018年11月出版 / 估价：99.00元
PSN B-2016-578-1/1

长三角蓝皮书
2017年创新融合发展的长三角
著(编)者：刘飞跃　2018年5月出版 / 估价：99.00元
PSN B-2005-038-1/1

长株潭城市群蓝皮书
长株潭城市群发展报告（2017）
著(编)者：张萍 朱有志　2018年6月出版 / 估价：99.00元
PSN B-2008-109-1/1

特色小镇蓝皮书
特色小镇智慧运营报告（2018）：顶层设计与智慧架构标准
著(编)者：陈劲　2018年1月出版 / 定价：79.00元
PSN B-2018-692-1/1

中部竞争力蓝皮书
中国中部经济社会竞争力报告（2018）
著(编)者：教育部人文社会科学重点研究基地南昌大学中国
　　　　　中部经济社会发展研究中心
2018年12月出版 / 估价：99.00元
PSN B-2012-276-1/1

中部蓝皮书
中国中部地区发展报告（2018）
著(编)者：宋亚平　2018年12月出版 / 估价：99.00元
PSN B-2007-089-1/1

区域蓝皮书
中国区域经济发展报告（2017~2018）
著(编)者：赵弘　2018年5月出版 / 估价：99.00元
PSN B-2004-034-1/1

中三角蓝皮书
长江中游城市群发展报告（2018）
著(编)者：秦尊文　2018年9月出版 / 估价：99.00元
PSN B-2014-417-1/1

中原蓝皮书
中原经济区发展报告（2018）
著(编)者：李英杰　2018年6月出版 / 估价：99.00元
PSN B-2011-192-1/1

珠三角流通蓝皮书
珠三角商圈发展研究报告（2018）
著(编)者：王先庆 林至颖　2018年7月出版 / 估价：99.00元
PSN B-2012-292-1/1

社会政法类

北京蓝皮书
中国社区发展报告（2017~2018）
著(编)者：于燕燕　2018年9月出版 / 估价：99.00元
PSN B-2007-083-5/8

殡葬绿皮书
中国殡葬事业发展报告（2017~2018）
著(编)者：李伯森　2018年6月出版 / 估价：158.00元
PSN G-2010-180-1/1

城市管理蓝皮书
中国城市管理报告（2017-2018）
著(编)者：刘林 刘承水　2018年5月出版 / 估价：158.00元
PSN B-2013-336-1/1

城市生活质量蓝皮书
中国城市生活质量报告（2017）
著(编)者：张连城 张平 杨春学 郎丽华
2017年12月出版 / 定价：89.00元
PSN B-2013-326-1/1

城市政府能力蓝皮书
中国城市政府公共服务能力评估报告（2018）
著(编)者：何艳玲　2018年5月出版 / 估价：99.00元
PSN B-2013-338-1/1

创业蓝皮书
中国创业发展研究报告（2017～2018）
著(编)者：黄群慧 赵卫星 钟宏武
2018年11月出版 / 估价：99.00元
PSN B-2016-577-1/1

慈善蓝皮书
中国慈善发展报告（2018）
著(编)者：杨团　2018年6月出版 / 估价：99.00元
PSN B-2009-142-1/1

党建蓝皮书
党的建设研究报告No.2（2018）
著(编)者：崔建民 陈东平　2018年6月出版 / 估价：99.00元
PSN B-2016-523-1/1

地方法治蓝皮书
中国地方法治发展报告No.3（2018）
著(编)者：李林 田禾　2018年6月出版 / 估价：118.00元
PSN B-2015-442-1/1

电子政务蓝皮书
中国电子政务发展报告（2018）
著(编)者：李季　2018年8月出版 / 估价：99.00元
PSN B-2003-022-1/1

儿童蓝皮书
中国儿童参与状况报告（2017）
著(编)者：苑立新　2017年12月出版 / 定价：89.00元
PSN B-2017-682-1/1

法治蓝皮书
中国法治发展报告No.16（2018）
著(编)者：李林 田禾　2018年3月出版 / 定价：128.00元
PSN B-2004-027-1/3

法治蓝皮书
中国法院信息化发展报告No.2（2018）
著(编)者：李林 田禾　2018年2月出版 / 定价：118.00元
PSN B-2017-604-3/3

法治政府蓝皮书
中国法治政府发展报告（2017）
著(编)者：中国政法大学法治政府研究院
2018年3月出版 / 定价：158.00元
PSN B-2015-502-1/2

法治政府蓝皮书
中国法治政府评估报告（2018）
著(编)者：中国政法大学法治政府研究院
2018年9月出版 / 估价：168.00元
PSN B-2016-576-2/2

反腐倡廉蓝皮书
中国反腐倡廉建设报告No.8
著(编)者：张英伟　2018年12月出版 / 估价：99.00元
PSN B-2012-259-1/1

扶贫蓝皮书
中国扶贫开发报告（2018）
著(编)者：李培林 魏后凯　2018年12月出版 / 估价：128.00元
PSN B-2016-599-1/1

妇女发展蓝皮书
中国妇女发展报告 No.6
著(编)者：王金玲　2018年9月出版 / 估价：158.00元
PSN B-2006-069-1/1

妇女教育蓝皮书
中国妇女教育发展报告 No.3
著(编)者：张李玺　2018年10月出版 / 估价：99.00元
PSN B-2008-121-1/1

妇女绿皮书
2018年：中国性别平等与妇女发展报告
著(编)者：谭琳　2018年12月出版 / 估价：99.00元
PSN G-2006-073-1/1

公共安全蓝皮书
中国城市公共安全发展报告（2017～2018）
著(编)者：黄育华 杨文明 赵建辉
2018年6月出版 / 估价：99.00元
PSN B-2017-628-1/1

公共服务蓝皮书
中国城市基本公共服务力评价（2018）
著(编)者：钟君 刘志昌 吴正杲
2018年12月出版 / 估价：99.00元
PSN B-2011-214-1/1

公民科学素质蓝皮书
中国公民科学素质报告（2017～2018）
著(编)者：李群 陈雄 马宗文
2017年12月出版 / 定价：89.00元
PSN B-2014-379-1/1

公益蓝皮书
中国公益慈善发展报告（2016）
著(编)者：朱健刚 胡小军　2018年6月出版 / 估价：99.00元
PSN B-2012-283-1/1

国际人才蓝皮书
中国国际移民报告（2018）
著(编)者：王辉耀　2018年6月出版 / 估价：99.00元
PSN B-2012-304-3/4

国际人才蓝皮书
中国留学发展报告（2018）No.7
著(编)者：王辉耀 苗绿　2018年12月出版 / 估价：99.00元
PSN B-2012-244-2/4

海洋社会蓝皮书
中国海洋社会发展报告（2017）
著(编)者：崔凤 宋宁而　2018年3月出版 / 定价：99.00元
PSN B-2015-478-1/1

行政改革蓝皮书
中国行政体制改革报告No.7（2018）
著(编)者：魏礼群　2018年6月出版 / 估价：99.00元
PSN B-2011-231-1/1

华侨华人蓝皮书
华侨华人研究报告（2017）
著(编)者：张禹东 庄国土　2017年12月出版 / 定价：148.00元
PSN B-2011-204-1/1

互联网与国家治理蓝皮书
互联网与国家治理发展报告（2017）
著(编)者：张志安　2018年1月出版 / 定价：98.00元
PSN B-2017-671-1/1

环境管理蓝皮书
中国环境管理发展报告（2017）
著(编)者：李金惠　2017年12月出版 / 定价：98.00元
PSN B-2017-678-1/1

环境竞争力绿皮书
中国省域环境竞争力发展报告（2018）
著(编)者：李建平 李闽榕 王金南
2018年11月出版 / 估价：198.00元
PSN G-2010-165-1/1

环境绿皮书
中国环境发展报告（2017~2018）
著(编)者：李波　2018年6月出版 / 估价：99.00元
PSN G-2006-048-1/1

家庭蓝皮书
中国"创建幸福家庭活动"评估报告（2018）
著(编)者：国务院发展研究中心"创建幸福家庭活动评估"课题组
2018年12月出版 / 估价：99.00元
PSN B-2015-508-1/1

健康城市蓝皮书
中国健康城市建设研究报告（2018）
著(编)者：王鸿春 盛继洪　2018年12月出版 / 估价：99.00元
PSN B-2016-564-2/2

健康中国蓝皮书
社区首诊与健康中国分析报告（2018）
著(编)者：高和荣 杨叔禹 姜杰
2018年6月出版 / 估价：99.00元
PSN B-2017-611-1/1

教师蓝皮书
中国中小学教师发展报告（2017）
著(编)者：曾晓东 鱼霞
2018年6月出版 / 估价：99.00元
PSN B-2012-289-1/1

教育扶贫蓝皮书
中国教育扶贫报告（2018）
著(编)者：司树杰 王文静 李兴洲
2018年12月出版 / 估价：99.00元
PSN B-2016-590-1/1

教育蓝皮书
中国教育发展报告（2018）
著(编)者：杨东平　2018年3月出版 / 定价：89.00元
PSN B-2006-047-1/1

金融法治建设蓝皮书
中国金融法治建设年度报告（2015~2016）
著(编)者：朱小黄　2018年6月出版 / 估价：99.00元
PSN B-2017-633-1/1

京津冀教育蓝皮书
京津冀教育发展研究报告（2017~2018）
著(编)者：方中雄　2018年6月出版 / 估价：99.00元
PSN B-2017-608-1/1

就业蓝皮书
2018年中国本科生就业报告
著(编)者：麦可思研究院　2018年6月出版 / 估价：99.00元
PSN B-2009-146-1/2

就业蓝皮书
2018年中国高职高专生就业报告
著(编)者：麦可思研究院　2018年6月出版 / 估价：99.00元
PSN B-2015-472-2/2

科学教育蓝皮书
中国科学教育发展报告（2018）
著(编)者：王康友　2018年10月出版 / 估价：99.00元
PSN B-2015-487-1/1

劳动保障蓝皮书
中国劳动保障发展报告（2018）
著(编)者：刘燕斌　2018年9月出版 / 估价：158.00元
PSN B-2014-415-1/1

老龄蓝皮书
中国老年宜居环境发展报告（2017）
著(编)者：党俊武 周燕珉　2018年6月出版 / 估价：99.00元
PSN B-2013-320-1/1

连片特困区蓝皮书
中国连片特困区发展报告（2017~2018）
著(编)者：游俊 冷志明 丁建军
2018年6月出版 / 估价：99.00元
PSN B-2013-321-1/1

流动儿童蓝皮书
中国流动儿童教育发展报告（2017）
著(编)者：杨东平　2018年6月出版 / 估价：99.00元
PSN B-2017-600-1/1

民调蓝皮书
中国民生调查报告（2018）
著(编)者：谢耘耕　2018年12月出版 / 估价：99.00元
PSN B-2014-398-1/1

民族发展蓝皮书
中国民族发展报告（2018）
著(编)者：王延中　2018年10月出版 / 估价：188.00元
PSN B-2006-070-1/1

女性生活蓝皮书
中国女性生活状况报告No.12（2018）
著(编)者：韩湘景　2018年7月出版 / 估价：99.00元
PSN B-2006-071-1/1

汽车社会蓝皮书
中国汽车社会发展报告（2017～2018）
著(编)者：王俊秀　2018年6月出版 / 估价：99.00元
PSN B-2011-224-1/1

青年蓝皮书
中国青年发展报告（2018）No.3
著(编)者：廉思　2018年6月出版 / 估价：99.00元
PSN B-2013-333-1/1

青少年蓝皮书
中国未成年人互联网运用报告（2017～2018）
著(编)者：季为民　李文革　沈杰
2018年11月出版 / 估价：99.00元
PSN B-2010-156-1/1

人权蓝皮书
中国人权事业发展报告No.8（2018）
著(编)者：李君如　2018年9月出版 / 估价：99.00元
PSN B-2011-215-1/1

社会保障绿皮书
中国社会保障发展报告No.9（2018）
著(编)者：王延中　2018年6月出版 / 估价：99.00元
PSN G-2001-014-1/1

社会风险评估蓝皮书
风险评估与危机预警报告（2017～2018）
著(编)者：唐钧　2018年8月出版 / 估价：99.00元
PSN B-2012-293-1/1

社会工作蓝皮书
中国社会工作发展报告（2016~2017）
著(编)者：民政部社会工作研究中心
2018年8月出版 / 估价：99.00元
PSN B-2009-141-1/1

社会管理蓝皮书
中国社会管理创新报告No.6
著(编)者：连玉明　2018年11月出版 / 估价：99.00元
PSN B-2012-300-1/1

社会蓝皮书
2018年中国社会形势分析与预测
著(编)者：李培林　陈光金　张翼
2017年12月出版 / 定价：89.00元
PSN B-1998-002-1/1

社会体制蓝皮书
中国社会体制改革报告No.6（2018）
著(编)者：龚维斌　2018年3月出版 / 定价：98.00元
PSN B-2013-330-1/1

社会心态蓝皮书
中国社会心态研究报告（2018）
著(编)者：王俊秀　2018年12月出版 / 估价：99.00元
PSN B-2011-199-1/1

社会组织蓝皮书
中国社会组织报告（2017-2018）
著(编)者：黄晓勇　2018年6月出版 / 估价：99.00元
PSN B-2008-118-1/2

社会组织蓝皮书
中国社会组织评估发展报告（2018）
著(编)者：徐家良　2018年12月出版 / 估价：99.00元
PSN B-2013-366-2/2

生态城市绿皮书
中国生态城市建设发展报告（2018）
著(编)者：刘举科　孙伟平　胡文臻
2018年9月出版 / 估价：158.00元
PSN G-2012-269-1/1

生态文明绿皮书
中国省域生态文明建设评价报告（ECI 2018）
著(编)者：严耕　2018年12月出版 / 估价：99.00元
PSN G-2010-170-1/1

退休生活蓝皮书
中国城市居民退休生活质量指数报告（2017）
著(编)者：杨一帆　2018年6月出版 / 估价：99.00元
PSN B-2017-618-1/1

危机管理蓝皮书
中国危机管理报告（2018）
著(编)者：文学国　范正青
2018年8月出版 / 估价：99.00元
PSN B-2010-171-1/1

学会蓝皮书
2018年中国学会发展报告
著(编)者：麦可思研究院　2018年12月出版 / 估价：99.00元
PSN B-2016-597-1/1

医改蓝皮书
中国医药卫生体制改革报告（2017～2018）
著(编)者：文学国　房志武
2018年11月出版 / 估价：99.00元
PSN B-2014-432-1/1

应急管理蓝皮书
中国应急管理报告（2018）
著(编)者：宋英华　2018年9月出版 / 估价：99.00元
PSN B-2016-562-1/1

政府绩效评估蓝皮书
中国地方政府绩效评估报告 No.2
著(编)者：贠杰　2018年12月出版 / 估价：99.00元
PSN B-2017-672-1/1

政治参与蓝皮书
中国政治参与报告（2018）
著(编)者：房宁　2018年8月出版 / 估价：128.00元
PSN B-2011-200-1/1

政治文化蓝皮书
中国政治文化报告（2018）
著(编)者：邢元敏　魏大鹏　龚克
2018年8月出版 / 估价：128.00元
PSN B-2017-615-1/1

中国传统村落蓝皮书
中国传统村落保护现状报告（2018）
著(编)者：胡彬彬　李向军　王晓波
2018年12月出版 / 估价：99.00元
PSN B-2017-663-1/1

中国农村妇女发展蓝皮书
农村流动女性城市生活发展报告（2018）
著（编）者：谢丽华　2018年12月出版 / 估价：99.00元
PSN B-2014-434-1/1

宗教蓝皮书
中国宗教报告（2017）
著（编）者：邱永辉　2018年8月出版 / 估价：99.00元
PSN B-2008-117-1/1

产业经济类

保健蓝皮书
中国保健服务产业发展报告 No.2
著（编）者：中国保健协会　中共中央党校
2018年7月出版 / 估价：198.00元
PSN B-2012-272-3/3

保健蓝皮书
中国保健食品产业发展报告 No.2
著（编）者：中国保健协会
　　　　　中国社会科学院食品药品产业发展与监管研究中心
2018年8月出版 / 估价：198.00元
PSN B-2012-271-2/3

保健蓝皮书
中国保健用品产业发展报告 No.2
著（编）者：中国保健协会
　　　　　国务院国有资产监督管理委员会研究中心
2018年6月出版 / 估价：198.00元
PSN B-2012-270-1/3

保险蓝皮书
中国保险业竞争力报告（2018）
著（编）者：保监会　2018年12月出版 / 估价：99.00元
PSN B-2013-311-1/1

冰雪蓝皮书
中国冰上运动产业发展报告（2018）
著（编）者：孙承华 杨占武 刘戈 张鸿俊
2018年9月出版 / 估价：99.00元
PSN B-2017-648-3/3

冰雪蓝皮书
中国滑雪产业发展报告（2018）
著（编）者：孙承华 伍斌 魏庆华 张鸿俊
2018年9月出版 / 估价：99.00元
PSN B-2016-559-1/3

餐饮产业蓝皮书
中国餐饮产业发展报告（2018）
著（编）者：邢颖
2018年6月出版 / 估价：99.00元
PSN B-2009-151-1/1

茶业蓝皮书
中国茶产业发展报告（2018）
著（编）者：杨江帆 李闽榕
2018年10月出版 / 估价：99.00元
PSN B-2010-164-1/1

产业安全蓝皮书
中国文化产业安全报告（2018）
著（编）者：北京印刷学院文化产业安全研究院
2018年12月出版 / 估价：99.00元
PSN B-2014-378-12/14

产业安全蓝皮书
中国新媒体产业安全报告（2016~2017）
著（编）者：肖丽　2018年6月出版 / 估价：99.00元
PSN B-2015-500-14/14

产业安全蓝皮书
中国出版传媒产业安全报告（2017~2018）
著（编）者：北京印刷学院文化产业安全研究院
2018年6月出版 / 估价：99.00元
PSN B-2014-384-13/14

产业蓝皮书
中国产业竞争力报告（2018）No.8
著（编）者：张其仔　2018年12月出版 / 估价：168.00元
PSN B-2010-175-1/1

动力电池蓝皮书
中国新能源汽车动力电池产业发展报告（2018）
著（编）者：中国汽车技术研究中心
2018年8月出版 / 估价：99.00元
PSN B-2017-639-1/1

杜仲产业绿皮书
中国杜仲橡胶资源与产业发展报告（2017~2018）
著（编）者：杜红岩 胡文臻 俞锐
2018年6月出版 / 估价：99.00元
PSN G-2013-350-1/1

房地产蓝皮书
中国房地产发展报告No.15（2018）
著（编）者：李春华 王业强
2018年5月出版 / 估价：99.00元
PSN B-2004-028-1/1

服务外包蓝皮书
中国服务外包产业发展报告（2017~2018）
著（编）者：王晓红 刘德军
2018年6月出版 / 估价：99.00元
PSN B-2013-331-2/2

服务外包蓝皮书
中国服务外包竞争力报告（2017~2018）
著（编）者：刘春生 王力 黄育华
2018年12月出版 / 估价：99.00元
PSN B-2011-216-1/2

工业和信息化蓝皮书
世界信息技术产业发展报告（2017～2018）
著（编）者：尹丽波　2018年6月出版／估价：99.00元
PSN B-2015-449-2/6

工业和信息化蓝皮书
战略性新兴产业发展报告（2017～2018）
著（编）者：尹丽波　2018年6月出版／估价：99.00元
PSN B-2015-450-3/6

海洋经济蓝皮书
中国海洋经济发展报告（2015～2018）
著（编）者：殷克东　高金田　方胜民
2018年3月出版／定价：128.00元
PSN B-2018-697-1/1

康养蓝皮书
中国康养产业发展报告（2017）
著（编）者：何莽　2017年12月出版／定价：88.00元
PSN B-2017-685-1/1

客车蓝皮书
中国客车产业发展报告（2017～2018）
著（编）者：姚蔚　2018年10月出版／估价：99.00元
PSN B-2013-361-1/1

流通蓝皮书
中国商业发展报告（2018～2019）
著（编）者：王雪峰　林诗慧
2018年7月出版／估价：99.00元
PSN B-2009-152-1/2

能源蓝皮书
中国能源发展报告（2018）
著（编）者：崔民选　王军生　陈义和
2018年12月出版／估价：99.00元
PSN B-2006-049-1/1

农产品流通蓝皮书
中国农产品流通产业发展报告（2017）
著（编）者：贾敬敦　张东科　张玉玺　张鹏毅　周伟
2018年6月出版／估价：99.00元
PSN B-2012-288-1/1

汽车工业蓝皮书
中国汽车工业发展年度报告（2018）
著（编）者：中国汽车工业协会
　　　　　　中国汽车技术研究中心
　　　　　　丰田汽车公司
2018年5月出版／估价：168.00元
PSN B-2015-463-1/2

汽车工业蓝皮书
中国汽车零部件产业发展报告（2017～2018）
著（编）者：中国汽车工业协会
　　　　　　中国汽车工程研究院深圳市沃特玛电池有限公司
2018年9月出版／估价：99.00元
PSN B-2016-515-2/2

汽车蓝皮书
中国汽车产业发展报告（2018）
著（编）者：中国汽车工程学会
　　　　　　大众汽车集团（中国）
2018年11月出版／估价：99.00元
PSN B-2008-124-1/1

世界茶业蓝皮书
世界茶业发展报告（2018）
著（编）者：李闽榕　冯廷佺
2018年5月出版／估价：168.00元
PSN B-2017-619-1/1

世界能源蓝皮书
世界能源发展报告（2018）
著（编）者：黄晓勇　2018年6月出版／估价：168.00元
PSN B-2013-349-1/1

石油蓝皮书
中国石油产业发展报告（2018）
著（编）者：中国石油化工集团公司经济技术研究院
　　　　　　中国国际石油化工联合有限责任公司
　　　　　　中国社会科学院数量经济与技术经济研究所
2018年2月出版／定价：98.00元
PSN B-2018-690-1/1

体育蓝皮书
国家体育产业基地发展报告（2016～2017）
著（编）者：李颖川　2018年6月出版／估价：168.00元
PSN B-2017-609-5/5

体育蓝皮书
中国体育产业发展报告（2018）
著（编）者：阮伟　钟秉枢
2018年12月出版／估价：99.00元
PSN B-2010-179-1/5

文化金融蓝皮书
中国文化金融发展报告（2018）
著（编）者：杨涛　金巍
2018年6月出版／估价：99.00元
PSN B-2017-610-1/1

新能源汽车蓝皮书
中国新能源汽车产业发展报告（2018）
著（编）者：中国汽车技术研究中心
　　　　　　日产（中国）投资有限公司
　　　　　　东风汽车有限公司
2018年8月出版／估价：99.00元
PSN B-2013-347-1/1

薏仁米产业蓝皮书
中国薏仁米产业发展报告No.2（2018）
著（编）者：李发耀　石明　秦礼康
2018年8月出版／估价：99.00元
PSN B-2017-645-1/1

邮轮绿皮书
中国邮轮产业发展报告（2018）
著（编）者：汪泓　2018年10月出版／估价：99.00元
PSN G-2014-419-1/1

智能养老蓝皮书
中国智能养老产业发展报告（2018）
著（编）者：朱勇　2018年10月出版／估价：99.00元
PSN B-2015-488-1/1

中国节能汽车蓝皮书
中国节能汽车发展报告（2017～2018）
著（编）者：中国汽车工程研究院股份有限公司
2018年9月出版／估价：99.00元
PSN B-2016-565-1/1

中国陶瓷产业蓝皮书
中国陶瓷产业发展报告（2018）
著(编)者：左和平 黄速建
2018年10月出版 / 估价：99.00元
PSN B-2016-573-1/1

装备制造业蓝皮书
中国装备制造业发展报告（2018）
著(编)者：徐东华
2018年12月出版 / 估价：118.00元
PSN B-2015-505-1/1

行业及其他类

"三农"互联网金融蓝皮书
中国"三农"互联网金融发展报告（2018）
著(编)者：李勇坚 王弢
2018年8月出版 / 估价：99.00元
PSN B-2016-560-1/1

SUV蓝皮书
中国SUV市场发展报告（2017~2018）
著(编)者：靳军 2018年9月出版 / 估价：99.00元
PSN B-2016-571-1/1

冰雪蓝皮书
中国冬季奥运会发展报告（2018）
著(编)者：孙承华 伍斌 魏庆华 张鸿俊
2018年9月出版 / 估价：99.00元
PSN B-2017-647-2/3

彩票蓝皮书
中国彩票发展报告（2018）
著(编)者：益彩基金 2018年6月出版 / 估价：99.00元
PSN B-2015-462-1/1

测绘地理信息蓝皮书
测绘地理信息供给侧结构性改革研究报告（2018）
著(编)者：库热西·买合苏提
2018年12月出版 / 估价：168.00元
PSN B-2009-145-1/1

产权市场蓝皮书
中国产权市场发展报告（2017）
著(编)者：曹和平
2018年5月出版 / 估价：99.00元
PSN B-2009-147-1/1

城投蓝皮书
中国城投行业发展报告（2018）
著(编)者：华景斌
2018年11月出版 / 估价：300.00元
PSN B-2016-514-1/1

城市轨道交通蓝皮书
中国城市轨道交通运营发展报告（2017~2018）
著(编)者：崔学忠 贾文峥
2018年3月出版 / 定价：89.00元
PSN B-2018-694-1/1

大数据蓝皮书
中国大数据发展报告（No.2）
著(编)者：连玉明 2018年5月出版 / 估价：99.00元
PSN B-2017-620-1/1

大数据应用蓝皮书
中国大数据应用发展报告No.2（2018）
著(编)者：陈军君 2018年8月出版 / 估价：99.00元
PSN B-2017-644-1/1

对外投资与风险蓝皮书
中国对外直接投资与国家风险报告（2018）
著(编)者：中债资信评估有限责任公司
中国社会科学院世界经济与政治研究所
2018年6月出版 / 估价：189.00元
PSN B-2017-606-1/1

工业和信息化蓝皮书
人工智能发展报告（2017~2018）
著(编)者：尹丽波 2018年6月出版 / 估价：99.00元
PSN B-2015-448-1/6

工业和信息化蓝皮书
世界智慧城市发展报告（2017~2018）
著(编)者：尹丽波 2018年6月出版 / 估价：99.00元
PSN B-2017-624-6/6

工业和信息化蓝皮书
世界网络安全发展报告（2017~2018）
著(编)者：尹丽波 2018年6月出版 / 估价：99.00元
PSN B-2015-452-5/6

工业和信息化蓝皮书
世界信息化发展报告（2017~2018）
著(编)者：尹丽波 2018年6月出版 / 估价：99.00元
PSN B-2015-451-4/6

工业设计蓝皮书
中国工业设计发展报告（2018）
著(编)者：王晓红 于炜 张立群 2018年9月出版 / 估价：168.00元
PSN B-2014-420-1/1

公共关系蓝皮书
中国公共关系发展报告（2017）
著(编)者：柳斌杰 2018年1月出版 / 定价：89.00元
PSN B-2016-579-1/1

公共关系蓝皮书
中国公共关系发展报告（2018）
著(编)者：柳斌杰　2018年11月出版／估价：99.00元
PSN B-2016-579-1/1

管理蓝皮书
中国管理发展报告（2018）
著(编)者：张晓东　2018年10月出版／估价：99.00元
PSN B-2014-416-1/1

轨道交通蓝皮书
中国轨道交通行业发展报告（2017）
著(编)者：仲建华　李闽榕
2017年12月出版／定价：98.00元
PSN B-2017-674-1/1

海关发展蓝皮书
中国海关发展前沿报告（2018）
著(编)者：干春晖　2018年6月出版／估价：99.00元
PSN B-2017-616-1/1

互联网医疗蓝皮书
中国互联网健康医疗发展报告（2018）
著(编)者：芮晓武　2018年6月出版／估价：99.00元
PSN B-2016-567-1/1

黄金市场蓝皮书
中国商业银行黄金业务发展报告（2017~2018）
著(编)者：平安银行　2018年6月出版／估价：99.00元
PSN B-2016-524-1/1

会展蓝皮书
中外会展业动态评估研究报告（2018）
著(编)者：张敏　任中峰　聂鑫焱　牛盼强
2018年12月出版／估价：99.00元
PSN B-2013-327-1/1

基金会蓝皮书
中国基金会发展报告（2017~2018）
著(编)者：中国基金会发展报告课题组
2018年6月出版／估价：99.00元
PSN B-2013-368-1/1

基金会绿皮书
中国基金会发展独立研究报告（2018）
著(编)者：基金会中心网　中央民族大学基金会研究中心
2018年6月出版／估价：99.00元
PSN G-2011-213-1/1

基金会透明度蓝皮书
中国基金会透明度发展研究报告（2018）
著(编)者：基金会中心网
清华大学廉政与治理研究中心
2018年9月出版／估价：99.00元
PSN B-2013-339-1/1

建筑装饰蓝皮书
中国建筑装饰行业发展报告（2018）
著(编)者：葛道顺　刘晓一
2018年10月出版／估价：198.00元
PSN B-2016-553-1/1

金融监管蓝皮书
中国金融监管报告（2018）
著(编)者：胡滨　2018年3月出版／定价：98.00元
PSN B-2012-281-1/1

金融蓝皮书
中国互联网金融行业分析与评估（2018~2019）
著(编)者：黄国平　伍旭川　2018年12月出版／估价：99.00元
PSN B-2016-585-7/7

金融科技蓝皮书
中国金融科技发展报告（2018）
著(编)者：李扬　孙国峰　2018年10月出版／估价：99.00元
PSN B-2014-374-1/1

金融信息服务蓝皮书
中国金融信息服务发展报告（2018）
著(编)者：李平　2018年5月出版／估价：99.00元
PSN B-2017-621-1/1

金蜜蜂企业社会责任蓝皮书
金蜜蜂中国企业社会责任报告研究（2017）
著(编)者：殷格非　丁志宏　管竹笋
2018年1月出版／估价：99.00元
PSN B-2018-693-1/1

京津冀金融蓝皮书
京津冀金融发展报告（2018）
著(编)者：王愛俭　王璟怡　2018年10月出版／估价：99.00元
PSN B-2016-527-1/1

科普蓝皮书
国家科普能力发展报告（2018）
著(编)者：王康友　2018年5月出版／估价：138.00元
PSN B-2017-632-4/4

科普蓝皮书
中国基层科普发展报告（2017~2018）
著(编)者：赵立新　陈玲　2018年9月出版／估价：99.00元
PSN B-2016-568-3/4

科普蓝皮书
中国科普基础设施发展报告（2017~2018）
著(编)者：任福君　2018年6月出版／估价：99.00元
PSN B-2010-174-1/3

科普蓝皮书
中国科普人才发展报告（2017~2018）
著(编)者：郑念　任嵘嵘　2018年7月出版／估价：99.00元
PSN B-2016-512-2/4

科普能力蓝皮书
中国科普能力评价报告（2018~2019）
著(编)者：李富强　李群　2018年8月出版／估价：99.00元
PSN B-2016-555-1/1

临空经济蓝皮书
中国临空经济发展报告（2018）
著(编)者：连玉明　2018年9月出版／估价：99.00元
PSN B-2014-421-1/1

旅游安全蓝皮书
中国旅游安全报告（2018）
著(编)者：郑向敏 谢朝武　2018年5月出版 / 估价：158.00元
PSN B-2012-280-1/1

旅游绿皮书
2017～2018年中国旅游发展分析与预测
著(编)者：宋瑞　2018年1月出版 / 定价：99.00元
PSN G-2002-018-1/1

煤炭蓝皮书
中国煤炭工业发展报告（2018）
著(编)者：岳福斌　2018年12月出版 / 估价：99.00元
PSN B-2008-123-1/1

民营企业社会责任蓝皮书
中国民营企业社会责任报告（2018）
著(编)者：中华全国工商业联合会
2018年12月出版 / 估价：99.00元
PSN B-2015-510-1/1

民营医院蓝皮书
中国民营医院发展报告（2017）
著(编)者：薛晓林　2017年12月出版 / 定价：89.00元
PSN B-2012-299-1/1

闽商蓝皮书
闽商发展报告（2018）
著(编)者：李闽榕 王日根 林琛
2018年12月出版 / 估价：99.00元
PSN B-2012-298-1/1

农业应对气候变化蓝皮书
中国农业气象灾害及其灾损评估报告（No.3）
著(编)者：矫梅燕　2018年6月出版 / 估价：118.00元
PSN B-2014-413-1/1

品牌蓝皮书
中国品牌战略发展报告（2018）
著(编)者：汪同三　2018年10月出版 / 估价：99.00元
PSN B-2016-580-1/1

企业扶贫蓝皮书
中国企业扶贫研究报告（2018）
著(编)者：钟宏武　2018年12月出版 / 估价：99.00元
PSN B-2016-593-1/1

企业公益蓝皮书
中国企业公益研究报告（2018）
著(编)者：钟宏武 汪杰 黄晓娟
2018年12月出版 / 估价：99.00元
PSN B-2015-501-1/1

企业国际化蓝皮书
中国企业全球化报告（2018）
著(编)者：王辉耀 苗绿　2018年11月出版 / 估价：99.00元
PSN B-2014-427-1/1

企业蓝皮书
中国企业绿色发展报告No.2（2018）
著(编)者：李红玉 朱光辉
2018年8月出版 / 估价：99.00元
PSN B-2015-481-2/2

企业社会责任蓝皮书
中资企业海外社会责任研究报告（2017～2018）
著(编)者：钟宏武 叶柳红 张蒽
2018年6月出版 / 估价：99.00元
PSN B-2017-603-2/2

企业社会责任蓝皮书
中国企业社会责任研究报告（2018）
著(编)者：黄群慧 钟宏武 张蒽 汪杰
2018年11月出版 / 估价：99.00元
PSN B-2009-149-1/2

汽车安全蓝皮书
中国汽车安全发展报告（2018）
著(编)者：中国汽车技术研究中心
2018年8月出版 / 估价：99.00元
PSN B-2014-385-1/1

汽车电子商务蓝皮书
中国汽车电子商务发展报告（2018）
著(编)者：中华全国工商业联合会汽车经销商商会
　　　　　北方工业大学
　　　　　北京易观智库网络科技有限公司
2018年10月出版 / 估价：158.00元
PSN B-2015-485-1/1

汽车知识产权蓝皮书
中国汽车产业知识产权发展报告（2018）
著(编)者：中国汽车工程研究院股份有限公司
　　　　　中国汽车工程学会
　　　　　重庆长安汽车股份有限公司
2018年12月出版 / 估价：99.00元
PSN B-2016-594-1/1

青少年体育蓝皮书
中国青少年体育发展报告（2017）
著(编)者：刘扶民 杨桦　2018年6月出版 / 估价：99.00元
PSN B-2015-482-1/1

区块链蓝皮书
中国区块链发展报告（2018）
著(编)者：李伟　2018年9月出版 / 估价：99.00元
PSN B-2017-649-1/1

群众体育蓝皮书
中国群众体育发展报告（2017）
著(编)者：刘国永 戴健　2018年5月出版 / 估价：99.00元
PSN B-2014-411-1/3

群众体育蓝皮书
中国社会体育指导员发展报告（2018）
著(编)者：刘国永 王欢　2018年6月出版 / 估价：99.00元
PSN B-2016-520-3/3

人力资源蓝皮书
中国人力资源发展报告（2018）
著(编)者：余兴安　2018年11月出版 / 估价：99.00元
PSN B-2012-287-1/1

融资租赁蓝皮书
中国融资租赁业发展报告（2017～2018）
著(编)者：李光荣 王力　2018年8月出版 / 估价：99.00元
PSN B-2015-443-1/1

商会蓝皮书
中国商会发展报告No.5（2017）
著(编)者：王钦敏　2018年7月出版 / 估价：99.00元
PSN B-2008-125-1/1

商务中心区蓝皮书
中国商务中心区发展报告No.4（2017~2018）
著(编)者：李国红 单菁菁　2018年9月出版 / 估价：99.00元
PSN B-2015-444-1/1

设计产业蓝皮书
中国创新设计发展报告（2018）
著(编)者：王晓红 张立群 于炜
2018年11月出版 / 估价：99.00元
PSN B-2016-581-2/2

社会责任管理蓝皮书
中国上市公司社会责任能力成熟度报告No.4（2018）
著(编)者：肖红军 王晓光 李伟阳
2018年12月出版 / 估价：99.00元
PSN B-2015-507-2/2

社会责任管理蓝皮书
中国企业公众透明度报告No.4（2017~2018）
著(编)者：黄速建 熊梦 王晓光 肖红军
2018年6月出版 / 估价：99.00元
PSN B-2015-440-1/2

食品药品蓝皮书
食品药品安全与监管政策研究报告（2016~2017）
著(编)者：唐民皓　2018年6月出版 / 估价：99.00元
PSN B-2009-129-1/1

输血服务蓝皮书
中国输血行业发展报告（2018）
著(编)者：孙俊　2018年12月出版 / 估价：99.00元
PSN B-2016-582-1/1

水利风景区蓝皮书
中国水利风景区发展报告（2018）
著(编)者：董建文 兰思仁
2018年10月出版 / 估价：99.00元
PSN B-2015-480-1/1

数字经济蓝皮书
全球数字经济竞争力发展报告（2017）
著(编)者：王振　2017年12月出版 / 定价：79.00元
PSN B-2016-673-1/1

私募市场蓝皮书
中国私募股权市场发展报告（2017~2018）
著(编)者：曹和平　2018年12月出版 / 估价：99.00元
PSN B-2010-162-1/1

碳排放权交易蓝皮书
中国碳排放权交易报告（2018）
著(编)者：孙永平　2018年11月出版 / 估价：99.00元
PSN B-2017-652-1/1

碳市场蓝皮书
中国碳市场报告（2018）
著(编)者：定金彪　2018年11月出版 / 估价：99.00元
PSN B-2014-430-1/1

体育蓝皮书
中国公共体育服务发展报告（2018）
著(编)者：戴健　2018年12月出版 / 估价：99.00元
PSN B-2013-367-2/5

土地市场蓝皮书
中国农村土地市场发展报告（2017~2018）
著(编)者：李光荣　2018年6月出版 / 估价：99.00元
PSN B-2016-526-1/1

土地整治蓝皮书
中国土地整治发展研究报告（No.5）
著(编)者：国土资源部土地整治中心
2018年7月出版 / 估价：99.00元
PSN B-2014-401-1/1

土地政策蓝皮书
中国土地政策研究报告（2018）
著(编)者：高延利 张建平 吴次芳
2018年1月出版 / 定价：98.00元
PSN B-2015-506-1/1

网络空间安全蓝皮书
中国网络空间安全发展报告（2018）
著(编)者：惠志斌 覃庆玲
2018年11月出版 / 估价：99.00元
PSN B-2015-466-1/1

文化志愿服务蓝皮书
中国文化志愿服务发展报告（2018）
著(编)者：张永新 良警宇　2018年11月出版 / 估价：128.00元
PSN B-2016-596-1/1

西部金融蓝皮书
中国西部金融发展报告（2017~2018）
著(编)者：李忠民　2018年8月出版 / 估价：99.00元
PSN B-2010-160-1/1

协会商会蓝皮书
中国行业协会商会发展报告（2017）
著(编)者：景朝阳 李勇　2018年6月出版 / 估价：99.00元
PSN B-2015-461-1/1

新三板蓝皮书
中国新三板市场发展报告（2018）
著(编)者：王力　2018年8月出版 / 估价：99.00元
PSN B-2016-533-1/1

信托市场蓝皮书
中国信托业市场报告（2017~2018）
著(编)者：用益金融信托研究院
2018年6月出版 / 估价：198.00元
PSN B-2014-371-1/1

信息化蓝皮书
中国信息化形势分析与预测（2017~2018）
著(编)者：周宏仁　2018年8月出版 / 估价：99.00元
PSN B-2010-168-1/1

信用蓝皮书
中国信用发展报告（2017~2018）
著(编)者：章政 田侃　2018年6月出版 / 估价：99.00元
PSN B-2013-328-1/1

休闲绿皮书
2017~2018年中国休闲发展报告
著（编）者：宋瑞　　2018年7月出版 / 估价：99.00元
PSN G-2010-158-1/1

休闲体育蓝皮书
中国休闲体育发展报告（2017~2018）
著（编）者：李相如 钟秉枢
2018年10月出版 / 估价：99.00元
PSN B-2016-516-1/1

养老金融蓝皮书
中国养老金融发展报告（2018）
著（编）者：董克用 姚余栋
2018年9月出版 / 估价：99.00元
PSN B-2016-583-1/1

遥感监测绿皮书
中国可持续发展遥感监测报告（2017）
著（编）者：顾行发 汪克强 潘教峰 李闽榕 徐东华 王琦安
2018年6月出版 / 估价：298.00元
PSN B-2017-629-1/1

药品流通蓝皮书
中国药品流通行业发展报告（2018）
著（编）者：佘鲁林 温再兴
2018年7月出版 / 估价：198.00元
PSN B-2014-429-1/1

医疗器械蓝皮书
中国医疗器械行业发展报告（2018）
著（编）者：王宝亭 耿鸿武
2018年10月出版 / 估价：99.00元
PSN B-2017-661-1/1

医院蓝皮书
中国医院竞争力报告（2017~2018）
著（编）者：庄一强　　2018年3月出版 / 定价：108.00元
PSN B-2016-528-1/1

瑜伽蓝皮书
中国瑜伽业发展报告（2017~2018）
著（编）者：张永建 徐华锋 朱泰余
2018年6月出版 / 估价：198.00元
PSN B-2017-625-1/1

债券市场蓝皮书
中国债券市场发展报告（2017~2018）
著（编）者：杨农　　2018年10月出版 / 估价：99.00元
PSN B-2016-572-1/1

志愿服务蓝皮书
中国志愿服务发展报告（2018）
著（编）者：中国志愿服务联合会
2018年11月出版 / 估价：99.00元
PSN B-2017-664-1/1

中国上市公司蓝皮书
中国上市公司发展报告（2018）
著（编）者：张鹏 张平 黄胤英
2018年9月出版 / 估价：99.00元
PSN B-2014-414-1/1

中国新三板蓝皮书
中国新三板创新与发展报告（2018）
著（编）者：刘平安 闻召林
2018年8月出版 / 估价：158.00元
PSN B-2017-638-1/1

中国汽车品牌蓝皮书
中国乘用车品牌发展报告（2017）
著（编）者：《中国汽车报》社有限公司
　　　　　博世（中国）投资有限公司
　　　　　中国汽车技术研究中心数据资源中心
2018年1月出版 / 定价：89.00元
PSN B-2017-679-1/1

中医文化蓝皮书
北京中医药文化传播发展报告（2018）
著（编）者：毛嘉陵　　2018年6月出版 / 估价：99.00元
PSN B-2015-468-1/2

中医文化蓝皮书
中国中医药文化传播发展报告（2018）
著（编）者：毛嘉陵　　2018年7月出版 / 估价：99.00元
PSN B-2016-584-2/2

中医药蓝皮书
北京中医药知识产权发展报告No.2
著（编）者：汪洪 屠志涛　　2018年6月出版 / 估价：168.00元
PSN B-2017-602-1/1

资本市场蓝皮书
中国场外交易市场发展报告（2016~2017）
著（编）者：高峦　　2018年6月出版 / 估价：99.00元
PSN B-2009-153-1/1

资产管理蓝皮书
中国资产管理行业发展报告（2018）
著（编）者：郑智　　2018年7月出版 / 估价：99.00元
PSN B-2014-407-2/2

资产证券化蓝皮书
中国资产证券化发展报告（2018）
著（编）者：沈炳熙 曹彤 李哲平
2018年4月出版 / 定价：98.00元
PSN B-2017-660-1/1

自贸区蓝皮书
中国自贸区发展报告（2018）
著（编）者：王力 黄育华
2018年6月出版 / 估价：99.00元
PSN B-2016-558-1/1

国际问题与全球治理类

"一带一路"跨境通道蓝皮书
"一带一路"跨境通道建设研究报（2017~2018）
著(编)者：余鑫 张秋生　2018年1月出版 / 定价：89.00元
PSN B-2016-557-1/1

"一带一路"蓝皮书
"一带一路"建设发展报告（2018）
著(编)者：李永全　2018年3月出版 / 定价：98.00元
PSN B-2016-552-1/1

"一带一路"投资安全蓝皮书
中国"一带一路"投资与安全研究报告（2018）
著(编)者：邹统钎 梁昊光　2018年4月出版 / 定价：98.00元
PSN B-2017-612-1/1

"一带一路"文化交流蓝皮书
中阿文化交流发展报告（2017）
著(编)者：王辉　2017年12月出版 / 定价：89.00元
PSN B-2017-655-1/1

G20国家创新竞争力黄皮书
二十国集团（G20）国家创新竞争力发展报告（2017~2018）
著(编)者：李建平 李闽榕 赵新力 周天勇
2018年7月出版 / 定价：168.00元
PSN Y-2011-229-1/1

阿拉伯黄皮书
阿拉伯发展报告（2016~2017）
著(编)者：罗林　2018年6月出版 / 估价：99.00元
PSN Y-2014-381-1/1

北部湾蓝皮书
泛北部湾合作发展报告（2017~2018）
著(编)者：吕余生　2018年12月出版 / 估价：99.00元
PSN B-2008-114-1/1

北极蓝皮书
北极地区发展报告（2017）
著(编)者：刘惠荣　2018年7月出版 / 估价：99.00元
PSN B-2017-634-1/1

大洋洲蓝皮书
大洋洲发展报告（2017~2018）
著(编)者：喻常森　2018年10月出版 / 估价：99.00元
PSN B-2013-341-1/1

东北亚区域合作蓝皮书
2017年"一带一路"倡议与东北亚区域合作
著(编)者：刘亚政 金美花
2018年5月出版 / 估价：99.00元
PSN B-2017-631-1/1

东盟黄皮书
东盟发展报告（2017）
著(编)者：杨晓强 庄国土　2018年6月出版 / 估价：99.00元
PSN Y-2012-303-1/1

东南亚蓝皮书
东南亚地区发展报告（2017~2018）
著(编)者：王勤　2018年12月出版 / 估价：99.00元
PSN B-2012-240-1/1

非洲黄皮书
非洲发展报告No.20（2017~2018）
著(编)者：张宏明　2018年7月出版 / 估价：99.00元
PSN Y-2012-239-1/1

非传统安全蓝皮书
中国非传统安全研究报告（2017~2018）
著(编)者：潇枫 罗中枢　2018年8月出版 / 估价：99.00元
PSN B-2012-273-1/1

国际安全蓝皮书
中国国际安全研究报告（2018）
著(编)者：刘慧　2018年7月出版 / 估价：99.00元
PSN B-2016-521-1/1

国际城市蓝皮书
国际城市发展报告（2018）
著(编)者：屠启宇　2018年2月出版 / 定价：89.00元
PSN B-2012-260-1/1

国际形势黄皮书
全球政治与安全报告（2018）
著(编)者：张宇燕　2018年1月出版 / 定价：99.00元
PSN Y-2001-016-1/1

公共外交蓝皮书
中国公共外交发展报告（2018）
著(编)者：赵启正 雷蔚真　2018年6月出版 / 估价：99.00元
PSN B-2015-457-1/1

海丝蓝皮书
21世纪海上丝绸之路研究报告（2017）
著(编)者：华侨大学海上丝绸之路研究院
2017年12月出版 / 定价：89.00元
PSN B-2017-684-1/1

金砖国家黄皮书
金砖国家综合创新竞争力发展报告（2018）
著(编)者：赵新力 李闽榕 黄茂兴
2018年8月出版 / 定价：128.00元
PSN Y-2017-643-1/1

拉美黄皮书
拉丁美洲和加勒比发展报告（2017~2018）
著(编)者：袁东振　2018年6月出版 / 估价：99.00元
PSN Y-1999-007-1/1

澜湄合作蓝皮书
澜沧江-湄公河合作发展报告（2018）
著(编)者：刘稚　2018年9月出版 / 估价：99.00元
PSN B-2011-196-1/1

欧洲蓝皮书
欧洲发展报告（2017～2018）
著(编)者：黄平 周弘 程卫东
2018年6月出版 / 估价：99.00元
PSN B-1999-009-1/1

葡语国家蓝皮书
葡语国家发展报告（2016～2017）
著(编)者：王成安 张敏 刘金兰
2018年6月出版 / 估价：99.00元
PSN B-2015-503-1/2

葡语国家蓝皮书
中国与葡语国家关系发展报告·巴西（2016）
著(编)者：张曙光
2018年8月出版 / 估价：99.00元
PSN B-2016-563-2/2

气候变化绿皮书
应对气候变化报告（2018）
著(编)者：王伟光 郑国光
2018年11月出版 / 估价：99.00元
PSN G-2009-144-1/1

全球环境竞争力绿皮书
全球环境竞争力报告（2018）
著(编)者：李建平 李闽榕 王金南
2018年12月出版 / 估价：198.00元
PSN G-2013-363-1/1

全球信息社会蓝皮书
全球信息社会发展报告（2018）
著(编)者：丁波涛 唐涛 2018年10月出版 / 估价：99.00元
PSN B-2017-665-1/1

日本经济蓝皮书
日本经济与中日经贸关系研究报告（2018）
著(编)者：张季风 2018年6月出版 / 估价：99.00元
PSN B-2008-102-1/1

上海合作组织黄皮书
上海合作组织发展报告（2018）
著(编)者：李进峰 2018年6月出版 / 估价：99.00元
PSN Y-2009-130-1/1

世界创新竞争力黄皮书
世界创新竞争力发展报告（2017）
著(编)者：李建平 李闽榕 赵新力
2018年6月出版 / 估价：168.00元
PSN Y-2013-318-1/1

世界经济黄皮书
2018年世界经济形势分析与预测
著(编)者：张宇燕 2018年1月出版 / 定价：99.00元
PSN Y-1999-006-1/1

世界能源互联互通蓝皮书
世界能源清洁发展与互联互通评估报告（2017）：欧洲篇
著(编)者：国网能源研究院
2018年1月出版 / 定价：128.00元
PSN B-2018-695-1/1

丝绸之路蓝皮书
丝绸之路经济带发展报告（2018）
著(编)者：任宗哲 白宽犁 谷孟宾
2018年1月出版 / 估价：89.00元
PSN B-2014-410-1/1

新兴经济体蓝皮书
金砖国家发展报告（2018）
著(编)者：林跃勤 周文
2018年8月出版 / 估价：99.00元
PSN B-2011-195-1/1

亚太蓝皮书
亚太地区发展报告（2018）
著(编)者：李向阳 2018年5月出版 / 估价：99.00元
PSN B-2001-015-1/1

印度洋地区蓝皮书
印度洋地区发展报告（2018）
著(编)者：汪戎 2018年6月出版 / 估价：99.00元
PSN B-2013-334-1/1

印度尼西亚经济蓝皮书
印度尼西亚经济发展报告（2017）：增长与机会
著(编)者：左志刚 2017年11月出版 / 定价：89.00元
PSN B-2017-675-1/1

渝新欧蓝皮书
渝新欧沿线国家发展报告（2018）
著(编)者：杨柏 黄森
2018年6月出版 / 估价：99.00元
PSN B-2017-626-1/1

中阿蓝皮书
中国-阿拉伯国家经贸发展报告（2018）
著(编)者：张廉 段庆林 王林聪 杨巧红
2018年12月出版 / 估价：99.00元
PSN B-2016-598-1/1

中东黄皮书
中东发展报告No.20（2017～2018）
著(编)者：杨光 2018年10月出版 / 估价：99.00元
PSN Y-1998-004-1/1

中亚黄皮书
中亚国家发展报告（2018）
著(编)者：孙力
2018年3月出版 / 定价：98.00元
PSN Y-2012-238-1/1

国别类

澳大利亚蓝皮书
澳大利亚发展报告（2017-2018）
著(编)者：孙有中 韩锋　2018年12月出版 / 估价：99.00元
PSN B-2016-587-1/1

巴西黄皮书
巴西发展报告（2017）
著(编)者：刘国枝　2018年5月出版 / 估价：99.00元
PSN Y-2017-614-1/1

德国蓝皮书
德国发展报告（2018）
著(编)者：郑春荣　2018年6月出版 / 估价：99.00元
PSN B-2012-278-1/1

俄罗斯黄皮书
俄罗斯发展报告（2018）
著(编)者：李永全　2018年6月出版 / 估价：99.00元
PSN Y-2006-061-1/1

韩国蓝皮书
韩国发展报告（2017）
著(编)者：牛林杰 刘宝全　2018年6月出版 / 估价：99.00元
PSN B-2010-155-1/1

加拿大蓝皮书
加拿大发展报告（2018）
著(编)者：唐小松　2018年9月出版 / 估价：99.00元
PSN B-2014-389-1/1

美国蓝皮书
美国研究报告（2018）
著(编)者：郑秉文 黄平　2018年5月出版 / 估价：99.00元
PSN B-2011-210-1/1

缅甸蓝皮书
缅甸国情报告（2017）
著(编)者：祝湘辉
2017年11月出版 / 定价：98.00元
PSN B-2013-343-1/1

日本蓝皮书
日本研究报告（2018）
著(编)者：杨伯江　2018年4月出版 / 定价：99.00元
PSN B-2002-020-1/1

土耳其蓝皮书
土耳其发展报告（2018）
著(编)者：郭长刚 刘义　2018年9月出版 / 估价：99.00元
PSN B-2014-412-1/1

伊朗蓝皮书
伊朗发展报告（2017～2018）
著(编)者：冀开运　2018年10月 / 估价：99.00元
PSN B-2016-574-1/1

以色列蓝皮书
以色列发展报告（2018）
著(编)者：张倩红　2018年8月出版 / 估价：99.00元
PSN B-2015-483-1/1

印度蓝皮书
印度国情报告（2017）
著(编)者：吕昭义　2018年6月出版 / 估价：99.00元
PSN B-2012-241-1/1

英国蓝皮书
英国发展报告（2017～2018）
著(编)者：王展鹏　2018年12月出版 / 估价：99.00元
PSN B-2015-486-1/1

越南蓝皮书
越南国情报告（2018）
著(编)者：谢林城　2018年11月出版 / 估价：99.00元
PSN B-2006-056-1/1

泰国蓝皮书
泰国研究报告（2018）
著(编)者：庄国土 张禹东 刘文正
2018年10月出版 / 估价：99.00元
PSN B-2016-556-1/1

文化传媒类

"三农"舆情蓝皮书
中国"三农"网络舆情报告（2017～2018）
著(编)者：农业部信息中心
2018年6月出版 / 估价：99.00元
PSN B-2017-640-1/1

传媒竞争力蓝皮书
中国传媒国际竞争力研究报告（2018）
著(编)者：李本乾 刘强 王大可
2018年8月出版 / 估价：99.00元
PSN B-2013-356-1/1

传媒蓝皮书
中国传媒产业发展报告（2018）
著(编)者：崔保国
2018年5月出版 / 估价：99.00元
PSN B-2005-035-1/1

传媒投资蓝皮书
中国传媒投资发展报告（2018）
著(编)者：张向东 谭云明
2018年6月出版 / 估价：148.00元
PSN B-2015-474-1/1

非物质文化遗产蓝皮书
中国非物质文化遗产发展报告（2018）
著(编)者：陈平   2018年6月出版 / 估价：128.00元
PSN B-2015-469-1/2

非物质文化遗产蓝皮书
中国非物质文化遗产保护发展报告（2018）
著(编)者：宋俊华   2018年10月出版 / 估价：128.00元
PSN B-2016-586-2/2

广电蓝皮书
中国广播电影电视发展报告（2018）
著(编)者：国家新闻出版广电总局发展研究中心
2018年7月出版 / 估价：99.00元
PSN B-2006-072-1/1

广告主蓝皮书
中国广告主营销传播趋势报告No.9
著(编)者：黄升民 杜国清 邵华冬 等
2018年10月出版 / 估价：158.00元
PSN B-2005-041-1/1

国际传播蓝皮书
中国国际传播发展报告（2018）
著(编)者：胡正荣 李继东 姬德强
2018年12月出版 / 估价：99.00元
PSN B-2014-408-1/1

国家形象蓝皮书
中国国家形象传播报告（2017）
著(编)者：张昆   2018年6月出版 / 估价：128.00元
PSN B-2017-605-1/1

互联网治理蓝皮书
中国网络社会治理研究报告（2018）
著(编)者：罗昕 支庭荣
2018年9月出版 / 估价：118.00元
PSN B-2017-653-1/1

纪录片蓝皮书
中国纪录片发展报告（2018）
著(编)者：何苏六   2018年10月出版 / 估价：99.00元
PSN B-2011-222-1/1

科学传播蓝皮书
中国科学传播报告（2016~2017）
著(编)者：詹正茂   2018年6月出版 / 估价：99.00元
PSN B-2008-120-1/1

两岸创意经济蓝皮书
两岸创意经济研究报告（2018）
著(编)者：罗昌智 董泽平
2018年10月出版 / 估价：99.00元
PSN B-2014-437-1/1

媒介与女性蓝皮书
中国媒介与女性发展报告（2017~2018）
著(编)者：刘利群   2018年5月出版 / 估价：99.00元
PSN B-2013-345-1/1

媒体融合蓝皮书
中国媒体融合发展报告（2017~2018）
著(编)者：梅宁华 支庭荣
2017年12月出版 / 定价：98.00元
PSN B-2015-479-1/1

全球传媒蓝皮书
全球传媒发展报告（2017~2018）
著(编)者：胡正荣 李继东   2018年6月出版 / 估价：99.00元
PSN B-2012-237-1/1

少数民族非遗蓝皮书
中国少数民族非物质文化遗产发展报告（2018）
著(编)者：肖远平（彝）柴立（满）
2018年10月出版 / 估价：118.00元
PSN B-2015-467-1/1

视听新媒体蓝皮书
中国视听新媒体发展报告（2018）
著(编)者：国家新闻出版广电总局发展研究中心
2018年7月出版 / 估价：118.00元
PSN B-2011-184-1/1

数字娱乐产业蓝皮书
中国动画产业发展报告（2018）
著(编)者：孙立军 孙平 牛兴侦
2018年10月出版 / 估价：99.00元
PSN B-2011-198-1/2

数字娱乐产业蓝皮书
中国游戏产业发展报告（2018）
著(编)者：孙立军 刘跃军   2018年10月出版 / 估价：99.00元
PSN B-2017-662-2/2

网络视听蓝皮书
中国互联网视听行业发展报告（2018）
著(编)者：陈鹏   2018年2月出版 / 定价：148.00元
PSN B-2018-688-1/1

文化创新蓝皮书
中国文化创新报告（2017·No.8）
著(编)者：傅才武   2018年6月出版 / 估价：99.00元
PSN B-2009-143-1/1

文化建设蓝皮书
中国文化发展报告（2018）
著(编)者：江畅 孙伟平 戴茂堂
2018年5月出版 / 估价：99.00元
PSN B-2014-392-1/1

文化科技蓝皮书
文化科技创新发展报告（2018）
著(编)者：于平 李凤亮   2018年10月出版 / 估价：99.00元
PSN B-2013-342-1/1

文化蓝皮书
中国公共文化服务发展报告（2017~2018）
著(编)者：刘新成 张永新 张旭
2018年12月出版 / 估价：99.00元
PSN B-2007-093-2/10

文化蓝皮书
中国少数民族文化发展报告（2017~2018）
著(编)者：武翠英 张晓明 任乌晶
2018年9月出版 / 估价：99.00元
PSN B-2013-369-9/10

文化蓝皮书
中国文化产业供需协调检测报告（2018）
著(编)者：王亚南   2018年3月出版 / 定价：99.00元
PSN B-2013-323-8/10

文化蓝皮书
中国文化消费需求景气评价报告（2018）
著(编)者：王亚南　2018年3月出版 / 定价：99.00元
PSN B-2011-236-4/10

文化蓝皮书
中国公共文化投入增长测评报告（2018）
著(编)者：王亚南　2018年3月出版 / 定价：99.00元
PSN B-2014-435-10/10

文化品牌蓝皮书
中国文化品牌发展报告（2018）
著(编)者：欧阳友权　2018年5月出版 / 估价：99.00元
PSN B-2012-277-1/1

文化遗产蓝皮书
中国文化遗产事业发展报告（2017~2018）
著(编)者：苏杨 张颖岚 卓杰 白海峰 陈晨 陈叙图
2018年8月出版 / 估价：99.00元
PSN B-2008-119-1/1

文学蓝皮书
中国文情报告（2017~2018）
著(编)者·白烨　2018年5月出版 / 估价：99.00元
PSN B-2011-221-1/1

新媒体蓝皮书
中国新媒体发展报告No.9（2018）
著(编)者：唐绪军　2018年7月出版 / 估价：99.00元
PSN B-2010-169-1/1

新媒体社会责任蓝皮书
中国新媒体社会责任研究报告（2018）
著(编)者：钟瑛　2018年12月出版 / 估价：99.00元
PSN B-2014-423-1/1

移动互联网蓝皮书
中国移动互联网发展报告（2018）
著(编)者：余清楚　2018年6月出版 / 估价：99.00元
PSN B-2012-282-1/1

影视蓝皮书
中国影视产业发展报告（2018）
著(编)者：司若 陈鹏 陈锐
2018年6月出版 / 估价：99.00元
PSN B-2016-529-1/1

舆情蓝皮书
中国社会舆情与危机管理报告（2018）
著(编)者：谢耘耕
2018年9月出版 / 估价：138.00元
PSN B-2011-235-1/1

中国大运河蓝皮书
中国大运河发展报告（2018）
著(编)者：吴欣　2018年2月出版 / 估价：128.00元
PSN B-2018-691-1/1

地方发展类-经济

澳门蓝皮书
澳门经济社会发展报告（2017~2018）
著(编)者：吴志良 郝雨凡
2018年7月出版 / 估价：99.00元
PSN B-2009-138-1/1

澳门绿皮书
澳门旅游休闲发展报告（2017~2018）
著(编)者：郝雨凡 林广志
2018年5月出版 / 估价：99.00元
PSN G-2017-617-1/1

北京蓝皮书
北京经济发展报告（2017~2018）
著(编)者：杨松　2018年6月出版 / 估价：99.00元
PSN B-2006-054-2/8

北京旅游绿皮书
北京旅游发展报告（2018）
著(编)者：北京旅游学会
2018年7月出版 / 估价：99.00元
PSN G-2012-301-1/1

北京体育蓝皮书
北京体育产业发展报告（2017~2018）
著(编)者：钟秉枢 陈杰 杨铁黎
2018年9月出版 / 估价：99.00元
PSN B-2015-475-1/1

滨海金融蓝皮书
滨海新区金融发展报告（2017）
著(编)者：王爱俭 李向前　2018年4月出版 / 估价：99.00元
PSN B-2014-424-1/1

城乡一体化蓝皮书
北京城乡一体化发展报告（2017~2018）
著(编)者：吴宝新 张宝秀 黄序
2018年5月出版 / 估价：99.00元
PSN B-2012-258-2/2

非公有制企业社会责任蓝皮书
北京非公有制企业社会责任报告（2018）
著(编)者：宋贵伦 冯培
2018年6月出版 / 估价：99.00元
PSN B-2017-613-1/1

福建旅游蓝皮书
福建省旅游产业发展现状研究（2017~2018）
著(编)者：陈敏华 黄远水　2018年12月出版 / 估价：128.00元
PSN B-2016-591-1/1

福建自贸区蓝皮书
中国(福建)自由贸易试验区发展报告(2017~2018)
著(编)者：黄茂兴　2018年6月出版 / 估价：118.00元
PSN B-2016-531-1/1

甘肃蓝皮书
甘肃经济发展分析与预测（2018）
著(编)者：安文华 罗哲　2018年1月出版 / 定价：99.00元
PSN B-2013-312-1/6

甘肃蓝皮书
甘肃商贸流通发展报告（2018）
著(编)者：张应华 王福生 王晓芳
2018年1月出版 / 定价：99.00元
PSN B-2016-522-6/6

甘肃蓝皮书
甘肃县域和农村发展报告（2018）
著(编)者：包东红 朱智文 王建兵
2018年1月出版 / 定价：99.00元
PSN B-2013-316-5/6

甘肃农业科技绿皮书
甘肃农业科技发展研究报告（2018）
著(编)者：魏胜文 乔德华 张东伟
2018年12月出版 / 估价：198.00元
PSN B-2016-592-1/1

甘肃气象保障蓝皮书
甘肃农业对气候变化的适应与风险评估报告（No.1）
著(编)者：鲍文中 周广胜
2017年12月出版 / 定价：108.00元
PSN B-2017-677-1/1

巩义蓝皮书
巩义经济社会发展报告（2018）
著(编)者：丁同民 朱军　2018年6月出版 / 估价：99.00元
PSN B-2016-532-1/1

广东外经贸蓝皮书
广东对外经济贸易发展研究报告（2017~2018）
著(编)者：陈万灵　2018年6月出版 / 估价：99.00元
PSN B-2012-286-1/1

广西北部湾经济区蓝皮书
广西北部湾经济区开放开发报告（2017~2018）
著(编)者：广西壮族自治区北部湾经济区和东盟开放合作办公室
　　　　广西社会科学院
　　　　广西北部湾发展研究院
2018年5月出版 / 估价：99.00元
PSN B-2010-181-1/1

广州蓝皮书
广州城市国际化发展报告（2018）
著(编)者：张跃国　2018年8月出版 / 估价：99.00元
PSN B-2012-246-11/14

广州蓝皮书
中国广州城市建设与管理发展报告（2018）
著(编)者：张其学 陈小钢 王宏伟　2018年8月出版 / 估价：99.00元
PSN B-2007-087-4/14

广州蓝皮书
广州创新型城市发展报告（2018）
著(编)者：尹涛　2018年6月出版 / 估价：99.00元
PSN B-2012-247-12/14

广州蓝皮书
广州经济发展报告（2018）
著(编)者：张跃国 尹涛　2018年7月出版 / 估价：99.00元
PSN B-2005-040-1/14

广州蓝皮书
2018年中国广州经济形势分析与预测
著(编)者：魏明海 谢博能 李华
2018年6月出版 / 估价：99.00元
PSN B-2011-185-9/14

广州蓝皮书
中国广州科技创新发展报告（2018）
著(编)者：于欣伟 陈爽 邓佑满　2018年8月出版 / 估价：99.00元
PSN B-2006-065-2/14

广州蓝皮书
广州农村发展报告（2018）
著(编)者：朱名宏　2018年7月出版 / 估价：99.00元
PSN B-2010-167-8/14

广州蓝皮书
广州汽车产业发展报告（2018）
著(编)者：杨再高 冯兴亚　2018年7月出版 / 估价：99.00元
PSN B-2006-066-3/14

广州蓝皮书
广州商贸业发展报告（2018）
著(编)者：张跃国 陈杰 荀振英
2018年7月出版 / 估价：99.00元
PSN B-2012-245-10/14

贵阳蓝皮书
贵阳城市创新发展报告No.3（白云篇）
著(编)者：连玉明　2018年5月出版 / 估价：99.00元
PSN B-2015-491-3/10

贵阳蓝皮书
贵阳城市创新发展报告No.3（观山湖篇）
著(编)者：连玉明　2018年5月出版 / 估价：99.00元
PSN B-2015-497-9/10

贵阳蓝皮书
贵阳城市创新发展报告No.3（花溪篇）
著(编)者：连玉明　2018年5月出版 / 估价：99.00元
PSN B-2015-490-2/10

贵阳蓝皮书
贵阳城市创新发展报告No.3（开阳篇）
著(编)者：连玉明　2018年5月出版 / 估价：99.00元
PSN B-2015-492-4/10

贵阳蓝皮书
贵阳城市创新发展报告No.3（南明篇）
著(编)者：连玉明　2018年5月出版 / 估价：99.00元
PSN B-2015-496-8/10

贵阳蓝皮书
贵阳城市创新发展报告No.3（清镇篇）
著(编)者：连玉明　2018年5月出版 / 估价：99.00元
PSN B-2015-489-1/10

贵阳蓝皮书
贵阳城市创新发展报告No.3（乌当篇）
著（编）者：连玉明　　2018年5月出版 / 估价：99.00元
PSN B-2015-495-7/10

贵阳蓝皮书
贵阳城市创新发展报告No.3（息烽篇）
著（编）者：连玉明　　2018年5月出版 / 估价：99.00元
PSN B-2015-493-5/10

贵阳蓝皮书
贵阳城市创新发展报告No.3（修文篇）
著（编）者：连玉明　　2018年5月出版 / 估价：99.00元
PSN B-2015-494-6/10

贵阳蓝皮书
贵阳城市创新发展报告No.3（云岩篇）
著（编）者：连玉明　　2018年5月出版 / 估价：99.00元
PSN B-2015-498-10/10

贵州房地产蓝皮书
贵州房地产发展报告No.5（2018）
著（编）者：武廷方　　2018年7月出版 / 估价：99.00元
PSN B-2014-426-1/1

贵州蓝皮书
贵州册亨经济社会发展报告（2018）
著（编）者：黄德林　　2018年6月出版 / 估价：99.00元
PSN B-2016-525-8/9

贵州蓝皮书
贵州地理标志产业发展报告（2018）
著（编）者：李发耀 黄其松　　2018年8月出版 / 估价：99.00元
PSN B-2017-646-10/10

贵州蓝皮书
贵安新区发展报告（2017~2018）
著（编）者：马长青 吴大华　　2018年6月出版 / 估价：99.00元
PSN B-2015-459-4/10

贵州蓝皮书
贵州国家级开放创新平台发展报告（2017~2018）
著（编）者：申晓庆 吴大华 季泓
2018年11月出版 / 估价：99.00元
PSN B-2016-518-7/10

贵州蓝皮书
贵州国有企业社会责任发展报告（2017~2018）
著（编）者：郭丽　　2018年12月出版 / 估价：99.00元
PSN B-2015-511-6/10

贵州蓝皮书
贵州民航业发展报告（2017）
著（编）者：申振东 吴大华　　2018年6月出版 / 估价：99.00元
PSN B-2015-471-5/10

贵州蓝皮书
贵州民营经济发展报告（2017）
著（编）者：杨静 吴大华　　2018年6月出版 / 估价：99.00元
PSN B-2016-530-9/9

杭州都市圈蓝皮书
杭州都市圈发展报告（2018）
著（编）者：洪庆华 沈翔　　2018年4月出版 / 定价：98.00元
PSN B-2012-302-1/1

河北经济蓝皮书
河北省经济发展报告（2018）
著（编）者：马树强 金浩 张贵　　2018年6月出版 / 估价：99.00元
PSN B-2014-380-1/1

河北蓝皮书
河北经济社会发展报告（2018）
著（编）者：康振海　　2018年1月出版 / 定价：99.00元
PSN B-2014-372-1/3

河北蓝皮书
京津冀协同发展报告（2018）
著（编）者：陈璐　　2017年12月出版 / 定价：79.00元
PSN B-2017-601-2/3

河南经济蓝皮书
2018年河南经济形势分析与预测
著（编）者：王世炎　　2018年3月出版 / 定价：89.00元
PSN B-2007-086-1/1

河南蓝皮书
河南城市发展报告（2018）
著（编）者：张占仓 王建国　　2018年5月出版 / 估价：99.00元
PSN B-2009-131-3/9

河南蓝皮书
河南工业发展报告（2018）
著（编）者：张占仓　　2018年5月出版 / 估价：99.00元
PSN B-2013-317-5/9

河南蓝皮书
河南金融发展报告（2018）
著（编）者：喻新安 谷建全
2018年6月出版 / 估价：99.00元
PSN B-2014-390-7/9

河南蓝皮书
河南经济发展报告（2018）
著（编）者：张占仓 完世伟
2018年6月出版 / 估价：99.00元
PSN B-2010-157-4/9

河南蓝皮书
河南能源发展报告（2018）
著（编）者：国网河南省电力公司经济技术研究院
　　　　　河南省社会科学院
2018年6月出版 / 估价：99.00元
PSN B-2017-607-9/9

河南商务蓝皮书
河南商务发展报告（2018）
著（编）者：焦锦淼 穆荣国　　2018年5月出版 / 估价：99.00元
PSN B-2014-399-1/1

河南双创蓝皮书
河南创新创业发展报告（2018）
著（编）者：喻新安 杨雪梅
2018年8月出版 / 估价：99.00元
PSN B-2017-641-1/1

黑龙江蓝皮书
黑龙江经济发展报告（2018）
著（编）者：朱宇　　2018年1月出版 / 定价：89.00元
PSN B-2011-190-2/2

湖南城市蓝皮书
区域城市群整合
著(编)者：童中贤 韩未名　2018年12月出版 / 估价：99.00元
PSN B-2006-064-1/1

湖南蓝皮书
湖南城乡一体化发展报告（2018）
著(编)者：陈文胜 王文强 陆福兴
2018年8月出版 / 估价：99.00元
PSN B-2015-477-8/8

湖南蓝皮书
2018年湖南电子政务发展报告
著(编)者：梁志峰　2018年5月出版 / 估价：128.00元
PSN B-2014-394-6/8

湖南蓝皮书
2018年湖南经济发展报告
著(编)者：卞鹰　2018年5月出版 / 估价：128.00元
PSN B-2011-207-2/8

湖南蓝皮书
2016年湖南经济展望
著(编)者：梁志峰　2018年5月出版 / 估价：128.00元
PSN B-2011-206-1/8

湖南蓝皮书
2018年湖南县域经济社会发展报告
著(编)者：梁志峰　2018年5月出版 / 估价：128.00元
PSN B-2014-395-7/8

湖南县域绿皮书
湖南县域发展报告（No.5）
著(编)者：袁准 周小毛 黎仁寅
2018年6月出版 / 估价：99.00元
PSN G-2012-274-1/1

沪港蓝皮书
沪港发展报告（2018）
著(编)者：尤安山　2018年9月出版 / 估价：99.00元
PSN B-2013-362-1/1

吉林蓝皮书
2018年吉林经济社会形势分析与预测
著(编)者：邵汉明　2017年12月出版 / 定价：89.00元
PSN B-2013-319-1/1

吉林省城市竞争力蓝皮书
吉林省城市竞争力报告（2017~2018）
著(编)者：崔岳春 张磊
2018年3月出版 / 定价：89.00元
PSN B-2016-513-1/1

济源蓝皮书
济源经济社会发展报告（2018）
著(编)者：喻新安　2018年6月出版 / 估价：99.00元
PSN B-2014-387-1/1

江苏蓝皮书
2018年江苏经济发展分析与展望
著(编)者：王庆五 吴先满
2018年7月出版 / 估价：128.00元
PSN B-2017-635-1/3

江西蓝皮书
江西经济社会发展报告（2018）
著(编)者：陈石俊 龚建文　2018年10月出版 / 估价：128.00元
PSN B-2015-484-1/2

江西蓝皮书
江西设区市发展报告（2018）
著(编)者：姜玮 梁勇
2018年10月出版 / 估价：99.00元
PSN B-2016-517-2/2

经济特区蓝皮书
中国经济特区发展报告（2017）
著(编)者：陶一桃　2018年1月出版 / 估价：99.00元
PSN B-2009-139-1/1

辽宁蓝皮书
2018年辽宁经济社会形势分析与预测
著(编)者：梁启东 魏红江　2018年6月出版 / 估价：99.00元
PSN B-2006-053-1/1

民族经济蓝皮书
中国民族地区经济发展报告（2018）
著(编)者：李曦辉　2018年7月出版 / 估价：99.00元
PSN B-2017-630-1/1

南宁蓝皮书
南宁经济发展报告（2018）
著(编)者：胡建华　2018年9月出版 / 估价：99.00元
PSN B-2016-569-2/3

内蒙古蓝皮书
内蒙古精准扶贫研究报告（2018）
著(编)者：张志华　2018年1月出版 / 定价：89.00元
PSN B-2017-681-2/2

浦东新区蓝皮书
上海浦东经济发展报告（2018）
著(编)者：周小平 徐美芳
2018年1月出版 / 定价：89.00元
PSN B-2011-225-1/1

青海蓝皮书
2018年青海经济社会形势分析与预测
著(编)者：陈玮　2018年1月出版 / 定价：98.00元
PSN B-2012-275-1/2

青海科技绿皮书
青海科技发展报告（2017）
著(编)者：青海省科学技术信息研究所
2018年3月出版 / 定价：98.00元
PSN G-2018-701-1/1

山东蓝皮书
山东经济形势分析与预测（2018）
著(编)者：李广杰　2018年7月出版 / 估价：99.00元
PSN B-2014-404-1/5

山东蓝皮书
山东省普惠金融发展报告（2018）
著(编)者：齐鲁财富网
2018年9月出版 / 估价：99.00元
PSN B2017-676-5/5

山西蓝皮书
山西资源型经济转型发展报告（2018）
著（编）者：李志强　2018年7月出版 / 估价：99.00元
PSN B-2011-197-1/1

陕西蓝皮书
陕西经济发展报告（2018）
著（编）者：任宗哲　白宽犁　裴成荣
2018年1月出版 / 定价：89.00元
PSN B-2009-135-1/6

陕西蓝皮书
陕西精准脱贫研究报告（2018）
著（编）者：任宗哲　白宽犁　王建康
2018年4月出版 / 定价：89.00元
PSN B-2017-623-6/6

上海蓝皮书
上海经济发展报告（2018）
著（编）者：沈开艳　2018年2月出版 / 定价：89.00元
PSN B-2006-057-1/7

上海蓝皮书
上海资源环境发展报告（2018）
著（编）者：周冯琦　胡静　2018年2月出版 / 定价：89.00元
PSN B-2006-060-4/7

上海蓝皮书
上海奉贤经济发展分析与研判（2017～2018）
著（编）者：张兆安　朱平芳　2018年3月出版 / 定价：99.00元
PSN B-2018-698-8/8

上饶蓝皮书
上饶发展报告（2016～2017）
著（编）者：廖其志　2018年6月出版 / 估价：128.00元
PSN B-2014-377-1/1

深圳蓝皮书
深圳经济发展报告（2018）
著（编）者：张骁儒　2018年6月出版 / 估价：99.00元
PSN B-2008-112-3/7

四川蓝皮书
四川城镇化发展报告（2018）
著（编）者：侯水平　陈炜　2018年6月出版 / 估价：99.00元
PSN B-2015-456-7/7

四川蓝皮书
2018年四川经济形势分析与预测
著（编）者：杨钢　2018年1月出版 / 定价：158.00元
PSN B-2007-098-2/7

四川蓝皮书
四川企业社会责任研究报告（2017～2018）
著（编）者：侯水平　盛毅　2018年5月出版 / 估价：99.00元
PSN B-2014-386-4/7

四川蓝皮书
四川生态建设报告（2018）
著（编）者：李晟之　2018年5月出版 / 估价：99.00元
PSN B-2015-455-6/7

四川蓝皮书
四川特色小镇发展报告（2017）
著（编）者：吴志强　2017年11月出版 / 定价：89.00元
PSN B-2017-670-8/8

体育蓝皮书
上海体育产业发展报告（2017~2018）
著（编）者：张林　黄海燕
2018年10月出版 / 估价：99.00元
PSN B-2015-454-4/5

体育蓝皮书
长三角地区体育产业发展报（2017～2018）
著（编）者：张林　2018年6月出版 / 估价：99.00元
PSN B-2015-453-3/5

天津金融蓝皮书
天津金融发展报告（2018）
著（编）者：王爱俭　孔德昌
2018年5月出版 / 估价：99.00元
PSN B-2014-418-1/1

图们江区域合作蓝皮书
图们江区域合作发展报告（2018）
著（编）者：李铁　2018年6月出版 / 估价：99.00元
PSN B-2015-464-1/1

温州蓝皮书
2018年温州经济社会形势分析与预测
著（编）者：蒋儒标　王春光　金浩
2018年6月出版 / 估价：99.00元
PSN B-2008-105-1/1

西咸新区蓝皮书
西咸新区发展报告（2018）
著（编）者：李扬　王军
2018年6月出版 / 估价：99.00元
PSN B-2016-534-1/1

修武蓝皮书
修武经济社会发展报告（2018）
著（编）者：张占仓　袁凯声
2018年10月出版 / 估价：99.00元
PSN B-2017-651-1/1

偃师蓝皮书
偃师经济社会发展报告（2018）
著（编）者：张占仓　袁凯声　何武周
2018年7月出版 / 估价：99.00元
PSN B-2017-627-1/1

扬州蓝皮书
扬州经济社会发展报告（2018）
著（编）者：陈扬
2018年12月出版 / 估价：108.00元
PSN B-2011-191-1/1

长垣蓝皮书
长垣经济社会发展报告（2018）
著（编）者：张占仓　袁凯声　秦保建
2018年10月出版 / 估价：99.00元
PSN B-2017-654-1/1

遵义蓝皮书
遵义发展报告（2018）
著（编）者：邓彦　曾征　龚永育
2018年9月出版 / 估价：99.00元
PSN B-2014-433-1/1

地方发展类–社会

安徽蓝皮书
安徽社会发展报告（2018）
著/编者：程桦　2018年6月出版 / 估价：99.00元
PSN B-2013-325-1/1

安徽社会建设蓝皮书
安徽社会建设分析报告（2017~2018）
著/编者：黄家海　蔡宪
2018年11月出版 / 估价：99.00元
PSN B-2013-322-1/1

北京蓝皮书
北京公共服务发展报告（2017~2018）
著/编者：施昌奎　2018年6月出版 / 估价：99.00元
PSN B-2008-103-7/8

北京蓝皮书
北京社会发展报告（2017~2018）
著/编者：李伟东
2018年7月出版 / 估价：99.00元
PSN B-2006-055-3/8

北京蓝皮书
北京社会治理发展报告（2017~2018）
著/编者：殷星辰　2018年7月出版 / 估价：99.00元
PSN B-2014-391-8/8

北京律师蓝皮书
北京律师发展报告 No.4（2018）
著/编者：王隽　2018年12月出版 / 估价：99.00元
PSN B-2011-217-1/1

北京人才蓝皮书
北京人才发展报告（2018）
著/编者：敏华　2018年12月出版 / 估价：128.00元
PSN B-2011-201-1/1

北京社会心态蓝皮书
北京社会心态分析报告（2017~2018）
北京市社会心理服务促进中心
2018年10月出版 / 估价：99.00元
PSN B-2014-422-1/1

北京社会组织管理蓝皮书
北京社会组织发展与管理（2018）
著/编者：黄江松
2018年6月出版 / 估价：99.00元
PSN B-2015-446-1/1

北京养老产业蓝皮书
北京居家养老发展报告（2018）
著/编者：陆杰华　周明明
2018年8月出版 / 估价：99.00元
PSN B-2015-465-1/1

法治蓝皮书
四川依法治省年度报告No.4（2018）
著/编者：李林　杨天宗　田禾
2018年3月出版 / 定价：118.00元
PSN B-2015-447-2/3

福建妇女发展蓝皮书
福建省妇女发展报告（2018）
著/编者：刘群英　2018年11月出版 / 估价：99.00元
PSN B-2011-220-1/1

甘肃蓝皮书
甘肃社会发展分析与预测（2018）
著/编者：安文华　谢增虎　包晓霞
2018年1月出版 / 定价：99.00元
PSN B-2013-313-2/6

广东蓝皮书
广东全面深化改革研究报告（2018）
著/编者：周林生　涂成林
2018年12月出版 / 估价：99.00元
PSN B-2015-504-3/3

广东蓝皮书
广东社会工作发展报告（2018）
著/编者：罗观翠　2018年6月出版 / 估价：99.00元
PSN B-2014-402-2/3

广州蓝皮书
广州青年发展报告（2018）
著/编者：徐柳　张强
2018年8月出版 / 估价：99.00元
PSN B-2013-352-13/14

广州蓝皮书
广州社会保障发展报告（2018）
著/编者：张跃国　2018年8月出版 / 估价：99.00元
PSN B-2014-425-14/14

广州蓝皮书
2018年中国广州社会形势分析与预测
著/编者：张强　郭志勇　何镜清
2018年6月出版 / 估价：99.00元
PSN B-2008-110-5/14

贵州蓝皮书
贵州法治发展报告（2018）
著/编者：吴大华　2018年5月出版 / 估价：99.00元
PSN B-2012-254-2/10

贵州蓝皮书
贵州人才发展报告（2017）
著/编者：于杰　吴大华
2018年9月出版 / 估价：99.00元
PSN B-2014-382-3/10

贵州蓝皮书
贵州社会发展报告（2018）
著/编者：王兴骥　2018年6月出版 / 估价：99.00元
PSN B-2010-166-1/10

杭州蓝皮书
杭州妇女发展报告（2018）
著/编者：魏颖
2018年10月出版 / 估价：99.00元
PSN B-2014-403-1/1

河北蓝皮书
河北法治发展报告（2018）
著（编）者：康振海　2018年6月出版 / 估价：99.00元
PSN B-2017-622-3/3

河北食品药品安全蓝皮书
河北食品药品安全研究报告（2018）
著（编）者：丁锦霞
2018年10月出版 / 估价：99.00元
PSN B-2015-473-1/1

河南蓝皮书
河南法治发展报告（2018）
著（编）者：张林海　2018年7月出版 / 估价：99.00元
PSN B-2014-376-6/9

河南蓝皮书
2018年河南社会形势分析与预测
著（编）者：牛苏林　2018年5月出版 / 估价：99.00元
PSN B-2005-043-1/9

河南民办教育蓝皮书
河南民办教育发展报告（2018）
著（编）者：胡大白　2018年9月出版 / 估价：99.00元
PSN B-2017-642-1/1

黑龙江蓝皮书
黑龙江社会发展报告（2018）
著（编）者：王爱丽　2018年1月出版 / 定价：89.00元
PSN B-2011-189-1/2

湖南蓝皮书
2018年湖南两型社会与生态文明建设报告
著（编）者：卞鹰　2018年5月出版 / 估价：128.00元
PSN B-2011-208-3/8

湖南蓝皮书
2018年湖南社会发展报告
著（编）者：卞鹰　2018年5月出版 / 估价：128.00元
PSN B-2014-393-5/8

健康城市蓝皮书
北京健康城市建设研究报告（2018）
著（编）者：王鸿春 盛继洪
2018年9月出版 / 估价：99.00元
PSN B-2015-460-1/2

江苏法治蓝皮书
江苏法治发展报告No.6（2017）
著（编）者：蔡道通 龚廷泰
2018年8月出版 / 估价：99.00元
PSN B-2012-290-1/1

江苏蓝皮书
2018年江苏社会发展分析与展望
著（编）者：王庆五 刘旺洪
2018年8月出版 / 估价：128.00元
PSN B-2017-636-2/3

民族教育蓝皮书
中国民族教育发展报告（2017·内蒙古卷）
著（编）者：陈中永
2017年12月出版 / 定价：198.00元
PSN B-2017-669-1/1

南宁蓝皮书
南宁法治发展报告（2018）
著（编）者：杨维超　2018年12月出版 / 估价：99.00元
PSN B-2015-509-1/3

南宁蓝皮书
南宁社会发展报告（2018）
著（编）者：胡建华　2018年10月出版 / 估价：99.00元
PSN B-2016-570-3/3

内蒙古蓝皮书
内蒙古反腐倡廉建设报告 No.2
著（编）者：张志华　2018年6月出版 / 估价：99.00元
PSN B-2013-365-1/1

青海蓝皮书
2018年青海人才发展报告
著（编）者：王宇燕　2018年9月出版 / 估价：99.00元
PSN B-2017-650-2/2

青海生态文明建设蓝皮书
青海生态文明建设报告（2018）
著（编）者：张西明 高华　2018年12月出版 / 估价：99.00元
PSN B-2016-595-1/1

人口与健康蓝皮书
深圳人口与健康发展报告（2018）
著（编）者：陆杰华 傅崇辉
2018年11月出版 / 估价：99.00元
PSN B-2011-228-1/1

山东蓝皮书
山东社会形势分析与预测（2018）
著（编）者：李善峰　2018年6月出版 / 估价：99.00元
PSN B-2014-405-2/5

陕西蓝皮书
陕西社会发展报告（2018）
著（编）者：任宗哲 白宽犁 牛昉
2018年1月出版 / 定价：89.00元
PSN B-2009-136-2/6

上海蓝皮书
上海法治发展报告（2018）
著（编）者：叶必丰　2018年9月出版 / 估价：99.00元
PSN B-2012-296-6/7

上海蓝皮书
上海社会发展报告（2018）
著（编）者：杨雄 周海旺
2018年2月出版 / 定价：89.00元
PSN B-2006-058-2/7

社会建设蓝皮书
2018年北京社会建设分析报告
著(编)者: 宋贵伦 冯虹　2018年9月出版 / 估价: 99.00元
PSN B-2010-173-1/1

顺义社会建设蓝皮书
北京市顺义区社会建设发展报告（2018）
著(编)者: 王学武　2018年9月出版 / 估价: 99.00元
PSN B-2017-658-1/1

深圳蓝皮书
深圳法治发展报告（2018）
著(编)者: 张骁儒　2018年6月出版 / 估价: 99.00元
PSN B-2015-470-6/7

四川蓝皮书
四川法治发展报告（2018）
著(编)者: 郑泰安　2018年6月出版 / 估价: 99.00元
PSN B-2015-441-5/7

深圳蓝皮书
深圳劳动关系发展报告（2018）
著(编)者: 汤庭芬　2018年8月出版 / 估价: 99.00元
PSN B-2007-097-2/7

四川蓝皮书
四川社会发展报告（2018）
著(编)者: 李羚　2018年6月出版 / 估价: 99.00元
PSN B-2008-127-3/7

深圳蓝皮书
深圳社会治理与发展报告（2018）
著(编)者: 张骁儒　2018年6月出版 / 估价: 99.00元
PSN B-2008-113-4/7

四川社会工作与管理蓝皮书
四川省社会工作人力资源发展报告（2017）
著(编)者: 边慧敏　2017年12月出版 / 定价: 89.00元
PSN B-2017-683-1/1

生态安全绿皮书
甘肃国家生态安全屏障建设发展报告（2018）
著(编)者: 刘举科 喜文华
2018年10月出版 / 估价: 99.00元
PSN G-2017-659-1/1

云南社会治理蓝皮书
云南社会治理年度报告（2017）
著(编)者: 晏雄 韩全芳
2018年5月出版 / 估价: 99.00元
PSN B-2017-667-1/1

地方发展类-文化

北京传媒蓝皮书
北京新闻出版广电发展报告（2017~2018）
著(编)者: 王志　2018年11月出版 / 估价: 99.00元
PSN B-2016-588-1/1

非物质文化遗产蓝皮书
广州市非物质文化遗产保护发展报告（2018）
著(编)者: 宋俊华　2018年12月出版 / 估价: 99.00元
PSN B-2016-589-1/1

北京蓝皮书
北京文化发展报告（2017~2018）
著(编)者: 李建盛　2018年5月出版 / 估价: 99.00元
PSN B-2007-082-4/8

甘肃蓝皮书
甘肃文化发展分析与预测（2018）
著(编)者: 马廷旭 戚晓萍　2018年1月出版 / 定价: 99.00元
PSN B-2013-314-3/6

创意城市蓝皮书
北京文化创意产业发展报告（2018）
著(编)者: 郭万超 张京成　2018年12月出版 / 估价: 99.00元
PSN B-2012-263-1/7

甘肃蓝皮书
甘肃舆情分析与预测（2018）
著(编)者: 王俊莲 张谦元　2018年1月出版 / 定价: 99.00元
PSN B-2013-315-4/6

创意城市蓝皮书
天津文化创意产业发展报告（2017~2018）
著(编)者: 谢思全　2018年6月出版 / 估价: 99.00元
PSN B-2016-536-7/7

广州蓝皮书
中国广州文化发展报告（2018）
著(编)者: 屈哨兵 陆志强　2018年6月出版 / 估价: 99.00元
PSN B-2009-134-7/14

创意城市蓝皮书
武汉文化创意产业发展报告（2018）
著(编)者: 黄永林 陈汉桥　2018年12月出版 / 估价: 99.00元
PSN B-2013-354-4/7

广州蓝皮书
广州文化创意产业发展报告（2018）
著(编)者: 徐咏虹　2018年7月出版 / 估价: 99.00元
PSN B-2008-111-6/14

创意上海蓝皮书
上海文化创意产业发展报告（2017~2018）
著(编)者: 王慧敏 王兴全　2018年8月出版 / 估价: 99.00元
PSN B-2016-561-1/1

海淀蓝皮书
海淀区文化和科技融合发展报告（2018）
著(编)者: 陈名杰 孟景伟　2018年5月出版 / 估价: 99.00元
PSN B-2013-329-1/1

河南蓝皮书
河南文化发展报告（2018）
著(编)者：卫绍生　　2018年7月出版 / 估价：99.00元
PSN B-2008-106-2/9

湖北文化产业蓝皮书
湖北省文化产业发展报告（2018）
著(编)者：黄晓华　　2018年9月出版 / 估价：99.00元
PSN B-2017-656-1/1

湖北文化蓝皮书
湖北文化发展报告（2017~2018）
著(编)者：湖北大学高等人文研究院
　　　　　中华文化发展湖北省协同创新中心
2018年10月出版 / 估价：99.00元
PSN B-2016-566-1/1

江苏蓝皮书
2018年江苏文化发展分析与展望
著(编)者：王庆五 樊和平　　2018年9月出版 / 估价：128.00元
PSN B-2017-637-3/3

江西文化蓝皮书
江西非物质文化遗产发展报告（2018）
著(编)者：张圣才 傅安平　　2018年12月出版 / 估价：128.00元
PSN B-2015-499-1/1

洛阳蓝皮书
洛阳文化发展报告（2018）
著(编)者：刘福兴 陈启明　　2018年7月出版 / 估价：99.00元
PSN B-2015-476-1/1

南京蓝皮书
南京文化发展报告（2018）
著(编)者：中共南京市委宣传部
2018年12月出版 / 估价：99.00元
PSN B-2014-439-1/1

宁波文化蓝皮书
宁波"一人一艺"全民艺术普及发展报告（2017）
著(编)者：张爱琴　　2018年11月出版 / 估价：128.00元
PSN B-2017-668-1/1

山东蓝皮书
山东文化发展报告（2018）
著(编)者：涂可国　　2018年5月出版 / 估价：99.00元
PSN B-2014-406-3/5

陕西蓝皮书
陕西文化发展报告（2018）
著(编)者：任宗哲 白宽犁 王长寿
2018年1月出版 / 定价：89.00元
PSN B-2009-137-3/6

上海蓝皮书
上海传媒发展报告（2018）
著(编)者：强荧 焦雨虹　　2018年2月出版 / 定价：89.00元
PSN B-2012-295-5/7

上海蓝皮书
上海文学发展报告（2018）
著(编)者：陈圣来　　2018年6月出版 / 估价：99.00元
PSN B-2012-297-7/7

上海蓝皮书
上海文化发展报告（2018）
著(编)者：荣跃明　　2018年6月出版 / 估价：99.00元
PSN B-2006-059-3/7

深圳蓝皮书
深圳文化发展报告（2018）
著(编)者：张骁儒　　2018年7月出版 / 估价：99.00元
PSN B-2016-554-7/7

四川蓝皮书
四川文化产业发展报告（2018）
著(编)者：向宝云 张立伟　　2018年6月出版 / 估价：99.00元
PSN B-2006-074-1/7

郑州蓝皮书
2018年郑州文化发展报告
著(编)者：王哲　　2018年9月出版 / 估价：99.00元
PSN B-2008-107-1/1

❖ 皮书起源 ❖

"皮书"起源于十七、十八世纪的英国，主要指官方或社会组织正式发表的重要文件或报告，多以"白皮书"命名。在中国，"皮书"这一概念被社会广泛接受，并被成功运作、发展成为一种全新的出版形态，则源于中国社会科学院社会科学文献出版社。

❖ 皮书定义 ❖

皮书是对中国与世界发展状况和热点问题进行年度监测，以专业的角度、专家的视野和实证研究方法，针对某一领域或区域现状与发展态势展开分析和预测，具备原创性、实证性、专业性、连续性、前沿性、时效性等特点的公开出版物，由一系列权威研究报告组成。

❖ 皮书作者 ❖

皮书系列的作者以中国社会科学院、著名高校、地方社会科学院的研究人员为主，多为国内一流研究机构的权威专家学者，他们的看法和观点代表了学界对中国与世界的现实和未来最高水平的解读与分析。

❖ 皮书荣誉 ❖

皮书系列已成为社会科学文献出版社的著名图书品牌和中国社会科学院的知名学术品牌。2016 年，皮书系列正式列入"十三五"国家重点出版规划项目；2013~2018 年，重点皮书列入中国社会科学院承担的国家哲学社会科学创新工程项目；2018 年，59 种院外皮书使用"中国社会科学院创新工程学术出版项目"标识。

中国皮书网

（网址：www.pishu.cn）

发布皮书研创资讯，传播皮书精彩内容
引领皮书出版潮流，打造皮书服务平台

栏目设置

关于皮书：何谓皮书、皮书分类、皮书大事记、皮书荣誉、
　　　　　皮书出版第一人、皮书编辑部

最新资讯：通知公告、新闻动态、媒体聚焦、网站专题、视频直播、下载专区

皮书研创：皮书规范、皮书选题、皮书出版、皮书研究、研创团队

皮书评奖评价：指标体系、皮书评价、皮书评奖

互动专区：皮书说、社科数托邦、皮书微博、留言板

所获荣誉

2008年、2011年，中国皮书网均在全国新闻出版业网站荣誉评选中获得"最具商业价值网站"称号；

2012年，获得"出版业网站百强"称号。

网库合一

2014年，中国皮书网与皮书数据库端口合一，实现资源共享。

皮书系列

2018年

智库成果出版与传播平台

社会科学文献出版社
SOCIAL SCIENCES ACADEMIC PRESS (CHINA)

是主要的选择标准。当下辅助器具产业的整个发展模式中，企业对于市场的划分并不细化，对于相同类型的辅助器具产品更多以价格为主要的划分依据，而在使用群体的特殊性、使用场所的操作性方面均没有形成明晰的目录清单，或者是清晰的选择模式。产品的价格、使用时长、使用范围、智能化程度、受用人群、使用环境等都需要得到进一步的细化和明晰，这样才能更为精准地为使用者供给适合的辅助器具，也可以更好地提高消费者的购买意愿。

（三）产业发展政策扶持力度较小

1. 知识产权的法律政策保护力度不足

模仿成本低于科研成本，创新产品易被窃取。在这个产业当中，技术的进步是推动科研型企业自身发展的重要原动力，在 30 家老年辅助器具企业当中，有 15 家企业涉及产品的研发。但很多企业为了减少投入的成本，短期内获得更大的效益，仿造产品成为其获利的"捷径"。复制易、传播快、控制难是产品投入市场后生产商不可把控的难题，厂家很难阻止侵权行为的发生，新产品投放于市场初期就有了更低价格的仿制品。当然，有的企业在权利受到侵犯后，也曾运用法律武器来维护自己的权益。但后期由于诉讼成本较高、时间较长，被窃取的成果也已投放市场，结果只能是不了了之。

2008 年 6 月 5 日，国务院颁布实施《国家知识产权战略纲要》，将知识产权保护工作上升到国家战略层面进行统筹部署和整体推进。自 1993 年我国颁布《消费者权益保护法》之后，我国逐步增加了惩罚性赔偿的法律，既有侵权损害的惩罚性赔偿责任，也有违约损害的惩罚性赔偿责任。但是，现实情况中，知识产权的保护并没有有效地实现，惩罚性赔偿的效力也是收效甚微。对于辅助器具企业而言，保护政策的落实和保护力度的大小对于企业自身的发展有着重要作用。

2. 对于老年辅助器具企业的税收优惠政策少

老年辅助器具的服务对象主要是需要借助辅助器具来提供补偿功能或者提高生活质量的老年人，帮助各类老年人借用非手术、非药物的方式提高其活动能力。作为满足弱势群体需求的制造服务业，老年辅助器具产品的社会效益在促进老年人生活水平的提高、加快康复的进程以及保障老年人精神文化的生活质量等方面都发挥着重要的意义。产品自身的社会福利性特征会在很多方面产生社会效益，政府兜底保障的群体使用辅助器具会使社会效益更加明显，因此，在依靠市场化手段发展老年辅助器具的同时，让税收手段发挥一定的产业促进作用也必不可少，尤其是在产业发展初期，税收政策的优惠对于促进企业进入的积极性、经营的持续性、产品的优化升级、企业的战略转型以及整个产业的进一步发展都会产生不可忽视的影响，而待产业繁荣发展后可适时降低或者取消优惠措施。调研企业过程中我们了解到，目前仅有1家企业获得了一定所得税的税收减免，其他企业均未获得税收优惠，一方面的原因是税收优惠政策少，另一方面的原因是多数企业对申请高科技企业认证和税收政策方面所知甚少，从而制约了政策效果的充分发挥。

3. 政府支持老年辅助器具的"需求调研"措施不足

产品的适配性是衡量产品成效的关键性指标之一。从1981年至今，政府很少对老年辅助器具做前期的需求调查。产品适配需要大规模的前期调研来实现，政府在这个环节中扮演着不可替代的重要角色，这是其职责落实的内在要求。政府也具有前期调研的自身优势，即入户调查老年人现实诉求，利用大数据归类整合，找到市场供给和需求的差异点，推动产业的精准定位和产品的准确适配等，这些方面都是企业无法替代的。无论是资金投入，还是调研操作，在一定意义上均可有效推动供给和需求的契合。但显而易见，需求调研并没有得到政府的充分重视。在2016年的《辅助器具推广和服务"十三五"实施方案》中，明确提出强化辅助器具服务的供给侧和需求侧的有效衔接和交互作用，以需求为导向，应用大数据、"互联网+"、物联网等手段，推广辅助器具应用。但是，老年人作为适用人群之一，"互联网+"的理念在实际过程中的可操作性以及落实的实际效能仍有待考察。

4. 产品监督管理职责的履行弱

辅助器具产品质检部门数量少。目前关于医疗器械有一套完善的体系，国家在机构设置上有专门管理的机构。而辅助器具的质检中心一共有两家，一家是国家康复研究中心的质检中心，另一家是国家康复器械质量监督检验中心。残联的监管是通过两年一次的全国普查，而所有的产品上市也不需要向质检中心报备，这就导致很难找到一个途径进行统计汇总。面对全国的辅助器具，只有两家质检机构，这并不能够满足现实的需求。

辅助器具投入生产的门槛低。在我国，辅助器具产品在投放市场之前并没有相应的上市审批要求，更多的是在交易市场中进行质量的抽查。国家层面上的抽检结果中，辅助器具产品的达标率并不理想。按道理，老年辅助器具产品的通过率应该要远高于平均水平，但事实上并非如此。老年辅助器具良莠不齐，政府的质监部门和管理监督部门的职责履行需要进一步完善。

辅助器具产品质检设备落后。辅助器具产品的相关负责人表示，现有的检测设备难以满足市场环境中各类产品的质检需求。根据2014年民政部的第317号文件，即《中国康复辅助器具目录》中，就已经涉及12个主类、93个次类和538个支类，产品的数量更为庞大。现有的检测能力不足以支撑如此繁多的产品检测，也不能满足各类产品多样性功能的质检需求。

（四）产业创新的研发资金支持少

1. 企业获得的政策性科研创新资金扶助少

从整个行业的发展过程来看，这个产业的科研经费投入力度大，从产品构想到投入生产耗时较长，且产品盈利回报周期长，加之仍处于发展初期，各方存在不稳定性因素，企业的资金压力巨大。在科研项目申请上，几乎所有企业都没参与申请过北京市或国家层面的自然科学基金项目，很多企业根本不知道有该类项目存在，其中仅有1家企业申请到科技项目，1家企业依靠政府研究机构以委托研发形式获得过研发资金，其他企业基本依靠自身力量做研发工作。企业很少获得科研创新资金，产业创新缺少政府资金的帮扶。

科技创新中心是首都的核心功能之一，加大力量发展科技创新的项目是北京实现深远发展的客观要求。而辅助器具科研创新的支持力度不能与其定位相匹配。政府对于辅助器具企业的科研投入情况不容乐观。近些年，在国家层面上，在辅助器具的科研技术方面的资金投入力度也不尽如人意。无论是横向对比，还是纵向分析，我国辅助器具的资金投入与美国、日本相比差距较大，这与我国当今经济发展规划、社会文化水平、人民生活诉求等各方面都有关。在"十三五"期间科学应对人口老龄化与发展健康技术的项目中，有一部分项目是关于辅助器具研发的，投资力度和强度高于前几年的发展规划，但能否有效满足当前的现实需要、老年人的生活诉求仍有待进一步的考证。

2. 研发投入不足也在一定程度上导致模仿产品多

企业资金实力较弱，研发投入不足，拥有自主知识产权的产品很少。在调研组走访的30家企业当中，9家科研型企业有各自的专利产品，但专利数量不容乐观。在整个产业当中，生产型企业、科研型企业对于产品研发的资金投入不足，直接导致产品研发的创新性较弱，很大程度上都是在"借鉴"和"模仿"国外的产品，且这样的行为没有被行业内企业制止，甚至被悄然"默许"。部分企业负责人表示，在国外的辅助器具展会中，很多企业不愿意中国企业参与其中。因为，在其产品还没有投放市场，或者没有形成一定的市场占有率的时候，我国的仿制品就已经批量生产、售卖。这样的情况屡见不鲜。这不仅减少了我国企业学习先进技术的机会，也直接导致产品研发创新的积极性大打折扣。

（五）老年人消费行为活跃度不高约束了市场发展

1. 老年人购买辅助器具的理念需要改变

老年人群体作为老年辅助器具产品的使用者，在购买所需产品的过程中体现了其相应的购买特点。①购买习惯。在没有明显质量差别的前提下，产品价格较低的那一款往往是老年人最终的选择。经久耐用、价格合适、实用性强等因素是这类人群考虑的首要内容，使用方便且操作简单的商品也会给产品"加分"。这种购买习惯将高端的产品拒之门外，很多老年人甚至拒绝接受体验高价位的产品。②购买动机。出于心理因素的影响，很多老年人表示拒绝使用辅助器具。除非是现实身体状况的急切需要，老年人才会去借助外力。消极抵触的购买情绪直接导致老年人对于辅助器具产品本身的要求并不高。

2. 老年人对辅助器具的认知态度比较保守

在辅助器具的类别设定上，辅助伤病人、残障者应对和解决生活起居中的功能性障碍依旧是辅助器具的主要功能之一。但随着技术进步、现实需求的改变，辅助器具产品的分类和作用逐步丰富，研究者增加了预防性、便携式、智能化的设计内涵，这样的设计理念更加注重老年人的日常活动和对风险的防范。

但是对于大部分老年人群体而言，辅助器具的功能和作用是服务于残障人士、伤病人的，老年人一般会拒绝购买和使用，辅助器具产品被拒之门外。很多卧床的老年人主要依靠的是家人、护工的照顾，使用的辅助器具设备也都是必需品。提高老年人康复效果、增强老年人自主能力的先进辅助器具的使用率并不高。在这种认识基础上，无论是康复型产品，还是预防型辅助器具，在我国老年人群体中的使用率都很低。

3. 社区参与的积极性低

老年人购买商品的另一特点就是选择距离较近的门店。无论是由于老年人体力下降，还是出于售后服务的便捷性考虑，老年人选择的大多是周边门店或者大商场的产品。这大大限制了老年人的选择范围。对于出行不便的老年人，出门购买是很大的困难。辅助器具走近老年人则是很好的发展方向。例如，在社区内设立辅助器具体验店，企业根据需求提供不同的辅助器具，社区与企业合作并提供场地，从而使老年人选择适合自己的产品，这是一个极好的服务模式。但是，现如今企业繁多，真假难辨，社区很难判断企业的优劣。加之社区作为老年人社交活动的主要载体之一，需要承担相应的风险，如果没有相关政策的推动，社区参与的积极性并不高。尽管这在一定程度上防范了风险的发生，但也减少了辅助器具被老年人进一步接受的机会。

4. 政府购买辅助器具的公共行为效果不尽理想

2016 年 5 月 3 日，北京市老龄工作委员会发布《北京市老龄工作委员会关于印发北京市支持居家养老服务发展十条政策的通知》（京老龄委发

〔2016〕7 号），第三条提出对本市户籍，有需求的，经济困难、失能、失独等特殊困难老年人家庭的通道、居室、卫生间等生活场所进行通行、助浴、如厕等适老化改造，缓解老年人因生理机能变化导致的生活不适应，增强老年人居家生活的安全性、便利性、科学性。同时为符合条件的经济困难、失能、失独等特殊困难老年人配备生活辅助器具给予支持，并出台实施细则。2016 年 9 月全面启动了适老化改造工作，适老化改造涉及老年家居环境的起居、卫浴、客厅等功能区，一定程度上提高了老年人的生活便利性，但整体上改造效果不尽理想，很多改造没能发挥作用，在满足老年人差异化需求上还有较多工作要做，由此，通过政府购买行为促进老年辅助器具产业繁荣发展的作用打了折扣。

从服务内容上看，政策安排也使得部分辅助器具被排除在外。在《关于做好"十三五"听力残疾儿童康复和残疾人辅助器具服务有关工作的通知》中规定："原则上由各省（区、市）残联自行组织人工耳蜗、助听器、假肢、矫形器、轮椅、助视器等产品的招标采购。"而卫生间无障碍扶手、老人尿不湿、坐便椅等老年人经常使用的辅助器具产品没有在列。

四 北京市老年辅助器具产业发展的对策建议

（一）政府应出台产业政策促进产业发展

1. 通过科技资金促进产品研发

北京市是全国政治中心、文化中心、国际交往中心、科技创新中心，辅助器具技术的先进性也是北京先进性的重要体现。对仍处于发展初期的老年辅助器具产业，企业需要相应的资金帮扶来实现优化升级。给予研发资金的扶持是推动产业发展的第一步。科研型企业作为产业链条中的起点，往往决定了产品的质量、性能与发展走向。所以，政府应当作为科研型企业的坚实后盾，从各个方面来扶持科技创新型企业，以系列科技项目、自然科学基金项目、民政和残联等部门项目形式加大企业的研发投入，创造拥有自主知识产权的辅助器具，从而实现技术上的先进性。

2. 通过长期护理保险制度促进辅助器具产业发展

保护老年人使用辅助器具的基本权益。不能实现老年辅助器具的医疗报销将会阻碍这个产业的进一步发展，这也是我国与其他各国相比存在的显著差距之一。在欧洲的一些国家当中，辅助器具的报销方式在公平的基础上，较大程度尊重了使用者的意愿和选择。首先，辅助器具使用者提出现实需求；其次，政府对其情况进行了解与评估；最后，综合市场价格，政府根据实际情况进行免费适配。在此过程当中，使用者可以通过补差价的方式来选用价格更高的产品。也有一些国家，保险机构承担辅助器具购买的大部分费用。例如在日本，购买辅助器具90%的花费由保险公司承担。而我国老年人口数量多，医疗报销体系压力大。但鉴于老年人辅助器具的使用群体是作为弱势群体的老人，在经济实力、生理机能等各种因素受限的情况下，部分辅助器具可以根据现实情况进入工伤、医疗保险目录，同时给予消费者个人选择权利并定制合理报销额度等。此外，应以《人力资源社会保障部办公厅关于开展长期护理保险制度试点的指导意见》（人社厅发〔2016〕80号）为契机，及时总结辅助器具试点配备的经验。

3. 监管机制与反馈机制稳步推进

（1）质量检测要与时俱进

产品检测应当与国际标准看齐。我国辅助器具企业的入市门槛较低，很多鱼龙混杂的产品并不符合质检标准却依旧在大批量生产。现如今，明确质量检测的标准，与国际水平看齐是产品进一步标准化、规范化的前提。学习并借鉴国外质检的先进管理经验是我国产品以正确的方式流向市场的关键一步。此外，相关质检部门的设备引进、产品研发、大数据分析等都是做好监督管理的重要环节。在此过程中，产品数量多、质检难度大等问题都需要一一克服。政府部门在这个环节中承担的责任重大，这是产品进入市场时最为关键的一道防线。所以，政府部门有着责无旁贷的责任。

（2）反馈机制要落到实处

用户评价应当及时反馈。辅助器具的使用感受对于完善辅助器具产品、清晰企业发展定位、改善政府购买效果等都有着不可忽视的作用。就政府购买而言，合理、有效的实施效果评价是评判政府购买行为标准的重要指标之一，也为完善政府购买提供了科学的决策依据。通过层层反馈、定期上报、随机抽查等方式来不断推进反馈机制的有效落实。在此过程中，如何降低和防范执行者主观意愿的影响，如何确立正确的评价标准和评价方法、如何明确公正的实施效果评价机制等都是政府购买反馈机制中有待解决的问题。

（二）企业经营以提升竞争力为基本导向

1. 积极引进和培养研发技术人才

推动辅助器具专业人才的培养。无论是职业技术培训，还是高等教育的专业设置，都需要培养相关的技术性人才，并且有其相应的就业出口。在此基础上，医工结合的产品也更需要专业技术性人才，企业应增加对医学、设计学、生物学和工程学等专业型人才的需求。在生产研发的环节中，每一位技术性人才各司其职，发挥其专业技能，最后在产品中最大限度地实现每一个设计的效能。企业应提高对相关技术型人才的待遇薪金，鼓励让更多的高技术人才接受并且主动研究这一领域，从而提高产品的使用率及其适配效果。

2. 注重消费者对产品使用信息的反馈

重视产品反馈的信息源以及实际诉求。在整个产品的适配环节中，用户体验是产品再生产定位的关键性因素之一。生产商作为使用者诉求最后的知情者，需要紧紧把握产业链条中的每一个信息源。代理商、直营店、医疗机构、康复中心和养老机构等都是生产者需要进行及时有效沟通的对象。与此同时，生产者应当定期与商品使用者沟通产品的优缺点，以便及时地做出生产方向和科研技术的调整。企业应建立反馈机制以便了解老年人的实际诉求，只有根据老年人的真实反映才能在科研环节中精准定位。

3. 以需求为导向，创新产品营销模式

（1）租赁平台开源节流

开拓辅助器具的经营方式，实现产品使用者由"所有者"到"租赁者"的角色转变。部分价高、物大的辅助器具很难被居家老年人所接受，一方

面，老年人需要承担昂贵的辅助器具费用，另一方面，在老年人停止使用后该产品逐步被闲置。而租赁模式则可有效解决这个现实问题，企业可以根据产品类型、使用时长、折损程度制定合理的租赁价格，并与老年人签署相应的合约。当老年人停止使用后，企业收回商品、检修维护并根据国际标准进行消毒杀菌。这样既可以减少老年人的花费，也可以提高商品的利用率，减少企业不必要的生产投入。

（2）建立辅助器具体验中心

建立大规模的辅助器具展厅和体验中心，汇集各种类型的辅助器具。老年人对于辅助器具的诉求多样，任何一家企业都无法满足老年人的所有需要。这就需要各个企业将其产品汇集在一起，供老年人选择。现如今，北京市已经有两家一定规模的辅助器具展示中心，但仍处于发展初期。展示中心的规模化、专业化、正规化是经营的客观需要。政府建立平台，或者企业合资建立平台都会产生较好的效应。将各类产品集中在一起，既可以让老年人购买到合适的辅助器具，也可以减少生产型企业在代理商那里的花费支出。在这种模式下，优质的辅助器具产品将会脱颖而出，成交率随之上升。

4.调整产品定位和宣传方式

（1）产品定位改变思维定式

改变视角，从而推动产品更具艺术性、工艺性。我国老年人对于辅助器具的认知不全面，更多地将其定位为对身体机能弱化、残缺的一种补偿。加之对辅助器具的认识存在偏颇，一部分老年人在一定程度上拒绝使用辅助器具。实际上，对辅助器具的理解和认知可以侧重于其艺术性和工艺性的价值概念。简而言之，其实可以将辅助器具当作老年人的一种修饰品，只是这个修饰品具有相应的功能性作用。首先，企业需要转变自身对于辅助器具的固有观念；其次，加强产品的艺术美感和人性化设计；最后，循序渐进地宣传辅助器具的艺术性，改变老年人墨守成规的原有认知。

（2）产品宣传转变需求起点

转变产品宣传方式，实现产品销售由"实用性"到"人性化"的策略转变。我国老年人对于辅助器具的使用诉求多基于产品的耐用性和经济性。

但随着产品适配效果的改善，老年辅助器具企业则会更多地强调产品的人性化设计和服务型的理念。不可否认，利用网络、电视、手机等方式对辅助器具进行宣传会有一定的推动作用。但从老年人群体出发，针对老年人最好的宣传手段就是让老年人有直接的体验。那么，每件产品的人性化设计和服务型的理念就必须要通过老年人的亲身体验所体现，而这对于产品的宣传方式、人性化设计有了更严苛的要求。

（三）通过舆论逐步引导老年人准确定位辅助器具

随着养老方式的改变，辅助器具在老年人日常生活中的作用和意义日益凸显。在固有的思维定式下，老年人群体必须要改变原有认知，将辅助器具产品逐步纳入日常生活，层层深入，调整生活方式。首先，老年人需要逐步认识相关辅助器具，例如部分辅助器具可预防和防范疾病发生，老年人作为疾病的高发人群，如何预防疾病的发生、减少受伤的风险等，需要有关人员进行医学知识的进一步宣传和推广。在此过程中，老年人应当主动了解和认识相关辅助器具，进行产品体验，更新原本认识。例如，有防止扭伤的鞋、减缓摔倒冲击的保护衣。其次，老年人应当与使用过相关辅助器具的老年人主动进行沟通和交流，更深入地了解老年辅助器具在实际操作中的效果和作用。再次，老年人可以去相关的用户体验店进行更加深入的了解，这对于老年人改变现有看法和观点有着重要的作用。最后，引导老年人树立产品使用效果与价格对等的消费观念。对于老年人目标群体，产品的价格是其首要的考量因素，需要通过舆论引导老年人，使其认识到辅助器具产品的使用效果、质量情况、材质配备等都是与价格对应的，更好的质量、更多的功能对应着老年人更低的风险、更为舒适和便捷的居家生活、更省心的日常护理。

B.5
北京市老年辅助器具产品发展报告

摘 要： 本报告主要分析北京市老年辅助器具产品市场状况。调查显示，北京市老年辅助器具销售量较大的产品为轮椅类、防褥疮产品类、拐杖、老年代步车、坐便椅等产品，销售渠道多样化。北京市辖区内的企业生产的产品包括轮椅、助听器、扶手、多功能座椅、机器人、拔罐、血压计、假肢、矫形器、肢体训练器、鞋、鞋垫等品种。北京市老年辅助器具产品存在整体研发创新能力和投入不足、产品的生产经营面临较大困难、老年人对辅助器具产品的购买力不足、相关部门对辅助器具产品的监管与支持不到位等问题。据此本报告提出应加强辅助器具的宣传和推广、完善政策支持体系、重视科研创新型的投入、满足辅助器具的适配要求、打造人性化辅助器具、创建无障碍环境设施、发展我国辅助器具租借服务等建议。

关键词： 产品 创新 生产 政策支持

一 北京市辅助器具产品的发展现状

（一）北京市辅助器具产品的市场发展情况

随着市场经济的逐步建立，我国辅助器具生产企业由最初的10家增加

---

* 江华，博士后，首都经济贸易大学副教授，研究方向为社会保障、劳动经济、养老服务；李倩钰，首都经济贸易大学硕士研究生，研究方向为社会保障与养老服务。

到 400 多家，配套机构由 41 家增加到 2000 多家，从业人员从 4500 多人增加到 1 万多人。同时，产品数量也成倍增长，每年中国生产假肢 6.5 万件以上、矫形鞋 11 万只以上、矫形器 12 万件以上、轮椅 300 万辆以上，一批国际流行的现代辅助器具在国内得到推广应用。[①] 目前调研的 46 家北京市辅助器具企业中，研产销一体型企业有 17 家，销售型企业有 23 家，产销一体和研发型企业各有 2 家，研销型和租赁型（销售）企业各有 1 家，其余的分别为平台或行业服务的企业。辅助器具产品的产地多分布在江浙、福建、广东等地区。

（二）老年辅助器具产品的销售情况

辅助器具产品对于老年人而言扮演的主要角色就是可以提高老年人的生活质量，并且让他们更加体面地回归社会。"光家味、进出洗、睡动乐"是服务老年人的九字方针。"光家味"主要体现老年人的环境服务。"光"是指老年人居住地方的光照，这是一个卧床不起的老年人对季节判断的基本依据；"味"是要让老年人生活得更加有滋有味，其中满足他们的日常饮食更是重中之重。"进出洗"则表现为对老年人的护理操作，"进"指的是喝水和吃饭，"出"指的是如厕，"洗"指的是日常洗漱和沐浴。"睡动乐"则关系着老年人的日常生活照料，老年人的主要活动就是睡觉、行动和交流。可以说在老年人生活过程中，老年辅助器具无时无刻不在扮演着重要的角色。

由于在调研过程中，各家企业并没有给出产品的具体销售数量，所以笔者在此根据企业对各类辅助器具销售情况的提及度做一个简单的比较。

企业销售方面，我们可以看到轮椅、防褥疮的产品销量较高，拐杖、老年代步车等助行辅助器具也比较受老年人的青睐（见图 1）。调研过程中多数企业负责人表示个人移动辅助器具中销量较高的只有普通轮椅、手杖等简单的辅助器具，而像空间移位机、功能性较强的电动轮椅等销量较小；生活

---

① 资料来源：《中国康复辅助器具市场调研及投资战略报告（2017 版）》。

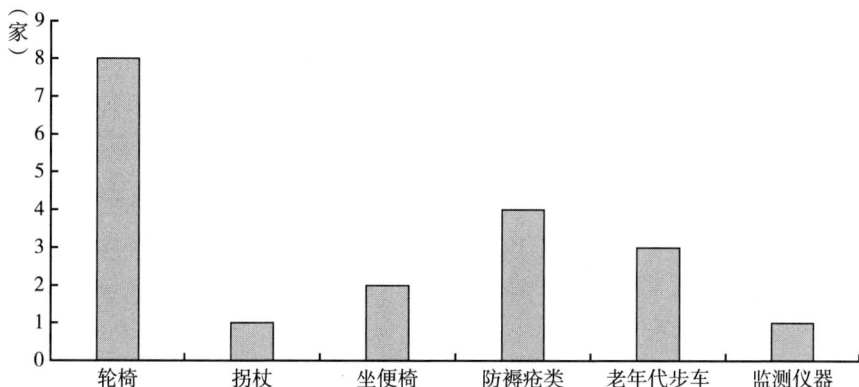

图1　销售老年辅助器具产品的企业的情况

数据来源：根据所调查企业反馈情况得出。

护理类的只有防褥疮垫、坐便器、洗浴椅等类型的产品销量较高，其余如方便进食碗、形状记忆厨具汤匙（叉子）等自助类产品，销量较小。在这里笔者以调研过程中两个比较典型的企业为例来对辅助器具的销售现状进行分析。

典型企业1：博爱方特辅助器具商城

调研内容

（1）店内销售国内外产品的比例为3∶7，共销售至少1000种产品。

（2）常用的轮椅、拐杖、坐便器、防褥疮的床垫、纸尿裤销量较高。

（3）销售难题。目前的许多产品（轮椅、坐便椅、拐杖等）是必需品。但是一个失能、残疾的老人可能用到上千种辅助器具，比如在厨房，一个偏瘫病人使用的刀子、叉子有几十种，用这些特殊的辅助器具可以帮助他们切菜、开瓶盖。但是这些辅助器具的普及率低，价格高，买的人不多。老板本人自己进了两双自助筷子，进价两百多元，自己用一双，另一双送给了朋友。

（4）产品销售优势：老板由于自身的情况，要比其他的销售者更能理解需求者的感受，可以为消费者选择适合他们的产品。比如说某款轮椅能否承受其标识的最大限度重量，是否具有较好的抗冲击能力，产品直接接触地面的部分是否具有较好的防滑能力；如果产品有滚轮，滚轮的刹车功能是否健全；如果产品的某些部位尖锐或突起，操作不当是否会对人造成伤害；产品手柄是否让人感觉舒适等，老板对于这些情况比较了解。他们的销售服务更人性化一些，比如产品尺寸是否符合使用者的需要，产品操作是否简单易上手并符合使用者的日常习惯等。在这里买站立轮椅时，他们会帮顾客调到合适的高度。

典型企业2：北京康复之家医疗器械连锁经营有限公司

调研内容

（1）北京直营店有20多家，全国有65家左右，企业的经营范围是一些家用的终端使用器械，像轮椅、拐杖、护理床、呼吸机、治疗仪以及护具等。

（2）轮椅、血压计、血糖仪这三类产品销量较大。无障碍产品销量很小，扶手之类的销量不高。比如中国品牌的轮椅销量所占比重较大，国外品牌的血糖仪、血压计能占40%～50%，测量计这样的产品之前几年可以占到80%，现在只能占到50%～60%。随着近几年国内生活水平的提升，销售者对部分国内品牌的认可度在不断提高。

（3）销售难题：网上销售的冲击太大，所以企业在跟客户介绍的时候会强调他们的售后服务。而且消费者在选购辅助器具产品时，一般还是比较理性的，会从价格方面参考，轮椅的成交价为1000～1200元，国产血压计大概为250元、进口的为350元，国产血糖仪200元左右、进口的400元左右，老年人面对这样的对比价格就会犹豫。

（4）产品销售优势：地理性的优势。大多数人会选择在医院门口处设店，从医院过来的有需求的顾客比较多，比如说凝血酶监测仪属于医用的比较专业的辅助器具，消费者一般是在医生的建议下来这里购买。

（三）企业的辅助器具产品的销售方式

通过图2可以看出，越来越多的企业选择运用线上的方式进行销售，有很多线下经营的企业，也在不断拓展网络销售这一渠道。网络购物已经是当前比较流行的一种购物方式，很多人在购买产品的时候，都会将网上和门店中的产品进行对比，由于网上销售没有店面出租的成本，价格会低于线下，所以线上销售的运营方式也在不断增多。

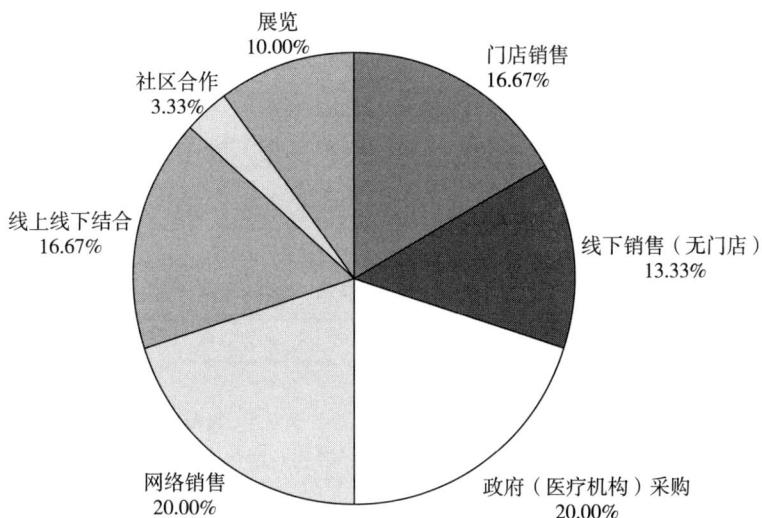

图2 辅助器具产品的销售方式

数据来源：根据所调查企业的反馈情况得出。

此外，比较明显的一点是企业和社区的合作较少。没有政府牵头的企业如果想要进入社区推广产品是比较困难的。首先，企业需要花费时间与社区的相关负责人进行沟通，但是通常情况下没有官方的保证，居委会认为企业是在做买卖、搞传销，害怕承担责任；其次，即使居委会允许企业在社区进行推广，销量也难以得到保证，可能推广所耗费的财力和时间抵不过销售的收入。

也有部分企业通过展览会吸引顾客，线下销售优于线上销售尤为重要的一点就是，顾客可以真实地接触线下的产品，方便顾客先体验再购买。有些企业不选择做网络销售是由于网络上仿制品众多，比如轮椅的价格一般在千元以上，而网络仿制品外形比较相像，价格远远低于千元，这样线下销售反而是不利于企业的，还会影响其自身的品牌。另外，有企业是残联系统或者民政系统的下属单位，医院或者政府会定期上门采购。

（四）老年辅助器具产品的生产情况

目前，北京市辖区内的企业生产的产品包括：轮椅（手动、电动）、助听器、扶手、多功能座椅、机器人、拔罐、血压计、假肢、矫形器、肢体训练器、鞋、鞋垫。产品的功能主要属于室内站线移位、室外活动、其他生活健康辅助等类别，上述产品多数获得过专利。表1描述了目前北京市辖区内生产的重点（专利）老年康复辅助器具产品。

表1　北京市企业生产的重点（专利）辅助器具产品的介绍

企业	重点(专利)产品	产品介绍
北京宝达华技术有限公司	上下肢踏车式训练器	①可以智能精准侦测痉挛发生，判断肌肉张力大小，设备自动运行缓解程序。②具有进行四肢协调训练功能（即四肢同时运动）。③手托板设计成分指器形状，既起到固定手的作用又有校正爪形手的疗效。④具有主动、被动、助动三种运动模式，可实现上下肢同时不同模式的运动，使得患者四肢双侧能协调平衡发展
北京美尔斯通科技发展股份有限公司	E202 型耳夹式骨传导耳机	E202 型耳夹式骨传导耳机可与任何终端连接。运用人体工程学设计原理，像夹子一样将耳机夹于耳郭上即可使用（无须塞入耳道）。不会像气传导耳机，长时间使用会有不适感和"堵耳效应"。骨传导耳机既可以解放双耳，又可以预防耳聋和耳力减退
	BBT J30 型头盔式骨传导耳机	BBT J30 型头盔式骨传导耳机是一款由骨传导麦克和骨传导扬声器组成的头盔式耳机，通过连接语音控制转换器可在不同模式下通话，解放双手、双耳，在武警、公安、安防、抢险、救灾等领域广泛应用。主要技术指标符合国家军用电声器件标准及 GJB1144.3《战术电台附件、接插件选用要求》
北京龙头天威科技发展有限公司	防撞扶手系列	材质:铝合金骨架 + PVC 面板 + ABS 配件 规格:90mm×38mm 产品特征:①适用于医院、养老院及康复中心等医疗场所,辅助人员行走和保护墙面;②防撞扶手的设计符合人体力学要求,便于手扶;③面板为高分子 PVC,颗粒细腻,表面具有特殊抗刮涂层;④面板经过国家权威机构检测,不含任何挥发物、有毒气体等

企业	重点(专利)产品	产品介绍
北京龙头天威科技发展有限公司	通道扶手系列	新颖性:外形简洁、流畅;抗菌性:原料中融入的抗菌剂在使用期限内缓慢释放,从而起到防止疾病传播、保护人体健康的作用;耐候性:室内使用40年,室外使用25年;阻燃性:达到难燃B1级;无静电:受环境温度变化影响较小,手感温和不起静电;丰富性:颜色、款式可根据设计风格制作;连续性:任意角度、任意长度连续安装,无接缝;易维护:不需上漆、除锈、消毒等维护;无污染:产品本身及施工过程中不使用任何胶黏剂,不产生危害人体健康的化学物质
	无障碍扶手系列	医用无障碍扶手采用5毫米厚、高品质的尼龙材质,内衬优质不锈钢管。外表采用浮点防滑设计,抓握更安全。内含高活性炭抗菌元素,对多种常见细菌有显著的抗菌效能,能改善使用场所的卫生环境,有效降低因病菌交叉传播而导致的疾病流传。多彩的颜色、简约的设计、尼龙材质的手感舒适、大气。具有卓越的抗菌、抗静电性能,被广泛应用于各大医院、学校、养老院、公寓等公共场所
北京特别特无障碍康复辅具研发有限公司	三姿态护理型轮椅	适用范围:三姿态护理型轮椅具有坐姿、躺床、站姿三个功能,特别是在站立姿态时人体的重心可自动向后移,适配于福利院、敬老院、家庭、社区养老服务中心 主要功能:①站立姿态时,脚踏板自动向后移动,具有很好的安全性和稳定性; ②此产品由坐姿转换到躺姿时,操纵机械把手可实现靠背不同角度的转换; ③腿部设有的U形顶膝装置为一次成型发泡工艺制造,松紧度可调节,可保证下肢站立的稳定性,防止身体滑落; ④靠背角度完全按照人体弯曲度来设计; ⑤电动操作,通过控制装置可实现坐姿与站姿的转换; ⑥选用Q235异型管材焊接而成,表面经彩色喷漆处置; ⑦坐姿转换到站立姿态时采用高品质24V直线推杆电机,防水防尘,安全稳定,噪音等级<50dB,噪音超低
	防水洗浴坐便椅	适用范围:该产品具有洗浴和解便功能。特别配有的便槽和定位伸缩杆,适用于残疾人在家庭、福利院、敬老院的厕所和床边使用 主要功能:①选用轻合金铝型材框架,表面采用氧化处理及彩色水转印图案; ②带有U形卡扣的定位伸缩杆可与卫生间跨便槽定位对接,以确保使用安全; ③框架底部套有4个防滑橡胶底脚; ④坐便椅有可调节的4个档位高度; ⑤按压后斜支腿上的折叠按扣可将洗浴坐便椅折叠; ⑥可根据需求拆装组合流便槽; ⑦座椅表面由高弹力海绵与防水皮革一次性挤压成型; ⑧流便槽的上面为大椭圆形状,下面为小椭圆形状,具有方便流便的功能

二 北京市辅助器具产品市场发展中的问题与原因

（一）老年辅助器具整体研发创新能力和投入不足

1. 辅助器具产品的基础科学研究比较薄弱

辅助器具开发涉及交叉学科，包括医学、工程学、康复学、心理学等，而现实中存在的问题是医工对接不通畅，懂医的不懂工程，懂工程的不懂医。我国辅助器具产品设计出来后可能只是个纯粹的工程学产品，而国外设计出来的产品就十分符合人体结构的特点。另外，目前我国辅助器具产业的学科建设还处于起步阶段，大部分从业人员都没有明确的入职标准，专业水平也普遍偏低。以调研的某家企业为例，机械专业毕业的学生考矫形师时，只需要有 3 年或者 5 年的工作年限，最初的时候，初高中毕业的学生也可以考这个职业，然后需要有 5 年的工作时间，也有从事其他职业的人考的，导致矫形师的素质参差不齐。其实矫形行业牵扯到的学科特别多，除了临床的解剖学、人体的生物力学，还有机械学以及心理学。

2. 创新需要大量投资，成本太高

调查显示，目前北京市研产销一体的老年辅助器具企业中，研发资金投入最多的企业其研发资金占营业收入的 10% 左右，其中 1 家以研发为主的企业每年的研发资金投入为 400 万～500 万元。老年辅助器具产品具有差异性强、批量小、利润低等特点。国内的大多数企业认为与自主研发相比，模仿国外产品更快捷、更有效，自己研发的话投入的资金和成本太大。单个企业有时候很难承担研发所需的人才投入和时间成本，可能产品还在研发的过程中，其他仿制的产品就已经获利了。

（二）老年辅助器具产品的生产经营面临较大困难

1. 中外老年辅助器具产品种类少、质差价低

我国的辅助器具服务是从服务伤残军人开始的。新中国成立后，由于战

争的影响，大量伤残军人需要配置假肢、轮椅和其他辅助器具产品。为此，民政部设立了一些假肢厂，为在战争中截肢的军人免费提供假肢。但在此期间，辅助器具政策的受益方非常狭窄，仅限于伤残军人。而国外的辅助器具产业发展早，欧美发展得最早，距今大概有50年历史，日本在模仿欧美的基础上，结合了本地人的体形特点，产品设计较人性化；国内起步晚，大概近十年才起步。《中国老龄产业发展报告》的数据显示，目前全球老年用品有6万多种，同为亚洲国家的日本老年用品多达4万种，相比之下，我国仅有2000种。尽管辅助器具在我国拥有巨大的市场，但在产品的数量和种类方面，国内还是要远远落后于国外。而且大多数城市没有专门经营辅助器具产品的商店，可能我们最常见的辅助器具商店就是售卖助听器的店铺，而其他产品要么是在商场作为普通商品来卖，要么就是在医院或药店内出售。国产的辅助器具价格低，质量差。调查显示，一辆电动代步车，国产的价格一般在3000~4000元，国外的价格约1万元，并且外形看起来相似的一款产品，国内的产品无论是材质还是触感都会让人觉得廉价和粗糙，而国外的产品却既结实又耐用。

2. 老年辅助器具产品同质化严重，低端产品互相仿抄

在调研过程中我们发现，相较于老年日常生活辅助器具用品的稀缺，中低端市场中那些普适性的产品却异常"火爆"。目前北京市场乃至全国市场中都存在高端老年辅助器具由国外进口的产品垄断的局面，比如德国的"奥托博克"、法国的"宝泰欧"等，而且还有继续增强的趋势，而国产辅助器具中质量差、价格低、功能尚不完善的产品则占据着中低端市场主流。《中国老龄产业发展报告》给出了这样的数据，"我国每年生产轮椅400万辆以上，已经成为世界上最大的轮椅生产国"。目前中国老年辅助器具产品的发展尚属于爬坡阶段，迄今为止还没有打造出一个世界级的品牌。不容乐观地讲，即使打造出了一些国产品牌，有了一定量的出口订单，也可能只抢占了低端市场，而中高端的市场可能依然被进口的产品垄断。

另外我国大部分的产品还处于模仿阶段，比如有一款双人护理床，我国仿造的产品与日本的产品外表看起来相同，但是我国的产品在使用过程中却

可能产生致命的伤害。这款双人护理床适用于一个老人是健康的，另一个老人是需要照顾的情况，两人要睡在一张床上，夜间休息的时候，如果需要照顾的老人想要将床位升起，而另一方老人的手或者头部不小心伸进夹缝里，就容易有生命危险。在日本这款护理床中间是有护栏的，就会有效阻止这种情况的发生。从某种程度上来说，模仿的确是发展的前提，但没有创新的一味模仿是不能提倡的。

3. 辅助器具产品原材料差、工艺水平低

（1）在产品的原材料方面，可能在很多时候我们会直观地感觉到国内的材料不如国外的。但其实除了个别特殊材质外，国内的材料与国外的没有很大差距，实际上国外很多原材料都是从中国进口的，也有很多国外厂家会在中国设立生产基地。关键问题是国内对进口材料的采购是没有保障的，国内市场比较混乱，很多商人不注重品质，为了急速攫取巨大的利润就会低价采购劣质材料，导致生产出的产品表面上看起来和国外的产品相似，实质上却差了很多。并且国内的研发技术能力有限，也没有与国外先进企业联合，国外技术垄断导致我国辅助器具产品日益落后，比如日本和以色列强强联合，不出售只出租辅助器具。

（2）与国外进口的同类产品相比，我国市场上现有的辅助器具产品在工艺上的着力度明显不足。例如，助行架或者拐杖的把手，直接与皮肤接触时会感到粗糙不舒适；助行架、助行杖不设闸，老年人无法在紧急情况下及时控制前行速度；助行架、助行杖折叠收纳的关节处衔接不畅，老年人独自处理不便等。如果这些结构性的问题无法得到有效的解决，老年人在操作移动性辅助器具的时候，不仅会影响老年人的使用感受，还会妨碍辅助器具产品本身功能的实现。

4. 辅助器具产品缺乏人性化设计

（1）国内大多企业模仿欧美和日本等国家制造辅助器具，没有结合本国人的体形和具体的身体情况。并且关于我国老年人身体尺寸测量方面的数据太过稀少，导致可以用于产品设计指导的资料十分匮乏，因此很多老年人都无法正确地选用或使用辅助器具产品。如果轮椅乘坐不适，拐杖使用不当，就会导致老年人的身体受到二次伤害，比如皮肤溃烂、轮椅压疮、关节损伤等，严重地影响了辅助器具的继续使用。由此可见，我国的老年辅助器具用品在设计过程中需要超越传统意义上的"机械产品"，本着"以人为本"的原则，让老年人在使用产品的过程中感受到"人性化"。

（2）国内老年人对于辅助器具，无论是产品的样式、结构还是颜色，可选择的范围都十分有限，因为设计者在设计初期，并没有切身考虑到老年人的精神需求和爱好。例如，老年人广泛使用的移动类辅助器具产品中，铝合金是使用率最高的一种材料，然而，很少有设计人员注意到老年人在接触时不舒适的感觉。在参观老年辅助器具产品展的时候，我们可以明显发现日本的拐杖在颜色搭配以及样式上更加丰富多样，辅助器具产品对使用者而言应该是温馨舒适，同时可以方便其生活的工具，而不只是拘泥于作为补偿身体功能的一种普通"物品"。老年人随着年龄的增长，变得更加敏感和脆弱，我们更应该在设计过程中让老年人体会到设计者的关爱。

5. 产品销售具有一定的短期效应

（1）忽视辅助器具产品的售后和反馈。老年辅助器具产品不同于一般的产品，不仅要重视销售之前的推广宣传，更要注重售后的使用指导和维修服务。在调研过程中有企业反映越是经济发达的地区，用户动手能力越差，偏远地区的顾客有时候可以自己想办法解决问题。客户是老年人，他们和年轻人有很大的不同。老年人这个群体具有典型的"两面"消费特征。一方面，他们在消费的时候保持着十分谨慎的态度，对产品的实用性以及价格的合理性都有着比较高的要求。比如老年人在使用产品的过程中会遇到各种问题，可能是自己不熟悉使用方法或者是产品质量问题，无论何种问题他都会不停地打电话让销售方赶紧解决。另一方面，随着老年人年纪的不断增长，他们会更加敏感和脆弱，情感的依赖也相对稳定，一旦接受和习惯了某种产品和服务，通常不会轻易改变。

（2）注重批量生产而忽视质量。部分移动类辅助器具只起到补偿功能的作用，一辆轮椅的寿命一般是 3~5 年，质量好点的轮椅也是 5~7 年，很多患者使用轮椅时只是短期内使用，比如 3 个月之后就会弃用，这部分群体并不看重轮椅的耐用程度。此外，辅助器具产品的消费者多为残障人士或老年人，他们的经济能力都十分有限，所以在挑选辅助器具之前，相较产品的性能和质量，他们可能最先考虑的会是产品的价格。很多商家就是看中这一点，为了追逐经济利益，频频打响价格战，导致产品良莠不齐，甚至许多产品还未完善全面就被出售。

6. 辅助器具产品的销售渠道较窄

辅助器具的销售渠道比较单一。①企业反映门店的销售状况并不是很好，主要是受到网络销售的冲击，网络销售的价格不规范，同类产品由于网络价格低，门店的销量很容易受影响，且房租、员工工资占据成本的一大部分，企业最终利润较少。②单纯在线上销售很难获得比较高的利润。调研过程中，有企业负责人反映如果产品在线上卖 3000 元，按毛利 30% 来算会有 900 元的毛利。但是在网上卖首先是包邮的，有 100 多元的运费，然后客户会要礼品，礼品加起来也得 100 多元。一般销售平台会抽掉营业收入的 4%~5%，其中不包括推广的费用及刷单的费用。针对专门刷单的公司要额外付 1%~2% 的费用，刷单之后电商平台又有抽成。如果邮寄过程中有破损，客户就要拒收，一来一往就要几百块钱，还有退货率也很高。线下的毛利高一些，线上的销量高一些。做辅助器具产品必须线上线下结合起来，才会比较好开展业务，因为大多数的客户需要看到实物才会产生购买的欲望。

（三）老年人对辅助器具产品的购买力不足

（1）缺乏对老年辅助器具产品的了解渠道

不仅仅是老年人，残疾人群体对于辅助器具产品的认知度也很低，由于国家缺乏对辅助器具产品的宣传和展示平台，制约了这部分消费者群体对辅助器具的认识，从而直接影响了他们的消费需求。实际上，有相当多的老年人或其家庭人员对辅助器具产品有着强烈的需求，但是一直缺乏了解的途径。很多企业也意识到了这个问题，纷纷建立产品展览或推广中心，但事实证明，单靠企业自身的力量是远远不够的。一方面，单个企业难以承担高昂的场地和营销费用；另一方面，单个企业的辅助器具种类不全，难以形成足够的规模和影响力。

（2）使用者对辅助器具产品的认知度不够

"百善孝为先"，这是我国千百年来奉守的孝道思想。老年人大部分知识水平低，接受能力差，加上一直很少有关于辅助器具知识的宣传普及，他们对辅助器具的认识、心理接受能力都存在严重的不足。这些人如果有需求，需要身边人帮他们去实现消费，但身边人很难体会到他们的真实需求。在我国，老年人身体的部分机能一旦受损就难以进行正常的生活，子女多会选择陪伴在老人身边或者雇用护理人员进行照料。国外的老年人患有帕金森疾病难以进食时，自助筷这样的辅助器具就可以帮助老年人进餐，但在我国子女可能就会选择给老年人喂饭。从产品的销售情况可以看出，购买护理类产品的消费者比较多，而自助类产品的比较少，一方面，老年人子女不希望老年人自己动手受累，另一方面，更重要的原因还是我国公民对辅助器具的认识不足，使得产品的作用得不到应有的发挥。辅助器具产品不仅仅是为患者服务的，人性化的辅助器具更会为护理者提供便利。

（3）老年人自身预防意识差

每个产品在销售方面的情况都和老年人的意识有关系。预防类的产品销售量不高，比如有一款辅助器具产品是防止侧摔的内裤，这款内裤在髋骨两边有很薄的海绵，能够在一定程度上缓解碰撞时产生的冲力，但是销售量一直很差，主要原因还是国内老年人对于危机发生的预防意识不足。

（四）政策对辅助器具产品的监管与支持不到位

1. 辅助器具产品的准入缺乏标准

一方面，虽然民政系统和残联系统对于辅助器具都会进行检测，但是我国目前还没有出台养老辅助器具产品的硬性规定和要求；另一方面，辅助器具产品市场日新月异，很多新兴的产品都还没有与之相对应的检测系统。目前我国对于辅助器具产品的标准制定和划分还不够规范和明确，尽管养老辅助器具标准化在国家推行的 20 年间取得了不小的成果，但随着行业的快速发展，标准化制定依旧存在一些缺口。

2. 缺少正规的法律性政策

虽然我国目前已经出台了一系列促进养老产业发展的政策，如《国务院关于加快发展养老服务业的若干意见》和《关于加强养老服务标准化工作的指导意见》等。但是目前仍然缺乏具体的配套措施和规范，在落实到操作层面时，可能还有很大余地。有些按医疗器械管理，但国家产品认证检测标准和产品实际参数不一样。比如老年代步车，按电动车的标准来管理，电动车速度比较快，按国家标准最高速度 20 公里的要上牌。但是这种代步车一般最高速度都是 8 公里，比电动车的速度要慢很多，因此产品认证缺乏检测标准。

3. 对企业销售渠道的支持不足

企业和社区以及政府的合作多数情况下难以展开，缺少社区的宣传以及政府的采购，企业的销售量就会有很大程度的削减。企业要建立产品博览中心，但要求有足够的资金支持以及展位，而展览中心对企业产品数量的要求也很高，多数企业无力独自承担。

三　北京市辅助器具产品市场的发展建议

针对调查中发现的问题，笔者提出如下发展建议。

（一）加强辅助器具产品的宣传和推广

1. 利用网络媒介宣传

①在这个数据、信息盛行的时代，我们应该运用互联网、物联网等手段强化辅助器具供给和需求的有效衔接，以老年人的需求为导向，大力推广辅助器具产品的应用。②可以在老年人观看电视的高频时段播放关于辅助器具产品的宣传片，利用全国"助残日"、"爱耳日"、"爱眼日"等宣传节点，通过广播、电视、报纸、网站等，提高公众对辅助器具的认知，推介辅助器具新产品、新技术、新理念。

2. 扩大辅助器具知识培训

①北京市积极承办国际老龄产业博览会、国际康复辅助器具博览会，同时鼓励各地举办有关辅助器具产品的展销会，为辅助器具产品的推广和信息技术交流提供平台。②加强医院及其他医疗机构康复技术人员关于辅助器具知识的专业技能培训，并在全市各大社区卫生服务中心普及老年辅助器具的基本理论。

（二）完善政策支持体系

1. 完善辅助器具产品的标准化制定

一方面，目前我国对于辅助器具所制定的标准参差不齐，某些种类的辅助器具（比如轮椅、助听器）的标准相对比较完善，而另外一些种类的辅助器具标准还有待改进。针对这种情况，比较有效的方式是加快辅助器具产品国家标准、行业标准的贯彻实施；建立辅助器具标准化的信息平台，比如更加及时地提供国际市场资讯或者国家标准制定的修正、废止等方面的情况，有利于市场高效、健康发展。另一方面，成立北京市辅助器具产品标准化组织，建立分类监督机制，加强辅助器具产品质量监督抽查，存在缺陷的产品必须强制召回，发布辅助器具产品和服务质量"红黑榜"，完善辅助器具生产和流通领域的产品质量监督检验，严格把控产品的准入机制，保障产品质量。

2. 改善辅助器具产品的消费政策

老年优待助残卡中指定一部分资金只能用于购买辅助器具产品。目前，针对残疾人辅助器具主要实行政府招标采购、统一配发的方式，而新的《北京市残疾人辅助器具服务管理办法》则是采用残疾人购买辅助器具产品、政府提供补贴的形式。要提高辅助器具产品的销量和普及度可以将基本的治疗或辅助器具产品逐步纳入基本医疗保险的支付范围。对有需求的残疾人和城乡贫困失能老年人购买、租赁基本型辅助器具给予补贴。

（三）重视科研创新人才的投入

坚持以人才为根本、科技为核心的系统创新。加强关于辅助器具专业人才的培养，如利用企业、科研院所、高等院校等创新型资源，搭建辅助器具产品的创新性研发平台，建立市级重点康复技术工程实验室；支持各种机构通过公平公开的方式竞争承接政府关于辅助器具的科研项目。同时支持职业技术学校开设辅助器具相关的专业和课程，通过专业的知识培训，提升现有辅助器具适配技术人员的专业服务能力，推动辅助器具产品创新和服务的深度融合，实现品质化、便利化发展，打造"北京创造"品牌。提高辅助技术专业人员的福利待遇，吸引人才，留住人才，在规范辅助器具适配服务和壮大专业技术人才队伍两方面齐头并进，发挥辅助器具的最大效益。

（四）满足辅助器具产品的个性化要求

当前，随着老年辅助器具产品的批量化生产，各种类别的产品数量急剧增加，但是为了满足老年人对于辅助器具产品的不同层次需求，需要不断地对产品的功能进行更多层次的开发，老年辅助器具产品配备应综合考虑四个因素：个人因素、环境因素、技术因素、质量因素。

首先，老年辅助器具适配评估基于社会专业组织的大数据调查或医疗卫生机构诊断报告、老年人对个人身体状况的自我评价，以及老年人功能障碍分类、障碍程度分级等。其次，环境因素包括老年人的家居环境、工作环境等。辅助器具产品需要环境的支持才能使用，只有这样才可以加强老年人在使用辅助器具时的环境适应能力。再次，辅助器具适配的技术因素包括研发技术、材料技术、制作技术，这直接体现着辅助器具产品的科技含量和水平。最后，要保证适配老年辅助器具产品的质量，这也是适配工作的最基本要求。与此同时需要对老年辅助器具产品使用者的需求进行科学分析，从而对他们所使用的辅助器具是否合适进行有效评估，为辅助器具产品的开发和设计提供基础性的参考依据。

（五）打造人性化辅助器具产品

1. 尊重"以人为本"的设计理念

随着人们对老年人生理、心理重视程度的不断加深，老年辅助器具的产品设计将会更加人性化，要尊重"以人为本"的设计理念。产品的操作也应该越来越符合老年人的日常生活习惯，使老年人在使用辅助器具的过程中更容易掌握，有更舒适的体验感。这都要求产品设计者能设身处地地考虑老年人真实的心理需求，在设计过程中选择合适的材料，选择符合老年人审美的色彩和造型，以达到使用过程中的舒适感，也避免老年人对辅助器具产品产生抵触的情绪。

2. 考虑护理人员的需求

随着老年人身体机能的恶化，大多数老年人患有疾病，需要在生活中得到照顾。同时也需要具有专业知识的护理人员为他们进行疾病护理和康复训练。在需要照顾的老年人中，一半以上的老年人由于身体残疾而减少身体活动，这反过来会增加护理人员的负担，例如老年人的日常洗漱、行走、饮食、如厕、更衣等。所以老年辅助器具不仅仅服务于生活不能自理的老年人，还在一定程度上为护理人员提供了便利和快捷。

比如生命能量监测仪这类产品就很重要。因为很多老年人都是在夜间发生问题，这种监测仪能够在第一时间知道老年人的心率、血压、心跳和身体的整体情况，一旦有什么意外就会第一时间通知护理人员，也可以显示老年人离床在床信息，护理人员通过仪器就可以知道这些情况。如果护理人员值夜班或者由家人照料，基本上要一晚上检查几次以避免老人发生意外，这对护理人员造成的精神压力也是巨大的。而这个产品可以提前知道老年人患脑中风、心梗的前兆，老年人用过一段时间后，老年人的心率就会呈现出一定规律性，而当老年人心率下降或出现问题的时候，该产品的数据就会发生变化，护理人员可以看到这个变化。

（六）创建无障碍环境设施

在对老年人无障碍环境设施的改造过程中，我们所秉持的理念就是：不改变老年人，改变环境。这里主要实现"水平零高差，垂直零距离"。如果没有良好的环境，再好的辅助器具也无法使用。老年人由于年龄偏高，行动迟缓，所以不管是在其出行还是居住的环境中，都要充分考虑到老年人使用轮椅时所需要的空间。为了使老年人可以在室内外自由移动，对地面的要求是零高度差，在入口的台阶处要将坡度放缓，以便更适应老年人的体能，并将室内房门尺度放宽，便于轮椅或急救担架的进出。室内卫生间的设计面积不应太小，需要保证老年人能够自由活动，卫生间的墙壁上应该安装扶手，并且最好安置洗浴凳和针对老年人或下肢障碍者使用的坐便器，坐便器和盥洗器周围设置易于抓握支撑的扶手架。在室内等重要的活动地点，照明灯开关的位置不宜过高，考虑到轮椅使用者，最好设置在方便他们使用的地方。

（七）发展北京市辅助器具租借服务

当前我国社会共享经济的发展趋势在不断加强，以租赁代替购买，发展辅助器具的租借服务，可以帮助更多的老年人家庭受益。辅助器具租赁服务真正要考虑到的是老年人的需求，真正做到惠及老年人。以北京市健租宝科技有限公司为例，所有的辅助器具租赁公司都应该做到"无洗消，不租赁"，每一件产品都需要经过严格的检验、清洗和消毒。并且根据每个老年人的个性化特征、生活环境以及家庭环境，为老年人进行辅助器具产品适配，让老年人的生活、行动真正便利起来。除企业之外，北京市养老服务驿站还可以联合国家辅助器具中心等其他康复服务机构在驿站提供辅助器具租赁服务（如多功能轮椅、拐杖、坐便椅等），以及进行辅助器具的适配咨询，驿站附近的老年人可以进行租借，每位申请者最多一次可以申请两种不同类型的辅助器具。大力发展辅助器具租赁服务，也更符合北京市经济发展改革的总体方向；我们倡导循环利用，减少资源的浪费，扩大辅助器具的使用人群，同时租赁服务还能使对辅助器具产品价格比较敏感的老年人放心使用，提高其生活质量。

B.6
老年辅助器具产品案例

冯喜良　苏冉冉　王　权*

摘　要： 本报告将使用功能区作为对老年辅助器具产品的划分标准，
按照这一标准，本报告选择移动类老年辅助器具、卧室老年
辅助器具、厨房老年辅助器具、客厅老年辅助器具、卫生间
老年辅助器具、移位老年辅助器具6个功能区20个类别的老
年辅助器具产品作为典型案例介绍。对于每一类产品分别从
产品类别、产品功能特点、产品案例等几方面介绍。

关键词： 老年辅助器具产品　类别　功能　案例

　　本报告将使用功能区作为对老年辅助器具产品的划分标准，按照这一标准，
本报告以调查过程中了解到的销量较大、老年人需求较多的产品为基准，选择6
个类别的老年辅助器具产品作为典型案例介绍，具体产品选择如表1所示。

表1　老年辅助器具产品案例选择类别及对应的具体产品

序号	功能区类别	产品案例选择
1	移动产品	①手动轮椅；②电动轮椅；③爬楼轮椅；④助行器
2	卧　室	①护理床；②床垫
3	厨　房	①可升降灶台；②可升降吊柜；③餐具
4	客　厅	①老人椅；②桌子
5	卫生间	①便器；②洗面盆；③水龙头；④洗浴；⑤卫生间扶手
6	移　位	①无障碍坡道；②无障碍便携式轨道；③无障碍扶手

* 冯喜良，博士，首都经济贸易大学教授，研究方向为劳动关系、劳动经济；苏冉冉，首都经
济贸易大学硕士研究生，研究方向为社会保障；王权，首都经济贸易大学硕士研究生，研究
方向为社会保障。

一　移动产品

（一）手动轮椅

世界卫生组织定义手动轮椅为由用户本人或他人推动的轮椅。我国国家标准规定手动轮椅（车）由轮椅使用者本人手动驱动、脚踏驱动或护理者手推，轮椅至少有三个车轮，包括手动三轮轮椅车和手动四轮轮椅车。手动轮椅不仅是肢体功能障碍老年人的代步工具，更重要的是使他们可以借助轮椅进行身体锻炼和参加社会活动。相对于电动轮椅，手动轮椅的价格更加实惠。

1. 手动轮椅的分类

市场上销售的手动轮椅按档次可以分为高档、中档和低档，按功能分有普通型和特殊型。普通型轮椅具有乘坐、自助代步、折叠等功能；特殊型轮椅则是按使用者的需求设计，目前市场上常见的特殊型轮椅又可分为坐便器轮椅、高靠背轮椅、可躺式轮椅、单手驱动轮椅等。

2. 产品案例介绍

图1的产品属于加宽型轮椅，有活动短扶手、快卸式脚托，车架为加强铝合金管。软坐垫加宽，前小轮可充气。座宽52cm，座进深46cm，座高53cm，背高36cm，载重120kg，净重17kg。适用于老年人、行动不便者。

图2的产品属于自走型轮椅。导向轮×大车轮6″×22″，座宽有400mm、420mm、440mm、460mm可选，前座高430mm，后座高400mm，扶手高240mm，背高415mm，腿长约350mm，座进深400mm，全高880mm，全长1020mm，全宽650mm，折叠宽320mm，重量13.9kg，最大承重100kg。靠背可折叠。适用于老年人、行动不便者。

图3的产品属于自走型轮椅。导向轮×大车轮6″×22″，座宽有380mm、400mm、420mm、440mm可选，座进深400mm，靠背高400mm，腿长约330mm，前座高430mm，后座高400mm，扶手高235mm，全高840mm，全

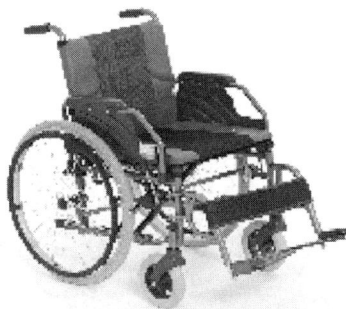

图1 铝合金加强型加宽轮椅

资料来源：仁爱家和（北京）辅助器具科技有限公司，http：//
www. renaijiahe. com/index. php？ c = chanpin&a = chanpin_ xq&id = 730。

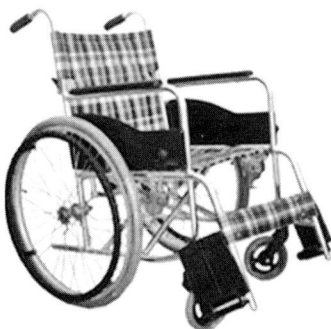

图2 松永铝合金轮椅（背折叠）

图片来源：仁爱家和（北京）辅助器具科技有限公司，http：//
www. renaijiahe. com/index. php？ c = chanpin&a = chanpin_ xq&id = 728。

长970mm，全宽590mm（座宽为400mm的情况下），折叠宽320mm，重量
11.2kg，最大承重100kg。靠背可折叠，扶手可后掀，脚踏板可外转打开、
脱卸。

3. 产品特点

手动轮椅需要人的力量来移动。手动轮椅的设计很简单，并且十分
轻便，其材料不同重量在15～50公斤，可以折叠、储存或放置到车辆
里面。

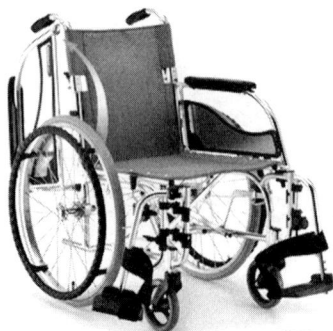

图3 松永铝合金轮椅自走型（背折叠）

图片来源：仁爱家和（北京）辅助器具科技有限公司，http：// www. renaijiahe. com/index. php？ c = chanpin&a = chanpin_ xq&id = 374。

一般的手动轮椅就是医疗器材行销售的轮椅，大致就是椅子的形状，四个轮子，后轮较大，加个手推轮，刹车也加在后轮，前轮较小，用来转向，轮椅后面再加个防倾轮。

一般的手动轮椅在如今的市面上是销量最大的。轮椅使用者为步行运动功能丧失、步行效率不高、安全令人担忧的人群以及心肺功能衰竭、肌肉骨骼系统永久或暂时受伤或不稳定的人群。

4. 产品不足与问题

尽管手动轮椅可以满足一般老年人的移动需求，但是对于需要外出或长期外出活动的老年人来说，还是极为不方便的，因为手动轮椅主要通过手动来控制，对于老年人来说，操作起来显然会很吃力，轮椅使用者长时间的坐位也会导致生疮等。

（二）电动轮椅

电动轮椅是采用动力推进、为行动不便的人提供轮椅式移动和身体支撑的装置。电动轮椅是在传统轮椅的基础上，叠加高性能动力驱动装置、智能操纵装置、电池等部件，改造升级而成的，由人工操纵完成前进、后退、转向、站立、平躺等多种动作，电动轮椅包括三轮电动代步车和四轮电动代步车。

1. 电动轮椅的分类

电动轮椅按结构可分为以下三种类型。

（1）一般型电动轮椅（如图4所示），外观类似手动轮椅，整部轮椅的骨架结构属于一体成形，无法独立拆解为"座椅系统"及"动力底座"，调整重组功能差。

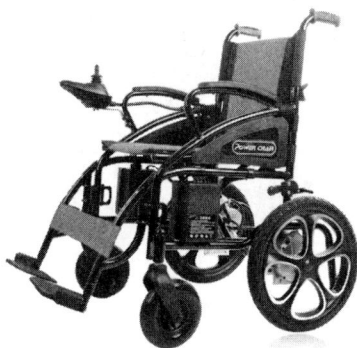

图4　一般型电动轮椅

资料来源：北京老年用品展示中心有限公司。

（2）动力底座型电动轮椅（如图5所示），可拆解为"动力底座"及"座椅系统"，在不同类型的动力底座上，可各自匹配不同功能或尺寸的座椅系统。

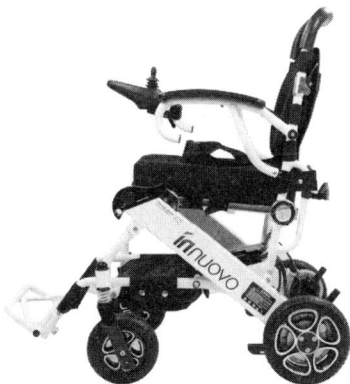

图5　动力底座型电动轮椅

资料来源：北京老年用品展示中心有限公司。

（3）外挂动力型两用轮椅（如图 6 所示），是可随时在手动轮椅上拆装的动力辅助系统。用户可视需求随时切换为手动推行或动力驱动，这种组合可兼顾手动轮椅的轻便性及电动轮椅的省力与强续航性能。

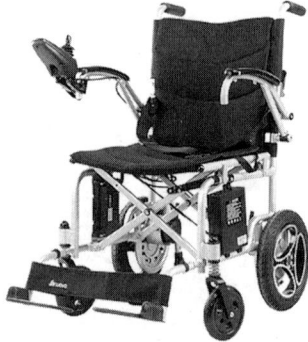

图 6　外挂动力型两用轮椅

资料来源：北京老年用品展示中心有限公司。

2.产品案例介绍

一般型电动轮椅类产品的性能特点主要为：1 分钟快拆，携带方便，可全自动或者自由推动；有微电脑控制系统，可单手摇杆操作，上车即开，驱动轮椅完成前进、后退、转向，附摆位减压坐垫。图 7 中的产品主要技术参数如表 2 所示。

表 2　一般型电动轮椅产品技术参数示例

长 * 宽	爬坡度	充电行程	最高行程	电瓶	马达	前轮(宽心)	后轮
105 × 62cm	9° ~ 12°	25 ~ 30km	25km	12V × 36AB × 2 锂电池	500W × 2	200 × 50	121/2 × 21/4

电动轮椅车产品的主要功能为：车架采用高强度 A3 钢焊接而成，经二度磷化后静电喷涂，防锈能力强；靠背角度完全按人体腰部的生理弯曲度来设计，为人体提供最佳支撑；脚踏板采用偏心装置锁紧，方便进行高度调节；可后翻扶手及可拆卸脚踏板方便用户从侧面上下轮椅；加装辅助轮安全装置，防止轮椅在上坡过程中倾翻；前方向轮选用 8 寸 PU 加厚耐磨轮，后

轮选用 12 寸 PU 加厚耐磨轮；可折叠车型有可折靠背把手管、可移动电池，方便携带出行，且能节省空间位置；采用进口直流电机，控制器由英国进口，智能控制，全球联保 12 个月；可变换时速：1～6km/h，可显示带电量，可任意 360°转向，可故障报警；充电器采用铝合金外壳，具有易散热的特点，可自动转换电压：110～230V，并可任选插头制式，具有操作方便、结构可靠的优点。

图7　一般型电动轮椅

资料来源：北京老年用品展示中心有限公司。

一般而言，常见的电动轮椅具有如下特点：采用锂电驱动，可反复充电，体积小，重量轻，节能环保；可手推，手摇，电动驾驶，随意转换；有可折叠架，易储运；有智能操作控制杆，左右手均可控制；轮椅扶手也可掀起，可调整及拆卸脚踏板；采用 PU 实心轮胎、防水透气坐垫靠背、安全带；五挡速度调节，原地零半径 360°随意转向；爬坡能力强，防后倾尾轮设计；安全系数高，为智能电磁刹车和手动制刹。

电动轮椅具有受众广、方便、增强老年人自理能力等优点，但使用过程中可能会出现电池故障、刹车故障以及轮胎故障等。相对国外进口产品而言，目前国内电动轮椅产品价格较为低廉，中国老年人心理上容易接受，但国内电动轮椅的市场还不成熟，企业研发创新能力较为薄弱，尽管正在不断借鉴国外研发的产品进行改良，但由于缺乏市场调研，没有明确的市场目标，还没有进入到更加人性化的产品设计阶段。所以高端电动轮椅市场上差不多均是国外产品，价格普遍较贵，同时也有很多是不符合中国老年人的人体特征的，致使我国老年人消费者很难挑选到性价比较高的电动轮椅。因此，在学习借鉴国外技术成熟的产品时，我们目前非常需要结合我国老年人群体的人体特征，生产出满足中国老年人人性化需求、性价比较高的电动轮椅。

（三）爬楼轮椅

普通轮椅为使用者带来很多生活上的便利，但目前很多消费者居住在楼房，楼梯限制了轮椅的使用范围，也给很多消费者带来不便和困扰，而在我国很多楼房建筑没有安装电梯，爬楼轮椅应运而生。1982 年美国科学家 Bray 发明了第一个爬楼轮椅，此后各个国家纷纷推出了各自的产品，取得了很多成果。

1. 爬楼轮椅的分类

"爬楼轮椅"是一种以蓄电池为动力，实现载人上下楼梯功能的无障碍设备。爬楼轮椅按照传统传动方式可分为：星轮式、履带式和步进支撑式三种，后又扩展细分为星轮式、履带式、步进支撑式、腿足式、轮履复合式以及辅助式。

（1）星轮式爬楼轮椅

星轮式爬楼轮椅的爬楼机构由均匀分布在 Y 形、五星形或十字形系杆上的若干个小轮构成。各个小轮既可以绕各自的轴线自转，又可以随着系杆一起绕中心轴公转。在平地行走时，各小轮自转，而爬楼梯时，各小轮一起公转，从而实现爬楼梯的功能。星轮结构是该爬升装置的核心，决定星轮及星轮架尺寸的一个最重要的因素是楼梯的尺寸。目前有两侧各配三轮、四轮和五轮形式的星轮式爬楼轮椅，星轮多则稳定性好，但不足之处是体积较大。

星轮式爬楼轮椅具有结构简单，造价低廉的优点，但也存在一些缺点，如星轮间距固定，但对台阶尺寸的通用性差；安全防滑制动简易，但可靠性差；因为是个人发明和作坊式生产，缺少安全标准和基本安全认证。

目前星轮式爬楼轮椅不论是 Y 形、十字形还是五星形，由于星轮轮距和深度固定，而楼梯台阶的宽高尺寸不一，在爬行中容易出现错位、打滑现象，安全和可靠性仍有待改进；另外星轮式爬楼轮椅对台阶宽高尺寸有要求，而各类楼房的台阶宽高尺寸没有严格的标准，因此难以在所有住宅楼房使用，普及难度较大，这也是星轮式爬楼轮椅尽管发明专利很多，但在现实中使用和推广不足的主要原因。

（2）履带式爬楼轮椅

如图 8 所示，履带式爬楼轮椅模仿坦克的行驶方式，通过在履带传送装置上安装自己的轮椅而使用。履带式爬楼梯轮椅采用比星轮式轮椅更为连续的行走方式，但当履带每上一台阶或行进到下一台阶时就会出现因重心偏离而前后倾侧的情况。履带式爬楼轮椅不适合在楼梯阶沿太光滑及斜度大于 30 ~ 35 度的环境使用，若履带磨损较严重会导致后期维修成本高。采用进口高质量履带尽管耐磨损性能会得到改善，但会对楼梯阶沿造成损伤。履带式爬楼轮椅在平地行走时阻力较大，转角处拐弯不灵活。对此，国内外提出过各种各样的改进措施，但目前仍不是很理想，且其使用受楼道限制，便携性和灵活性尚有待改善。

图 8　履带式爬楼轮椅

资料来源：北京老年用品展示中心有限公司。

履带式爬楼轮椅具有操作者轻松省力，爬楼过程比较平稳、高效等优点。但也存在一些缺点，如体积大，占用空间，在窄小楼道难以拐弯操作，下楼后不便存放；在楼梯半层平台处的通过性差，且由于行走轮小，在平地上行走不灵活；笨重，不含轮椅时的重量在 46～115 千克；需要定期更换履带，后期成本高；国产履带需要经常更换；进口履带对楼梯损伤严重；到最后一个台阶或第一个台阶时存在安全隐患；在 30 度以上的楼梯，安全性不确定等。

（3）步进支撑式爬楼轮椅

步进支撑式爬楼轮椅在国外已流行百年，其原理是模仿人体爬楼动作，由两套支撑装置交替支撑，经不断演变和改良，现已是所有形式的爬楼轮椅中安全性较高、传动机构比较复杂的一种（如图 9 所示）。由于步进支撑式爬楼轮椅的安全性相比其他类型的要高，在发达国家已被广泛使用，目前国内步进支撑式爬楼轮椅采用最安全的板式机械步进支撑爬楼结构，爬楼时平稳坚固，同时支撑脚底的两个橡胶小轮着地后可灵活调节方向；紧凑的结构也适用于非常窄小的楼道，并不受楼梯斜度限制；机械电子双重、过载保护

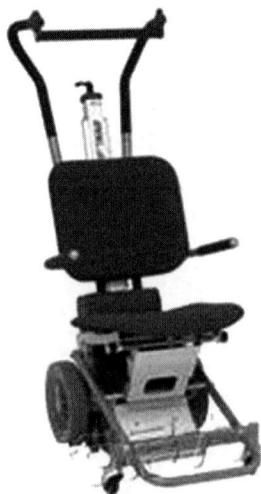

图 9　步进支撑式爬楼轮椅

资料来源：北京老年用品展示中心有限公司。

以及阶沿自锁设计，能有效保障爬楼的安全性、稳定性；舒适的上下椅、三级可调爬楼速度、可切换单级及连续的爬楼模式满足各种操作需求；可拆卸、折叠的模块化设计方便用户出行携带。但因其传动机构复杂，我国目前还未掌握这种技术，尤其是步进支撑式爬楼轮椅的智能化安全报警和阶沿防滑制动技术还不被国内相关生产厂商所掌握。

步进支撑式爬楼轮椅的优点是：安全，有阶沿探测和自刹车功能；轻便，重量为33.4~34.3千克；可拆卸、折叠，便于存放在汽车后备厢；无易损件，传动和电子部件全内置；机身主体采用不锈钢和铝合金，构造科学、用料充足；其缺点是：造价高、传动机构复杂、对技术要求高。

（4）腿足式爬楼轮椅

早期的爬楼轮椅一般都采用腿足式，其爬楼机构由铰链杆组成。上楼时，先将整个轮椅升高，再水平向前移动，如此重复这两个过程直至爬完一段楼梯。世界第一台双足步行机器人就是由日本早稻田大学于1969年首先研制成功的。行走时最接近人类的双足机器人，是由早稻田大学高西淳夫研究室研制的WABIAN系列机器人。日本机器人研发企业Tmusk研发的一种双足机器人WL-16RIII是可以载人的爬楼机器人，由两条机械腿支撑座椅构成，每条机械腿有上下左右前后6个自由度，座椅底部安装陀螺仪，每条机械腿上安装压力传感器，轮椅中央处理器部分通过传感器采集信息并进行综合计算，控制轮椅实时调整姿态以保持重心的平稳。

从理论上讲，腿足式机器人是最灵活的运动机构，地形适应能力强，可以解决大多数情况下的行走问题，但是，腿足式机器人通常具有复杂的机械结构，要想实现稳定高速地行走，还有诸多难题需要解决，且造价成本过高，原理复杂，大规模推广使用时有难度。

（5）轮履复合式爬楼轮椅

轮履复合式爬楼轮椅结合了履带爬楼的平稳性和轮子平地行走的灵活性，是爬楼轮椅的发展方向。目前，国内外轮履复合式爬楼轮椅主要有两种使用方式。

第一种是履带爬楼机和普通轮椅组合爬楼，在平地时需要拆分爬楼轮椅，下楼后需要单独存放爬楼轮椅，此种爬楼轮椅在楼梯半层平台处转弯不灵活，通过性差，且不能自主操作。

第二种是一体式轮履复合式爬楼轮椅，能够由乘坐者自主操作，但是结构复杂、成本高，楼道通过性较差。可以设计一种可自主操作、在平地无须拆分、楼道通过性好的轮履复合式爬楼轮椅。在平地行走时，履带行走结构被置于轮椅座椅下方，和普通轮椅一样，乘坐者自主转动行走大轮，发挥轮椅行走轮大、越障性能好的优点；爬楼时，乘坐者自主控制履带爬楼轮椅，大轮上摆，实现平稳、安全地爬楼。

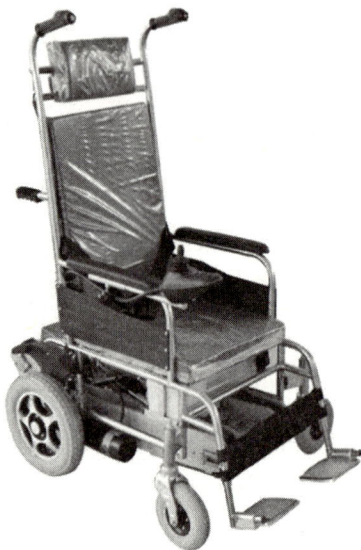

图10　轮履复合式爬楼轮椅

资料来源：北京老年用品展示中心有限公司。

（6）辅助式爬楼轮椅

现有的辅助式爬楼轮椅基本可以分为两种。

第一种是在已有的普通轮椅基础上附加可以实现爬楼功能的辅助装置来达到爬楼的目的，它们是独立的装置，可以辅助普通的轮椅实现爬楼梯的功能。

第二种是轨道式爬楼梯装置，通过在普通楼梯上安装轨道使普通轮椅或者其他交通装置上楼和下楼。

辅助式爬楼装置使用起来很方便，可以安装在楼梯的内侧或外侧，适用于学校、机场、地铁、图书馆、露天大型运动场等。这类装置在欧美国家比较适用，因为欧美国家的住宅大多以独栋别墅为主，以独门独户为单位，这种装置与这类住宅结合使用很简便。但是在国内的楼梯内，或者比较老式的公寓内，由于楼道不是很宽敞，并且针对不同形式的楼梯，需要设计不同的轨道，安装爬楼辅助装置的成本不亚于安装一部电梯。其实最需要爬楼轮椅的潜在用户恰恰就是生活在多层公寓式楼房的居民，改装成本过高，并且在实际使用过程中，由于楼梯的宽度是有限的，若使用这种辅助式爬楼装置，会影响到其他走正常楼梯的用户，这也影响了辅助式爬楼轮椅的进一步推广使用。

2. 三种传统模式爬楼轮椅比较

根据以上描述，表3对星轮式、履带式和步进支撑式三种传统传动方式的"爬楼轮椅"做了一个简单比较。

表3　三种爬楼轮椅模式比较

	星轮式	履带式	步进支撑式
代表品牌	北京金运世纪高新技术有限公司	萨瓦瑞亚（惠州、深圳组装）	SANO（奥地利）、上海大代理
载重	100kg	130kg	115～160kg（可选）
爬楼速度	6～12级/分	5米/分	10、14、18级/分
防下滑制动	无	无	有
轮、履带耐磨损能力	中	弱	强
楼梯斜度要求	无要求	小于30°～35°	无要求
台阶宽高适应范围	宽×高（mm）260×160（必须）	宽×高（mm）100以上×180以下	宽×高（mm）130以上×220以下
楼道转角空间要求	800×1200mm	970×970mm	800×900mm
满电量爬楼台阶数	2992级	可满载上23层楼	300～500级（速度下降5%后不计）
旅行折叠功能	无	无	有
自重（总重量）	47～49kg	46kg	23.5～34.3kg
工作噪音	中	大	小
平地推行	颠簸	不可	可以
价格	低	中	高
安全性	中	低	高

3.产品案例介绍

GFC 电动爬楼轮椅重 47kg 左右，钛合金车身，铅酸电池；续航能力：2000 + 级台阶；主要特点是：①多功能：可上下楼，可平地行走；可运人，可运物品上下楼；②多用途：除居民楼外，还可用于医院、养老院、地铁站、图书馆、公共场所；③机动灵活：可前进后退，就地旋转 360°；④显示带电量，可预知充电时间，不必担心没电的情况；⑤二型安全支架可伸缩，在普通楼道和狭窄（800mm）楼道均能转弯通过；⑥五星轮系，可避开楼梯沿，上下楼梯时没有震动，保护老年人心脏；⑦使用豪华版钛合金、锂电池。

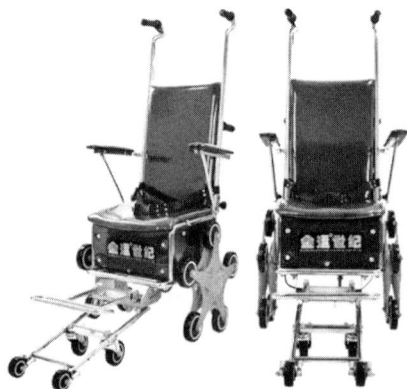

图 11　GFC 电动爬楼轮椅（星轮式）

图片来源：北京金运世纪高新技术有限公司。

深圳萨瓦瑞亚爬楼机是可运载标准成人或儿童的手动轮椅，可帮助使用轮椅的人士在室内室外的楼梯上下运行，整机可以被分拆为两个部分，方便运输，可适用于室内室外的任何直线楼梯，也适用于带有缓冲平台的曲线楼梯。相比其他爬楼轮椅，其具有锁控装置，确保授权人使用，电子充电器和充电指示器、安全锁定轮椅装置、安全感应装置齐全。主要性能指标如表 4 所示。

（四）助行器（步行辅助器具）

助行器，就是通过器械的支撑，让腿脚不灵活甚至失去行走能力的人能

表4 深圳萨瓦瑞亚爬楼机性能指标

	技术参数
载重	285 1b/130kg
电池充电电源	115 VAC/220VAC
设备总重量	102 1b/46kg 80 1b/36kg(车体加电池) 22 1b/10kg(导向杆)
运行速度	5m/min
说明	导向杆上带有 ABS 控制面板、带电池充电指示器、倾斜指示器、紧急停止按钮、操作钥匙开关
楼梯最大倾斜角度	35°

够自理，使其能够和正常人一样外出散步。最常见的助行器包括非电动和电动助行器，这里主要介绍非电动助行器。助行器价格一般从 100 元到几千元不等。

1. 助行器的功能作用

（1）保持平衡：保持老年人，非中枢性失调的下肢无力、下肢痉挛前伸不佳、重心移动不能平衡等障碍者的身体平衡。

（2）支持体重：偏瘫、截瘫后，患者肌力减弱或双下肢无力不能支撑体重或因关节疼痛不能负重时，助行器可以起到替代作用。

（3）增强肌力：由于要支撑身体，因此，经常使用手杖、腋杖，对上肢伸肌有增强肌力的作用。

2. 助行器的分类

根据操作行为分为单臂操作助行器和双臂操作助行器（此处不讨论电动轮椅助行器）。下文分别对单臂操作助行器和双臂操作助行器做简要介绍，由于品种较多，不再单独进行案例举例。

3. 单臂操作助行器

单臂操作助行器具有体积小、操作方便、便于携带等优点，适用于平衡能力较好者。主要有手杖、肘拐（杖）、前臂支撑肘拐等几种类别。

（1）手杖

适用于有一定平衡能力、手握力好、上肢支撑力强、步态不稳的轻微肢体功能障碍者和体弱者。主要功能有以下五点：增加步行时支撑的面积，缓解下肢或者身体必须承担的负荷，一般一侧的手杖可以减少下肢所承担的20%~25%的重量；分担脚部的载重，减少因下肢肌肉无力、关节活动受限产生的跛行现象；降低走路转弯时所需的肌肉力量，对于周边血管病变者，可以减轻下肢血液循环障碍；提供行动时需要的信息，如视力减退者；截肢后穿戴假肢的用户，借着手杖可以增加力量。

①单脚手杖（一般手杖）

如图 12 所示，单脚手杖是有 1 个支脚和 1 个手柄，用单侧手支撑而不支撑前臂的器具，可调节高度。适用于下肢功能轻度障碍，但上肢支撑能力较强，有一定握力和平衡力的老年人。该类型手杖与地面仅有一个接触点，虽使用时轻巧，但由于提供的支撑与平衡作用较少，所以适用于步伐较慢的人。

图 12　单脚手杖

资料来源：北京老年用品展示中心有限公司。

②助站手杖

助站手杖是有 1 个支脚和 2 个手柄，用单侧手支撑而不支撑前臂的器具，使用者可利用从坐位到站位的中间扶手。适用于下肢功能轻度障碍者、平衡能力欠佳者、体弱者，同时需要使用者的手有一定握力。

③三脚手杖

如图 13 所示，三脚手杖有 3 个支脚和 1 个手柄，用单侧支撑，支撑面积较单脚手杖大，较单脚手杖稳定。适用于下肢功能轻度障碍者，更适用于平衡能力欠佳而使用单脚手杖不安全者、体弱者。该类型手杖与地面有 3 个接触点，由于底面积较大，能提供比一般手杖较好的支持与稳定性，尤其适用于不平路面。

图 13　三脚手杖

资料来源：北京老年用品展示中心有限公司。

④多脚手杖

如图 14 所示，多脚手杖是有 4 个及以上支脚和 1 个手柄，用单侧支撑而不支撑前臂的器具。支撑面积较单脚手杖大，较单脚手杖稳定。适用于下肢功能轻度障碍者，更适用于平衡能力欠佳而使用单脚手杖不安全者，臂力较弱或上肢有震颤麻痹者。更合适在室内使用，因为 4 个点可构成多个平面，路面不平时，不会出现摇晃不稳的现象。

⑤带座手杖

如图 15 所示，带座手杖是有 1 个或多个支脚及 1 个可折叠座位的器具。用单侧手制成的座椅手杖，方便使用者在行走中休息，结合手杖及椅子的功能，用手杖走累时，可改成椅子坐着休息，但因椅面小，底盘不够稳，需小心使用。

（2）肘拐（杖）

如图 16 所示，肘拐，又叫臂杖、臂拐、前臂拐杖、欧式拐、洛式拐等，

图 14　多脚手杖

资料来源：北京老年用品展示中心有限公司。

图 15　带座手杖

资料来源：北京老年用品展示中心有限公司。

是含有 1 个或多个支脚、1 个手杖和非水平的前臂支撑架或臂套的步行辅助器具。利用前臂和手共同支撑，分散腕关节压力，不对身体局部产生压迫；支持更加稳固、挥动更加自如。适用于下肢功能中、轻度障碍者，以及双侧下肢无力或不协调、双上肢无使用手杖的足够力量及肘关节伸展力弱的老年人。

图 16 肘拐

资料来源：北京老年用品展示中心有限公司。

（3）前臂支撑肘拐

前臂支撑肘拐是有 1 个或多个支脚、1 个手柄和水平的前臂支撑架或臂套的器具，利用前臂支撑，辅助行走；轻便、美观，对腕关节有保护作用；但稳定性差，对躯体力量有较高的要求。适用于握力差、前臂力量较弱又不必用腋杖者。

（4）腋拐

腋拐是有 1 个支脚、1 个手柄，靠近上身及腋下部位有 1 个腋托的器具。可根据使用者身高调整高度。有移动性好、支撑面积大、侧方稳定性好的特点，但稳定性差，不适合于腋窝挫伤和血管神经受损、肌力不均、功能性脊柱侧弯以及背痛者。适用于双侧使用，常用于截瘫、截肢、下肢骨折或者外伤较严重的患者。

4. 双臂操作助行器

双臂操作助行器是用于步行时的支撑器具，用双臂或上身来操作。支撑点多，支撑面积大，支撑力和稳定性强，但使用时行进速度慢、上下楼梯较困难，适用于下肢有支撑能力和迈步能力但肌力弱、平衡和协调能力较差者。主要有框式助行器、轮式助行器、座式助行器、台式助行器等类别。

（1）框式助行器

框式助行器由框架、支脚杆、支脚和手柄组成，有手柄和多个支脚，没有前臂支撑和轮子；可折叠，高度可调，支脚使用防滑橡胶塞头；支撑面积大、稳定性能好、价格低廉。适用于下肢功能中重度障碍、平衡能力欠佳者。

图 17 是普通框式助行器，有 4 个支脚，包括固定和折叠式两种，具有高稳定性。图 18 是交叉步进框式助行器，两侧有铰链，可单侧交替推进助行器前移，行进速度稍快，稳定性稍差。图 19 是助起框式助行器，有助起扶手和支撑扶手。

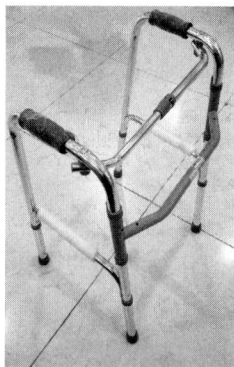

图 17　普通框式助行器

资料来源：北京老年用品展示中心有限公司。

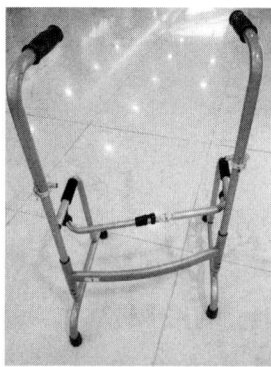

图 18　交叉步进框式助行器

资料来源：北京老年用品展示中心有限公司。

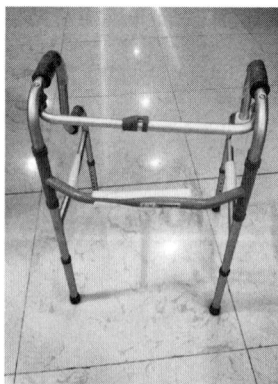

图 19　助起框式助行器

资料来源：北京老年用品展示中心有限公司。

（2）轮式助行器

轮式助行器是装有轮子和手柄的助行器，包括两轮式助行器、三轮式助行器和四轮式助行器，并装有椅座、储物筐等辅助装置。

图20是两轮式助行器，在普通框式助行器前面的两个支撑腿上装有轮子或万向轮，后面的支脚垫具有一定的摩擦力和防滑性能；具有很好的方向性，较容易推进。前轮为固定轮的助行器，方向性好，后轮为万向轮的助行器，转弯灵活。图21是多轮式助行器（三轮式、四轮式），相比两轮式助行器移动更加灵活，行进速度快，但稳定性能差。

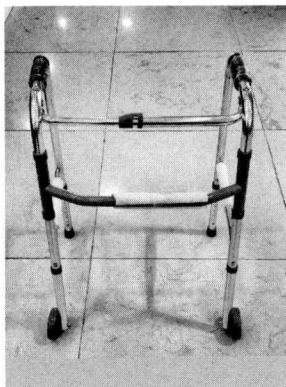

图20　两轮式助行器

资料来源：北京老年用品展示中心有限公司。

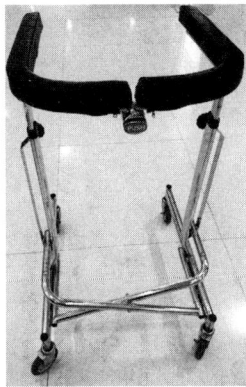

图21　四轮式助行器

资料来源：北京老年用品展示中心有限公司。

（3）座式助行器

如图22、图23所示，座式助行器有多个轮子和一个行走时支撑身体的座位或吊带，也可以带前臂支撑架，包括助行自行车。可以辅助双下肢功能中重度障碍且平衡能力差者，双手支撑辅助站立和步行，使用者可以随时坐下休息。

（4）台式助行器

如图24所示，台式助行器有轮子和支脚及支撑平台或前臂支撑托架，靠双臂或与上身一起向前推进。支撑面积大、稳定性好、易于推动。

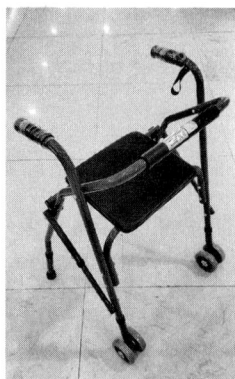

图22 座式助行器（1）

资料来源：北京老年用品展示中心有限公司。

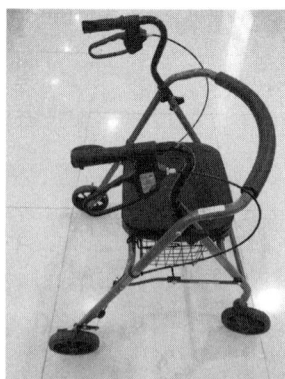

图23 座式助行器（2）

资料来源：北京老年用品展示中心有限公司。

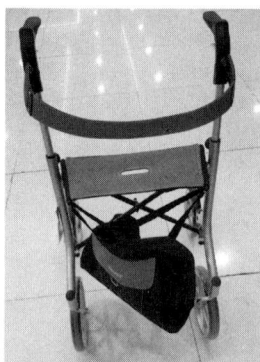

图24 台式助行器

资料来源：北京老年用品展示中心有限公司。

二 卧室

（一）护理床

护理床分为电动护理床及手动护理床，其主要目的是便于护理人员对病人进行照顾，便于病人康复。随着科技的发展，市场上又出现了语音操作和眼睛操作的电动护理床，既方便了对病人的护理，又丰富了病人的精神娱乐生活。

1. 护理床分类

按照动力可分为电动护理床和手动护理床。电动护理床价格较高，但用起来方便，卧床患者可以自行操作，病人可以自己控制不需他人帮助；手动护理床价格适中，需要有人简单护理。

按照床体可翻折数，可分为两折、三折、四折和带侧翻型。两折可实现长久坐位功能；三折可以实现端坐功能，可以当轮椅使用，方便病人自我移动；四折可以实现坐椅子一样的舒适体位；带侧翻的可以实现侧翻功能，避免褥疮的生成。

根据材质的不同可分为：全不锈钢型、碳钢型、ABS 型、木质型、喷塑型。

2. 产品特点

笔者采用列表方式（如表 5 所示）将电动护理床和手动护理床的产品规模、特点及主要用途介绍如下。

表 5　护理床产品类型及特点

产品名称	产品型号	产品规格	特点描述	主要用途
电动站立床	CJ－ZL－002	尺寸 210×120×210cm；重量 135kg；额定载荷 135kg；电源参数 220V；50Hz 材质：床面由高密度海绵、优质皮革软包，表面为皮革；床架为型钢。其他技术指标：床面角度转动范围 0°～90°，液晶屏幕显示，任意角度自动起立，可设定悬停时间、次数，配内外翻站立板	适合偏瘫、截瘫及其他重症患者	用于偏瘫、截瘫及其他重症患者恢复训练
多体位治疗床	CJ－ZL－003	尺寸 196×70×(46～95)cm；床面高度调节范围 50～94cm；趴手调节范围 0°～9cm；床面翻转角度：前床面 －20°～40°，负荷 13kg；中间床面 0°～25°，负荷 78kg；后床面 0°～75°，负荷 34kg；床面总负荷 135kg；床面尺寸 195×60cm，前床面 52×32cm，中床面 51×60cm，后床面 90×29.5cm；趴手调节范围 52×12cm，重量 90kg；材质：床面由高密度海绵、优质皮革软包，表面为皮革，床架为型钢，钢件表面喷塑，电源参数 220V，50Hz	根据需要调节床面高度、角度，方便治疗师对全身各部位进行按摩	用于截瘫、偏瘫残疾人的站立训练

续表

产品名称	产品型号	产品规格	特点描述	主要用途
电动起立床（双电）	CJ-ZL-010	躯干固定绑带尺寸240×8cm，关节固定绑带尺寸240×8cm，下肢固定绑带尺寸240×8cm；起立床起立倾角0°~90°，踝关节踏板倾角-90°~+120°，OT桌活动倾角-80°~+80°；重量135kg，额定载荷135kg，材质：床面由高密度海绵、优质皮革软包，表面为皮革，床架为型钢，挡板为木质，钢件表面喷塑；电机功率≥90W进口电机电源参数220V，50Hz	消除肌肉紧张、疲劳，改善局部血液循环	用于关节、肌肉劳损，慢性疼痛、肌痉挛患者；对健康人有消除疲劳、放松的作用
三维多功能颈腰椎牵引床	CJ-QY-001	尺寸245×60×72cm；电源220V，50Hz，功率360W，牵引力：1~99kg；任意可调牵引总时间1~99min，间歇牵引时间0~9min，间歇时间0~9min；腰牵行程0~200min，颈牵行程0~250min，成角角度-15°~45°，摇摆角度-30°~30°	颈腰椎牵引一体化，可单独牵引，也可两人同时牵引；有连续牵引、间隙牵引、往返牵引、脉冲牵引等多种牵引模式组合，提高了治疗效果；设有监控程序显示，当牵引过强时，设有手动保护装置	适用于颈椎病、腰椎病、腰肌劳损、骨质增生、骨关节移位综合征等病症的治疗
手动起立床	CJ-ET-043	尺寸175×65×48cm；重量55kg；材质：床面由高密度海绵、优质皮革软包，表面为皮革，椅架为型钢，钢件表面静电喷涂、镀铬	适合脊髓损伤及其他重症患者	适合脊髓损伤及其他重症患者站立训练

资料来源：中国残疾人辅助器具网，http://www.cjfj.org//。

3. 产品案例

（1）手动护理床

该产品（如图25所示）是一款为不能或不便下床者设计的可辅助其坐立的手动调节床，由三块床板、转动装置、手摇把手和床垫组成，背部在0~80°调节，腿在0~30°调节。产品的主要用途是辅助功能障碍者，根据使用者的需要可以手动调节床垫支撑台的高度和角度，方便使用者休息和护理，增加舒适性。使用人群为肢体障碍者。

图 25　手动护理床

资料来源：北京老年用品展示中心有限公司。

（2）电动护理床

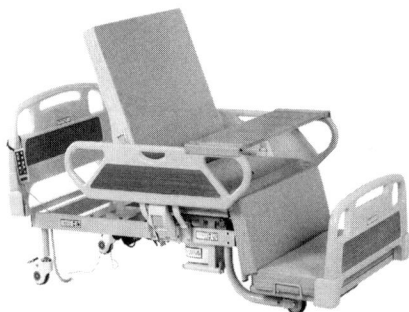

图 26　电动护理床

资料来源：北京老年用品展示中心有限公司。

　　该款电动护理床（如图 26 所示）安装简单，操作简便，安全可靠，可以大大减轻陪护人员的看护强度，适用于家庭、病房、干休所等。采用木质、铝合金、钢管混合结构。木质床头板色调可融入家居。床面尺寸长2095mm，宽945mm，背板折转角度 0°～70°。可调节床面高度为 345～410mm（不带皮垫、手动调节），腿板折转角度 0°～25°。床体载重 200kg。

（二）床垫

1. 床垫类型与特点
适用于老年人的辅助类床垫是专为减轻长期卧床病人的痛苦以及减轻护

理人员的劳动强度而设计制造的，该类床垫主要是指防褥疮类床垫，用于增加舒适性和（或）减轻身体脆弱部分的受力，适用于长期卧床的老年人，是目前预防褥疮最有效的老年辅助器具之一。表6列出了几种床垫类型及特点。

表6 床垫产品类型及特点

产品名称	产品型号	产品规格	特点描述	主要用途
防褥疮凝胶坐垫	BT－26	长410mm 宽410mm 厚65mm	悬浮医用凝胶,稳定耐用,热封塑型,防渗漏,上层为聚丙烯酸钠树脂凝胶,下层为高密度聚氨酯泡沫海绵	防褥疮,适合老年人和肢体障碍者使用
防褥疮充气床垫	BT－25	长1880mm 宽840mm 厚95mm	300个相互串通的气泡,两层空气浮力结构,有效提供悬浮状态的减压,医用乙烯聚合物材质,承重158公斤	预防褥疮,适合老年人和肢体障碍者使用
预防褥疮床垫	202系列(带床罩)	长200cm 宽80cm 厚12cm	长方形床垫,安全记忆棉和海绵混合材质,上层为安全记忆棉,下层为9cm或7cm海绵,最大承重130公斤,无须用电	预防褥疮,分散压力,适用于电动床,利于康复和睡眠
防褥疮床垫	ACTION6000	长43～204cm 宽68.5～88.5cm 厚1.6～2.2cm	分散压力避免压疮,经久耐用不易变形,无须用电,无噪音,易清洗	预防褥疮
波动式褥疮防治床垫(带便孔)	QDC－800	长195cm,宽95cm	采用进口尼龙防水布料制造,气泵使气条轮换充放气,对人体起到按摩作用;加强患者血液流通,可防止因长期卧床而造成的肌肉坏死,起到防止褥疮形成的作用;可以单独更换充气气条,中间的活动孔方便病人使用便器	加强患者血液流通,可防止因长期卧床而造成的肌肉坏死,起到防止褥疮形成的作用
波动式褥疮防治床垫	QDC－300	尺寸:长195cm,宽95cm 输入功率:≤0.1A	使用进口尼龙防水布料制造,气泵使气条轮流充放气,对人体起到按摩作用;加强血液流通,预防因长期卧床造成的肌肉坏死,防止褥疮形成;可单独更换气条	加强血液流通,预防因长期卧床造成的肌肉坏死,防止褥疮形成

产品名称	产品型号	产品规格	特点描述	主要用途
波动式褥疮防治床垫（喷气式）	QDC－500	尺寸：长195cm，宽95cm 输入功率：≤0.1A	采用激光打孔技术，根据人体卧床时受压部位的承重情况，在床席上形成直径小于0.2mm的喷气微孔，可单独更换气条；用于长期卧床者，可平均分布压力，预防压疮	用于长期卧床者
柔软床罩	背面敞开式	长200cm 宽80cm	耐磨，有弹性，高透气性，丝般感觉，可洗涤，最高温度95℃，最高烘干温度70℃	适合失禁者使用
舒适型床罩	三面拉链	长200cm 宽80cm	床罩耐磨、透气、抗菌、有弹性，使用抗撕裂尼龙材质，防水，可洗涤，可用泡沫水和酒精擦拭，最高洗涤温度95℃，最高烘干温度40℃	预防褥疮，适合失禁者使用
床垫	202系列（带床罩）	长200cm 宽80cm 厚12cm	长方形床垫，使用安全记忆棉和海绵混合材质，上层为安全记忆棉，下层为9cm或7cm海绵，最大承重130公斤，无须用电	预防褥疮，分散压力，适用于电动床，有利于使用者的康复和睡眠

2. 产品案例

图27是一款波动喷气型防褥疮床垫，主要适用人群是因年长而长期卧床的老人。

波动喷气型防褥疮床垫可以定期对两个气囊轮换充气和放气，从而使卧床人身体的着床部位不断变化；既起到了人工按摩的作用，又能促进血液流通、防止肌肉萎缩；工作起来连续不断，不需人工干预。其产品特点为：超低静音设计，可以给患者一个安静、舒适的疗养环境；气垫采用医用PVC＋PU制成，不同于以往的橡胶及尼龙制品，该产品结实牢固，具有良好

图27 波动喷气型防褥疮床垫

资料来源：北京老年用品展示中心有限公司。

的防水透气功能，更不含任何过敏源，可放心使用；采用微电脑控制，调节充放气的速度；多条气室交替波动，可以给使用者不停地按摩，促进血液循环、有效改善组织缺血缺氧、防止局部组织长久受压而生褥疮；采用双管循环充气微电脑控制，主机寿命更长。

三 厨房

（一）可升降灶台

1. 可升降灶台特点

灶台是厨房中最危险的器具之一。恰当处理灶台与周边空间的距离关系，不仅能够提高厨房活动的安全性，而且能够使操作者更加方便地进行烹饪活动。老年人多数身体机能下降，难以长时间站立或使用轮椅，而升降式灶台可以调节灶台高度，方便老年人观察、调节火候；开关旋钮的体积较大，有明显的标识以便于操作。

灶台由电动按钮控制升降，可根据用户需求定制尺寸，整体台面的自由调节高度为45～80cm。安装方便，使用操作简单。产品多配套带有语音、盲文的微波炉、电饭煲、电磁炉、电压力锅，部分带有可升降的抽油烟机，燃气灶具带有燃气、烟气自动报警功能。在灶台上升、下降过程中使用者不必担心柜台会摇晃，柜子可以自动调节水平和垂直高度，灶台高度一般与操作台面平齐，且考虑到安全隐患，炉灶的控制开关在炉灶的前面，方便使用者观察。由于老年人的记忆力欠佳，可安装自动断气、断电装置以及漏气预警装置等。

2. 可升降灶台产品案例

如图28所示，该可升降灶台产品材质如下：人造大理石台面，主材是5#型钢，由消毒柜（120×55cm）、灶台（150×53cm）、燃气泄漏报警器组成。电源为220V、50Hz，驱动方式为液压驱动。功能特点为升降无线遥控；升降高度在40～80cm；当天然气、煤气等泄漏时可闪光、铃声报警。

图28　可升降灶台

资料来源：禄祥源（北京）科技发展有限公司。

（二）可升降吊柜

可升降吊柜（如图 29 所示）针对老年人及其他目标人群身高会相应降低高柜及吊柜离地高度，升降装置也可以用在吊柜上，以方便人取用高处的东西。

图29　可升降吊柜

资料来源：禄祥源（北京）科技发展有限公司。

（三）餐具

1.可弯曲勺子（柔韧勺、超轻质勺叉）

可弯曲勺子表面有硅胶覆膜，能防止刮伤口腔。勺子为空心制作，目的是减轻重量，辅助手与臂功能弱的老年人。握柄表面光滑、轻巧，手感舒适，有漂亮的光泽、优异的耐热性，及耐冲击性。

2. 加重餐具

加重餐具勺（如图 30 所示）可以辅助稳定震颤的手。

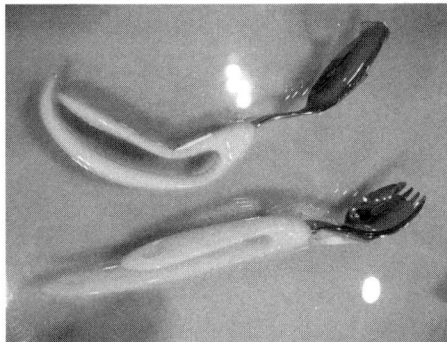

图 30　加重餐具勺

资料来源：北京老年用品展示中心有限公司。

3. 形状记忆餐具

形状记忆餐具（如图 31 所示）可以辅助手掌残缺和手功能障碍的老年人。握力弱或手腕活动不便的老年人，把手伸进 U 字形握柄的间隔之间就可以拿稳。

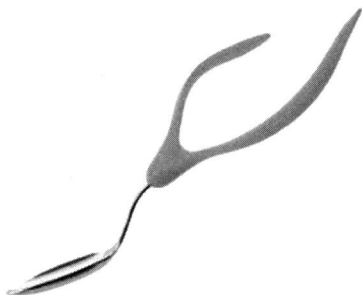

图 31　形状记忆餐具

资料来源：北京老年用品展示中心有限公司。

还有一些变形餐具可以根据老年人的手掌设置形状（如图 32 所示）。该类产品握柄为形状记忆聚合物，能够转化为适合自己手形使用的汤匙，可以用 70℃温水加热，然后再拿出改变握柄形状，最后放回 20℃以下的水中冷却。同时餐具的头部也是根据老年人的进食特点设计的，放入口中的餐具头部浅且小，还带有圆弧；材料采用钛合金，重量轻，可以解决因为高龄和疾病后遗症导致的嘴唇肌肉力量下降的问题，从而使使用者的进食变得更轻松。

图32 变形前的记忆餐具

资料来源：北京老年用品展示中心有限公司。

4. 餐筷（防滑筷、带辅助夹的筷子）

乐餐筷（如图33所示）适用于因手指变形、握力不足或颤抖等造成的进餐困难者。夹子型为金属辅助夹，弹簧片为不锈钢制；别针型为树脂辅助夹，筷子可取出。桐木制的筷子表面涂漆，具有手感舒适、轻便易握的特点，还有经过防滑加工的型号，不管左手右手都可以自然对齐。

图33 带辅助夹的筷子

资料来源：北京老年用品展示中心有限公司。

5. 方便进食碗

图 34 所示的方便进食碗为了不使食物滑落，碗的一侧为反方向设计，方便使用者捞取以及手指活动不便者进食。即使碗的方向变换，左手或右手都方便使用。产品有大小不同规格可选，材质为强化陶瓷，无论是微波炉还是烤箱都可以使用。

图 34　方便进食碗（1）

资料来源：北京老年用品展示中心有限公司。

图 35　方便进食碗（2）

资料来源：北京老年用品展示中心有限公司。

6. 杯子

辅助水杯（如图 36 所示）带有手指抓握，绝缘手指凹槽设计减少热饮的热量传递，具有一定的舒适性和安全性。杯身轻，杯子内侧面为倾斜设计，喝水时头部无须后仰，从而防止"哽噎"和"误咽"。

7. 其他辅助器具案例

（1）用具固定器

用具固定器是一种通用握器（如图 37 所示），适用于四肢瘫痪者、抓

图 36 水杯

资料来源：北京老年用品展示中心有限公司。

图 37 水瓶固定器

资料来源：北京老年用品展示中心有限公司。

握障碍者、手腕活动受限者。硬性塑料制成的形状紧紧固定餐具手柄，设有紧固皮带，左手和右手都可使用。

（2）饮用助手

饮用助手由隔热水杯，一个柔软、防震饮用长管，一个通用夹子组成，可以将杯子夹在床、轮椅上。

（3）杯具固定器

杯具固定器可折叠、可固定，在撞击或碰撞的情况下不会移动和翻到，适合在轮椅托盘、床上或者桌子顶部使用。吸力垫采用真空装置，当置于水平表面并轻轻加压，产生的吸力足够使固定器不再移动；释放压力时只需将垫子一角抬起，存放时将固定器折叠平放（如图38所示）。

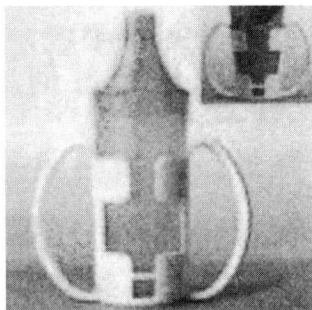

图38　杯具固定器

资料来源：北京老年用品展示中心有限公司。

四　客厅

（一）老人椅

老人椅（如图39、40、41、42所示）是能够帮助那些不能靠自己力量站起来的老年人的辅助类椅子，椅子的体位变动通过电机推动来完成。主要是老年人、残疾人和腰腿弯曲有障碍的人休息时使用的沙发式椅子。它具有坐位、平躺位和直立式站立位等功能。该老人椅解决了普通座椅、沙发只能坐不能躺、坐下后不能站立等问题。表面为柔软的布艺或皮革，满足老年人长时间坐和躺的需求，也满足了护理人员不需移动椅子的需求。椅子背板尺寸：宽700±20mm，高1100±20mm；座位尺寸：长500±20mm，宽890±20mm，高800±20mm。

图 39　老人椅（1）

资料来源：北京老年用品展示中心有限公司。

图 40　老人椅（2）

资料来源：北京老年用品展示中心有限公司。

（二）桌子

1. 引导式教育组合

引导式教育组合是一套认知训练辅助器具，桌子尺寸为 $180 \times 80 \times 45\mathrm{cm}$，材质为优质木材，表面为清漆、高密度夹板，有大中小不同规格可选择，用于支配、认知等能力的引导式教育训练。

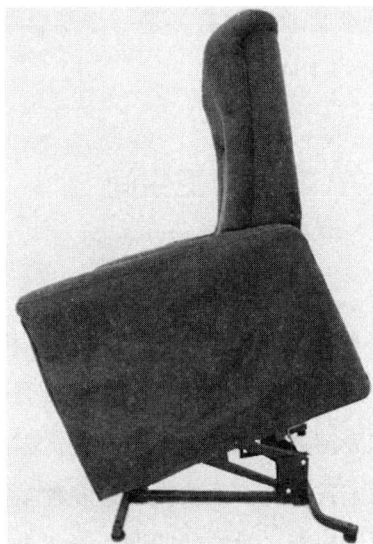

图 41　老人椅（3）

资料来源：北京老年用品展示中心有限公司。

图 42　老人椅（4）

资料来源：北京老年用品展示中心有限公司。

2. 认知学习平台

认知学习平台是训练老人认知能力的产品，根据不同水平，自动导入相应等级的测试；针对五项认知能力：感知觉、注意、观察、记忆、思维（推理）进行学习训练；根据实际需要提供个体化的学习方案；带有自录音功能，可根据实际情况录制地方方言，是一个结合中国文化特点的专用设备，尺寸大小为 $116 \times 83 \times 104 \mathrm{cm}$。

五 卫生间

（一）便器

便器分为坐便器、蹲便器等。人到老年，身体机能不断衰退，骨质疏松，肌肉萎缩，如果长时间站立、坐或下蹲，能量会迅速衰减而变得难以支撑身体，容易出现身体失衡、头晕、跌倒等危险。因此，为降低和防止意外的发生，老年人宜采用坐式便器。便器颜色也多种多样，对老年人而言，应选用白色坐便器，以便于检查排泄物的问题。老年人由于腰腿功能衰退，存在起身、下蹲困难。目前，国内外针对老年人的特点而开发的一系列老年便器及辅助用品，主要包括以下几类。

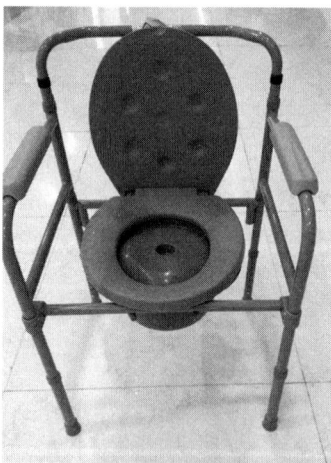

图43 坐便椅

资料来源：北京老年用品展示中心有限公司。

1. 坐便椅

坐便椅有带脚轮和不带脚轮两种，可放在蹲便器上使用，或直接使用便桶，坐便椅多由轻质材料组合而成，自重轻，方便移动，可根据情况，将其放在最方便使用的位置。一些新型坐便椅便圈可随老年人的姿势改变相应地自动调节，对身体起到一定的支撑作用，下方安装便桶，方便清洗。

2. 增高坐便器垫圈

老年人由于下肢肌肉力量或关节承受内部反力的能力减弱，在便前便后坐下、站起时动作困难，适当增高坐便器高度，能在很大程度上缓解老年人行动上的不便。增高方法有多种，如在不改变原有坐便器的基础上加设垫圈或改变结构，将坐便器整体抬高几厘米以及在某一固定高度使用壁挂式坐便器。针对行动半需要或完全需要别人协助的老年人设计的电动升降便座，可以根据情况自由调节合适高度，满足不同需求（如图44所示）。

图44　增高坐便器垫圈

资料来源：北京老年用品展示中心有限公司。

3. 全自动坐便器及多功能便座

老年人便后起身擦拭时行动不便，常常有便后擦拭不干净或忘记擦拭的情况，加上老年人记忆力下降，认知能力减退，便后忘记冲洗等现象也常有发生。采用自动系列的坐便器或便座，如带"自动开闭"、"自动冲洗"功能的全自动坐便器或多功能便座以及具有臀部和下身清洗、保温、暖风干燥、抗菌除臭、座式感应、夜间照明等多功能坐便器等，能减少此类现象的发生，减轻老年人的心理负担和生理不适。

4. 多功能电动升降坐便椅

多功能电动升降坐便椅有以下功能。

（1）如厕时坐板升降功能，轻松辅助身体坐下以及站立，防止跌倒；

（2）轮椅车功能，舒适便捷，节省另购轮椅的费用；

（3）助行器功能，既可以自主推行走动，也可以原地锻炼，随时坐下休息；

（4）大小便地点不受限制，坐便器带有随行便盒；

（5）呼叫功能，便后可以随时呼叫人帮忙。

其特点是：

（1）不更换原有坐便器，家人各取所需；

（2）有线控住，使用可靠，有更长的寿命；

（3）低压供电24伏电压，安全可靠；

（4）大容量蓄电池，1次充电使用超过百次；

（5）电量显示，用电量一目了然，提高电池使用寿命；

（6）安全带装置，避免老人出现意外，家人更放心。

（二）水龙头

水龙头的种类很多，包括面盆龙头、淋浴龙头、洗衣机龙头等。常用形式包括恒温式、混合式、双阀门式。恒温式自动调节冷热水的混合比例，混合式通过单把手调节冷热水混合比例以控制水温，双阀门式则通过左右双把手分别控制冷水和热水的混合比例。进入老年以后，老年人的感官能力下降，皮肤感觉退化，对冷热等外部环境变化反应迟钝，在调节水温时容易出现过凉、过烫情况，尤其容易发生烫伤事故。因此，老年人宜采用易操作的手柄式水龙头和恒温式水龙头，事先将水温、水量调节合适，防止意外发生。

（三）洗面盆

老年人的关节僵硬，腰部不易弯曲，洗脸池的位置不易过低，以免洗脸时前倾角度过大，站立不稳。老年人站立洗脸时，洗面台距地面高度应在800~900mm，采用坐姿或坐轮椅洗脸时，高度一般为650~800mm。因此，适合老年人的洗面盆高度以650~900mm为佳。为方便老年人使用，洗面盆宜采用挂墙式或台盆式，下部净空高度不宜小于600mm，主要是考虑给使用轮椅的老人留有膝盖伸入的空间。面盆前部外沿中心部分要向内凹，成弧线形状，便于头胸部位向里伸探，面盆四角应无尖角，以防碰撞。老年人握力差，动作迟缓，洗面盆的冷、热水龙头宜采用光电控制的感应式自动水龙头，或采用杠杆式、揿压式水龙头，如采用自动关闭阀的，则保持开通的时间大于10秒。考虑到老年人行动迟缓，轮椅、拐杖会撞击管道，面盆下的冷、热水管和排水管宜暗敷，明敷时应采取保护措施。

（四）洗浴

1. 洗浴凳

适用于平衡、运动障碍者，一般设有排水孔。洗浴凳主要用来避免老年人洗浴时因长时间站立，容易失去平衡而导致的危险。一方面，在淋浴时，它可以让老年人坐下休息，节省体力；另一方面，若是浴盆太深，水位又比较高，可摆在浴盆里。洗浴凳形式多样，有可供老年人独立使用的单个洗浴凳，也有可灵活组合的加长型洗浴凳，以及与安全扶手组合的可折叠式洗浴凳（如图45、46所示）。

2. 浴盆

又称浴缸，主要类型有铸铁浴缸、按摩浴缸、按摩浴池等。常见浴盆有深方型、浅长型和折中型三种形式。深方型节省空间，使用时不够舒适；浅长型能够躺平，但易发生危险；折中型汲取以上两种形式的优点，既有一定的舒适性又节省空间。浴盆的放置形式有搁置式、嵌入式和半下沉式。搁置式浴盆搁置在地面，嵌入式浴盆嵌入台面，半下沉式浴盆1/3埋入地面。老

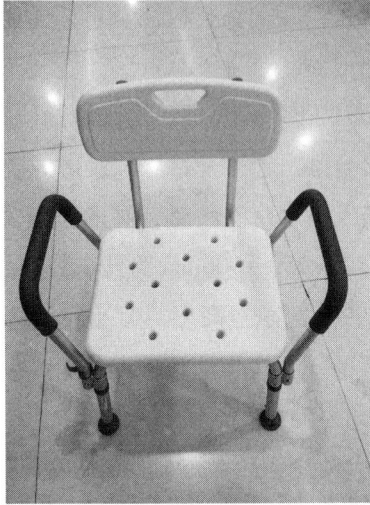

图45 洗浴凳（1）

资料来源：北京老年用品展示中心有限公司。

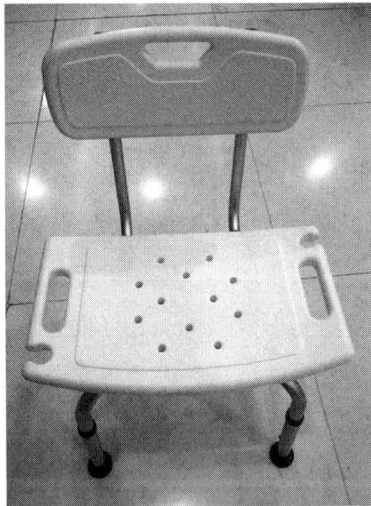

图46 洗浴凳（2）

资料来源：北京老年用品展示中心有限公司。

年人骨骼老化，活动不便，平衡力、耐久力较差，进出浴盆时需抬腿、洗浴时无支撑物等都容易导致危险的发生。因此，老年人适合使用半下沉式折中型的浴盆。浴盆内外高差不大，便于老年人进入；入浴时脚能顶住对面浴盆边，保持身体稳定，防止滑倒。另外，浴盆盆壁的倾斜角度不宜过大，浴盆底部需作防滑处理或加设防滑垫，以保证安全。

3. 洗浴床

洗浴床指专门为养老机构设计生产，为不能自理的老人洗浴的护理床。有升降靠枕和防水泡沫垫，带有全场排水盘，侧边安全栏有锁定销以保证安全，可以调节高度，方便将使用者移动到护理台上；使用简单、方便、安全；床面可上翻，不使用时可节省空间（如图47所示）。

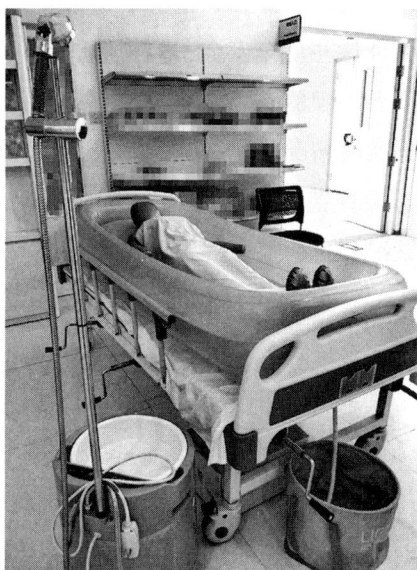

图 47　洗浴床

资料来源：北京老年用品展示中心有限公司。

4. 淋浴间

淋浴具有占地空间小、使用方便、节水、节能等特点。目前由于受多方面的影响，淋浴仍是现阶段的主要洗浴方式。淋浴设备包括淋浴龙头、淋浴柱、淋浴房、淋浴辅助设备等。随着时代的发展，洗浴不仅仅是单纯意义上的清洗，现代洗浴观念除强调清洁卫生外，更注重身心健康。老年人与常人相比，身体抵抗力、免疫力降低，在洗浴过程中稍不注意就容易导致受凉伤风，保证适宜的洗浴温度对老年人的身体健康尤为重要。相比之下，集洗浴、桑拿按摩、收听广播、音乐为一体的多功能淋浴房具有良好的保温、隔水、防滑效果。淋浴房内可容纳一定容量的热水，避免老年人洗浴时感到寒冷；另外，房内设有可供老年人坐下、起身时支撑的扶手以及洗浴时的坐凳，适合能够独立行动或依靠拐杖、扶手等自理的老人。

（五）卫生间扶手

老年人在卫生间内的动作主要有：移动、脱衣穿衣、坐下站起、排泄以及保持座位等。为了保证这些动作安全、顺利地展开，设置扶手是十分必要的。对于使用轮椅或需要护理的老年人来说，固定扶手会妨碍其活动，造成不便。因此，可以根据实际情况设置一些可动扶手。总之，扶手的形式和位置并不是机械地按照有关规范进行选定和安装的，应该对卫生间的空间布局，居住老人的身体状况、行为特征等方面进行细致入微的考虑后，合理地设置安全扶手。

1. 便器旁扶手设置

便器旁扶手有水平扶手、垂直扶手和水平垂直扶手相结合的 L 形扶手、立式扶手，扶手材料有尼龙、不锈钢等。有些安全扶手具备上翻、侧翻功能，防止碰撞；有些扶手安装便器冲水或紧急呼叫按钮。由于坐便器高度高于小腿，老年人移动时需要外部支持力的帮助，老年人使用的便器两侧应设置扶手。老年人在从便座上站起时容易出现头晕和血压的波动从而致使身体失去平衡，在便器的一侧应安装垂直扶手，以帮助老年人站立、下蹲、起身。扶手底端距离地面的高度宜为 650 ~ 700mm，顶端高度宜在 1300mm 以上，与便器距离宜为 150 ~ 250mm。水平扶手帮助老年人行走、移动，距地高度宜为 650 ~ 700mm；在小便器两侧也应设置水平扶手，距离地面高度为 1100 ~ 1300mm。

2. 洗面盆前安全扶手设置

洗面盆旁设置扶手，以帮助老年人盥洗时支撑身体，起到保持身体稳定的作用。为配合洗面盆高度，洗面盆周围扶手的高度应与洗面盆的上沿一致，帮助站立不稳的老年人支撑身体。其形式主要为水平扶手，距离地面高度宜为750mm，左右两侧距离洗面盆50～100mm。

3. 浴盆、淋浴设备附近的安全扶手设置

洗浴空间的安全扶手设置包括浴盆、淋浴设备附近的安全扶手。扶手的设置应根据老年人洗浴时的行动路线、动作方式的先后来安排。老年人在脱衣、出入浴盆、洗浴、起身、穿衣时都需要借助安全扶手。

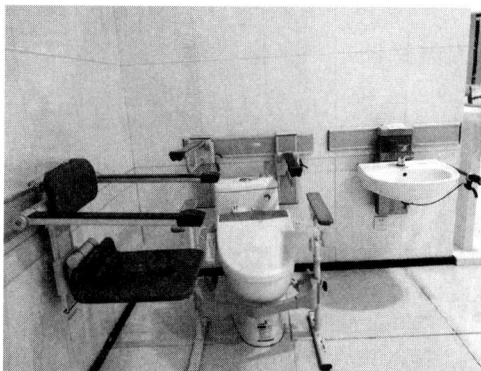

图48　便器旁扶手设置

资料来源：北京老年用品展示中心有限公司。

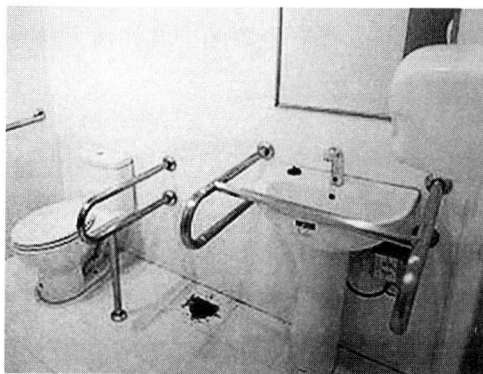

图49　洗面盆前扶手设置

资料来源：北京老年用品展示中心有限公司。

六 移位

（一）无障碍坡道

无障碍坡道是指在坡度和宽度以及地面、扶手、高度等方面符合乘轮椅者通行的坡道，分为直线形、L形或U形。适用范围为居家门槛、酒店走廊、会展中心、商场超市、小区门口、老人院、医院、车站、飞机场等。作用是根据客人需要设定，有轮椅用的、沙滩车用的、摩托车用的，还有仓库、卸货平台、宠物用的等。样式分为伸缩式、折叠式和路缘式坡道。

一般直线式坡道，坡面宽不小于1200mm，坡度不大于1:12[①]；折返双坡道，坡面宽1200mm，坡度为1:12，坡道起点与终点及休息平台深度为1500mm；L形坡道、弧形坡道、U形坡道、折返三坡道，坡面宽1200mm，坡度小于1:12，坡度起点与终点及休息平台深度为1500mm。

（二）无障碍便携式轨道

此类无障碍产品轻巧、携带方便，适用于家庭门槛、单元楼门口、商场超市、小区门口、医院、车站等有台阶的公共场所。特点是具有防滑设计、价格低、重量轻、携带方便、轻便耐磨。

（三）无障碍扶手

无障碍扶手，也称安全抓杆或安全扶手，主要在过道走廊两侧、人行天桥、人行地道、卫生间、公厕等场所使用，是一种帮助老年人和残疾人行走和上下的公共设施。

[①] 1:12坡道为建筑物的坡道最低标准；在1:6坡道上轮椅使用者的双手推动轮椅两次后，前面的小轮就可达水平部分；为了安全通行，大于1:12的坡道应有协助者推动轮椅上下行。

图 50　无障碍坡道

资料来源：北京老年用品展示中心有限公司。

图 51　无障碍便携式轨道（1）

资料来源：北京老年用品展示中心有限公司。

安装无障碍扶手时，一般坡道、台阶及楼梯两侧应设高 0.85m；设两层扶手时，下层扶手高应为 0.65m；扶手内侧与墙面的距离应为 40～50mm，扶手的抓杆直径应为 30～40mm，扶手应安装坚固，形状易于抓握。

图 52　无障碍便携式轨道（2）

资料来源：北京老年用品展示中心有限公司。

图 53　走廊扶手

B.7
北京市老年辅助器具企业（机构）案例

江 华　张航空　孟凡丽　王德勇*

摘　要：　从管理机构、研发、生产、销售、租赁、智能开发视角选择
14 家老年辅助器具企业（机构）作为案例重点介绍：中国残
疾人辅助器具中心、国家康复研究中心、国家康复器械质量
监督检验中心、北京特别特无障碍康复辅具研发有限公司、
北京美尔斯通科技发展股份有限公司、北京龙头天威科技发
展有限公司、北京环球精博辅助器具技术有限公司、北京东
方瑞盛假肢矫形器技术发展有限公司、北京康复之家医疗器
械连锁经营有限公司、博爱方特国际贸易（北京）有限公
司、长者友善商贸服务有限公司、北京老年用品展示中心有
限公司、北京市健租宝科技有限公司、北京小豆当家科技有
限公司。案例分析中主要介绍每家老年辅具企业（机构）的
概况、运营现状、运营中遇到的困难与问题三个方面。

关键词：　老年辅具机构　老年辅具企业　运营、困难与问题

　　在调查了北京市辖区内所能找到的老年辅助器具企业（机构）后，课
题组成员对中国残疾人辅助器具中心、国家康复研究中心、国家康复器械质

* 江华，博士后，首都经济贸易大学副教授，研究方向为社会保障、劳动经济、养老服务；张
航空，博士，首都经济贸易大学副教授，研究方向为社会老年学；孟凡丽，首都经济贸易大
学硕士研究生，研究方向为社会保障与养老服务；王德勇，首都经济贸易大学硕士研究生，
研究方向为社会保障与养老服务。

量监督检验中心 3 家老年辅助器具政府所属机构进行介绍，选择其中具有一定规模和实力的集研发、生产、销售、租赁、智能开发于一体的 5 个类别 11 家老年辅助器具企业作为案例重点介绍。

案例1：中国残疾人辅助器具中心

一　中心概况

中国残疾人辅助器具中心以生产为主，是研发、生产一体型单位，是中国残疾人联合会直属的公益性事业单位，地址为北京市丰台区角门北路 10 号。

中心主要职能为：①组织开发、供应和推广残疾人辅助器具；②开展残疾人辅助器具的知识宣传、使用指导、技术培训和质量监督；③对贫困残疾人配置辅助器具实施救助。

经过 20 多年的不断发展，中国残疾人辅助器具中心不断提高辅助器具适配服务、科研开发、质量监督检验、专业培训等综合能力，目前已成为全国辅助器具服务事业发展的技术资源中心。

国家康复器械质量监督检验中心、中国残疾人康复协会康复工程与辅助技术专业委员会秘书处设在中心。

二　运营现状

与国外的质量检测标准相比，我国老年人使用的辅助器具涉及的标准较多，比如国内轮椅车产品分为 12 个大类，173 个支类，涉及的相关标准极多。

发达国家的相关产品有 3 万多种，国内的产品只有几千种，且国内的产品多为仿制外国产品，性能比较差、功能不够完善，需要改进的地方较多。国外企业害怕自己的产品被模仿，不愿意到中国参加展销会，中国的辅助器具产业就相应地丧失了观摩先进产品、学习先进经验的机会。

三 运营相关问题

目前残疾人需要的辅助器具产品种类越来越多，现有设备的检测能力不足以满足产品的多样性需求。国家现有的检测机构仅有两家——国家康复研究中心（亦庄）和北京环球精博辅助器具技术有限公司。

根据"十三五"规划，到2020年持证残疾人辅助器具的适配率必须达80%。目前的实施方式是机构通过向各省份具体相关机构拨款，然后各省份将辅助器具落实到残疾人实处，从中央到地方拨款的数额逐渐减少，最终留给残疾人买辅助器具的金额也只是最低标准，没有体现一开始的初衷。

课题组成员认为，目前对经营性企业的研究意义不大，应该着重从生产型企业出发，这类企业提供的可控的检测标准、技术、生产研究方法有一定的研究价值。

案例2：国家康复研究中心

一 中心概况

国家康复研究中心以研发为主，为研发类型企业。

中心最早为民政部假肢科学研究所，成立时间大概为1979年，主要做假肢、矫形器方面的研究。2003年，申请成立国家级的辅助器具工程研究中心，同时拥有11名两院院士。2004年，在研究所的基础上成立国家辅助器具研究中心。2006年，中心拿到了中编办和国家发改委立项的批复，变为国家辅助器具研究中心，研究领域从假肢矫形器变为辅助器具，研究范围覆盖当时11大类的辅助器具（已经重新修订为12大类）。

目前，中心下设两个独立的法人单位，一家是国家辅助器具质量检测中心（质检中心），另一家是国家辅助器具研究中心附属医院。

二 中心的职责与现状

目前制定的标准大概有 107 项，包括行业层面和国家层面的标准，课题有 80 多项。

（一）主要职能

随着社会经济的发展和人民健康意识的提高，辅助器具产业得到了更多的关注，促进了辅助器具产业的发展与辅助器具职能的完善。"十一五"以后，投入的增加促使辅助器具行业横跨制造业和服务业。2016 年 11 月，国务院出台 60 号文件，对辅助器具的发展发表重大意见，明确辅助器具行业的发展方向。同时，新出台的两个规划，即《健康产业长期发展规划》与《"十三五"医疗器械科技创新专项规划》均提到了辅助器具，同时规划中用了一个词语"智能辅具"，意味着国家将在相关领域投入更多的政策支出与资金支持。

目前中心的职能主要包括政策理论研究、产品创制、临床应用、质量检测、标准的制定修订等。

（二）科技投入

近期正在进行重点研发计划，有 42 个项目要一起启动，其中一个是国家在"十三五"基础上投入的项目——"科学应对人口老龄化与准备健康技术"，其中有相当多的内容是关于辅助器具研发的。据不完全统计，从"十一五"到"十二五"期间，国家对所有的科技投入大概为 3 亿元人民币。

（三）产品种类

据推算，在我国市面上出现的辅助器具产品大概有一万种，其中包含国内产品和国外产品，而其他国家基本是在三四万种。

（四）人才培养

从康复工程的学科设置来说，目前在生物工程下属学科设置了相关专业进行人才培养。而在国外，康复工程是比较大的学科，与发达国家相比，我国的人才培养体系以及学科设置都相对落后。

（五）市场监管

从政府监管来说，2014 年新修订了医疗器械管理条例，第 78、79 条提到了作为辅助器具的医疗器械，可以看出目前还没有明确的针对辅助器具的管理条例，辅助器具产品和医疗器械在护理人员、目标群体、使用场所、适配时间等方面存在明显的差距，为了更好地促进辅助器具产业的发展与辅助器具产品的利用，需要针对辅助器具产业提出明确的管理条例。

目前辅助器具进入市场的时候不需要获得审批，国标辅助器具分为十二大类，但是目前的惯例是分为三大类，第一类是功能代偿类辅助器具，如助听器、助食椅、假肢等；第二类是护理照料类辅助器具，如手抖的老年人吃饭用的叉子、碗等；第三类是康复训练类辅助器具。第三类是与医疗器械类交叉最多的，很多康复科也在用这些器具。最早康复科用这些产品时需要注册医疗器械证，但是注册医疗器械证时有临床实践的要求。

三 运营中的困难与问题

（一）市场环境

1. 研发现状

目前的研发应该归到由社会发展科技司负责的人口健康领域。在"十二五"期间没有相应文件对辅助器具的发展做出详细规划，同时对科研项目的支持力度有限，国家级项目大概为 1000 万元，而省级项目为 100 万 ~ 200 万元。

虽然目前老龄化问题严重，但是如何面对、解决这个问题，还在研究探讨之中。目前很多企业都涉足智能护理领域，将护理辅助器具智能化、人工化，但是产品成本过高。而且目前我国的辅助器具产品与国外相比，由于在工艺上存在较大差距，因此产品的质量也存在较大差距。目前尽管辅助器具产品更新换代较快，但是残疾人总量基本稳定，对产品的需求并没有随着辅助器具产品的更新换代而产生明显变化。

2. 缺乏监管

目前我国对于辅助器具，在上市前没有要求，只是从国家的层面进行抽查。而惯例应该是先有标准，然后按照标准检测合格之后有注册证，之后辅助器具才可以上市。因为辅助器具产品的特殊性，需要国家更加严格地把控，以及企业提升自己的责任感，确保自己的产品不会对老年人或残疾人造成二次伤害。对于产品质量，要么企业有社会责任感，要么就是有检测通过的报告。检测通过的报告是产品销售时候的一个卖点，证明产品的质量合格从而促进销量。

目前医疗器械相对有一套完善的体系，国家设置了专门的监管机构，而辅助器具的质检中心一共是两家，该中心有一家，残联有一家。残联的监管是通过两年一次的全国普查，但产品上市时不需要向质检中心报备，这样研究者就很难找到一个契机进行统计汇总。目前医疗器械质检机构有五十多家，辅助器具的质检中心只有两家，明显无法对全国的产品进行有效的质检。

3. 医保报销

目前我国的康复、老年人长期护理照料等都不在医疗保险报销范围之内，而且支付方式也与发达国家存在明显差异。国外的辅助器具在医保报销范围之内，而且例如丹麦等福利较好的国家，是由辅助器具使用者提出需求然后由政府进行评估适配，比如最贵的假肢 60 多万元，最便宜的假肢一两万元，政府评估并不意味着选择最贵的或最便宜的，而是选择能够解决实际问题的产品，并由政府埋单免费为残疾人适配，如果想选择比政府提供的更好的产品，个人就要补差价。但是不同国家之间也不一样，有些国家不让选贵的，但是会人性化地要求补差价，或者让使用者选择规定范围之内的产品。日本有一个介护险，90％的费用由保险公司埋单，美国也类似。

（二）经营的可持续性

2016 年国务院 60 号文件发布以后，企业才陆续找到该中心，尽管企业对产品的前期投入很大，前景很好，但是也存在很大的风险。

中心一直努力推动将辅助器具纳入医保范围，如果有医保会对行业发展有很大的促进作用，但是医保经费总额有限，现在是逐步或者部分纳入医保。纳入医保时只能将产品归入医疗器械，如果不算医疗器械就不能进行医保报销。但因为辅助器具发展的趋势和前景很好，把与医疗器械交叉的这部分辅助器具放到医疗器械类中，按照医疗器械进行管理，又会引发管理问题。

案例3：国家康复器械质量监督检验中心

一　中心概况

国家康复器械质量监督检验中心为政府直接投入机构。

国家康复器械质量监督检验中心（简称"质检中心"）隶属于中国残疾人辅助器具中心，是 1988 年 8 月由国家质量监督检验检疫总局批准成立，1998 年授权的国家级质检机构，业务接受国家质量监督检验检疫总局、中国国家认证认可监督管理委员会、中国实验室国家认可委员会指导。质检中心是经过中国实验室国家认可委员会依据国际标准 ISO/IEC17025《检测和校准实验室能力的通用要求》认可、具有第三方公正地位的国家实验室，是辅助器具、康复器械产品质量的国家权威专业检验机构。

中心主要职能为：①承担国家指定产品质量的监督抽查检验、优质产品的检验鉴定；②受有关部门委托，承担重要新产品投产的鉴定、产品质量认证、产品质量争议的仲裁检验；③承担实行生产许可证管理产品的质量检验；④研究开发新的检测技术和方法；开展有关产品质量检验方面的国际合作和技术交流活动；开展国内、国外实验室间的比对试验；⑤承担或参与国家标准、行业标准的制定、修订、复审和有关标准的试验验证工作；⑥承担生产厂家、科研单位及个人等的委托检验；⑦为实施产品质量监督检查提供技术保证。

二 运营现状

（一）人员及设备状况

质检中心现有职工15人（包括聘用制职工），专业分别是机械、临床医学工程（维修）、材料科学与工程、测控技术与仪器、辅助器具应用与服务、土木、工程人机与环境工程、模式识别与智能系统、模具设计与制造以及听力学。其中高级工程师3人，研究生学历5人，工程师及以上技术职称占总数的50％以上；现有工作场地1700平方米，主要仪器设备85台（套）。

（二）影响力

国家康复器械质量监督检验中心在国内算是小型机构，专业水平相当于中游水准。目前的影响力主要聚焦在两点。

1. 配置关键业务的高、精、尖仪器与设施，仪器设备配置总体技术水平达到国内领先、国际先进水平；室内及露天实验室（租用）环境条件达到标准要求，并有充足的发展空间，具备可持续发展能力。

2. 重点拓展假肢、无障碍产品和电子高科技、新材料等硬件检验项目，不断完善辅助器具检测内容，逐步达到具备较全面的专业承检能力的目标。

三 运营中的困难与问题

（一）质检中心本身存在的问题

1. 设备老化

质检中心的大多数检测设备是 10 年甚至 20 年前定制的老旧设备，多已达到报废期，检测过程中漏油、漏气等现象经常发生，严重影响实验室出具报告的效率，设备亟须更新换代。

2. 检测范围小

发达国家常用的辅助器具多达几万种，国内销售的成熟产品也有两三千种，而质检中心的检测范围只有 32 种，检测范围覆盖面非常小，不能满足日益增长的要求。

3. 场地严重不足

受目前 1700 平方米场地的影响，检测设备的增加和检测扩项受到限制，检测能力提高受到制约。

4. 专业人员不足

辅助器具的种类繁多，需要各方面的专业人员，由于编制和经费的限制，人员相对匮乏。加之引进人才难，留住人才更难。大致有以下几方面原因：一是培养周期长；二是需要特殊的传承教育；三是外界高薪的诱惑。

总的来说，随着社会经济的发展，辅助器具的种类越来越多，残疾人、老年人对辅助器具的需求日益增长，产业技术不断升级，各种智能型、新电子技术、新合成材料（如各类防褥疮垫）等高技术含量的辅助器具相继出现，高技术产品的检测对质检中心的检测实力提出了更高要求，而目前质检中心的检测水平、能力与辅助器具的事业发展极不适应。

（二）市场环境

国家康复器械质量监督检验中心主要依托 TC148 开展标准化工作，目前正式发布的 110 项国家标准中，中心牵头和参与的国家标准有 42 项，今后应在辅助器具标准化领域，更多地发挥自身系统、人员和设备优势，组织社会相关资源，为辅助器具行业开展标准化研究工作服务，争取建立全国残疾人服务标委会，以形成完善、规范、长效、操作性强、推广价值高的残疾人服务体系标准。

另外，国际交流比较少，今后应积极参与标准化及质量检验方面的国际合作和技术交流活动，争取在国际标准化组织 ISO 中占据更加重要的位置，提升国内辅助器具行业及产品的国际形象及国际发言权。

（三）经营的可持续性

为更好地履行服务职能，加强对辅助器具生产、销售和服务等环节的质量监督，探索和构建较为完善的辅助器具质量安全监督、预警和应急机制，需要进一步提升质检中心的行业内影响力。

案例4：北京特别特无障碍康复辅具研发有限公司

一　公司概况

北京特别特无障碍康复辅具研发有限公司是以无障碍、康复辅助器具研发为主的研发公司，为辅助器具研发类型企业。

公司类型为有限责任公司（自然人投资）；注册资本为 1000 万元人民币。

公司经营范围为：技术开发，技术服务，委托加工机械设备，销售文化体育用品、日用品、健身器材、医疗器械 I 类、劳保用品、电子产品、机械设备，货物进出口，代理进出口，技术进出口（企业依法自主选择经营项目，开展经营活动；依法须经批准的项目，经相关部门批准后依批准的内容开展经营活动；不得从事本市产业政策禁止和限制类项目的经营活动）。

但是目前公司主要以无障碍、康复辅助器具研发产品为主，没有销售环节。

二 公司目前的经营情况

（一）经营业绩

该公司为研发型公司，没有销售团队并且没有参与市场销售环节。目前公司主要按照北京市科学技术委员会、民政福利机构的需求创新研发特需产品，但由于受到的关注较少、投入有限，公司经营存在一定的困难。

同时，该公司现在设计的产品所用经费都由自己投入，并且专利费用也由自己支出，并没有拿到国家科研经费。

（二）研发产品对象

研发产品主要针对失能老人、残疾人、脑瘫儿童等。

（三）来源渠道

公司依托民政部门、福利院等，进行定向调研后，再进行产品创新研发。

（四）产品种类

近期在做无障碍设施，如与外挂电梯互补的楼道轮椅无障碍升降机，帮助老年人或者残疾人乘坐轮椅上下楼，无障碍出行；老年悬挂楼梯（剪叉式），让轮椅可以在一楼门洞至一楼的台阶自由灵活地上下移动；无障碍升降轮椅，使轮椅的座位高度可以升至1.75米左右，拓宽使用者视野，并使其够到一定高度的物品，同时还增加了对腰部的支撑作用；下肢康复训练轮椅，可实现在轮椅上进行自动和被动的下肢康复训练；护理型三姿态轮椅，可以帮助老年人实现坐姿和平躺及站姿转换；便携式轮椅，便于失能老人和残疾人旅游、出行时携带；洗头/洗浴轮椅，可方便老年人洗澡和洗头；可穿戴尿袋，将尿袋放在使用者兜里，易于携带，不易外漏；拐杖，有异于市场上的四个角拐杖，而是可立起的圆形拐杖，把手为曲面设计并可以根据需求组合肘托，同时有 LED 灯照明功能。

（五）研发团队

目前公司的研发团队主要以技师和工匠技术人员为主，也有少数大学生。

（六）口碑

在康复辅助器具领域内具有良好的口碑，公司研发的产品在实际安装、操作中可以较好地融入使用者的正常生活，在外界口碑同样较好，研发创新的产品的主要特征在于安全可靠、可满足实际需求、结构精简、制造成本低、实用接地气。

三 公司经营中的困难与问题

（一）资金

目前该公司缺乏扶持资金，虽然北京市科学技术委员会想通过项目的形式将资金持续投入到市场中的辅助器具相关公司，但是由于北京市科学技术委员会对目前的市场行情不是十分了解，还需要进行调研，正在商议具体的投资方式。

（二）产品

1. 产品在使用过程中可以满足人们的实际需求，实现小辅具解决大问题的目标。例如与外挂电梯互补的楼道轮椅无障碍升降机，解决了外挂电梯只能停靠在两层楼梯之间的缓步台处，轮椅不能上下最后半层楼梯的难题，最终达到老旧小区老年人或者残疾人乘坐轮椅上下楼、无障碍出行的目的。

2. 楼道轮椅无障碍升降机由于占用楼道空间极小，所以在安装后，既方便了残疾人、老年人等目标群体，又不会给其他人带来不便，因此该产品在安装时获得居民的一致通过。

（三）规则政策

1. 由于公司是以产品开发为主的研发型公司，所以不是免税单位。而公司委托的乙方生产企业却享受免税待遇，这种政策不利于研发型公司的发展。

2. 没有注册高科技企业，也没有享受到相关的福利待遇。

（四）市场环境

1. 目前某些研究院和科研工作室申请辅助器具产业相关课题，资金到位后，将重心放在结项论文上，课题产业化和市场化的推广力度弱。

2. 高级人才匮乏，目前给公司配备的博士与硕士研究生，理论功底深厚，能顺利完成结项论文，但是动手能力差，沟通困难，工作理念与公司其他工作人员有差异（个别研发人员不能将理论与实际有效结合）。

3. 目前残联与民政部门对某些辅助器具产品及服务券的管理存在权利与责任混淆的状况，分工不够明确。

4. 由于公司研发团队主要以技师和技术人员为主，虽然他们的动手能力强，但公司员工文化程度整体不高，而且公司缺少销售团队。

5. 许多同类型研发企业，仅通过市场销售环节的反馈进行研发，而未真正考虑特殊人群的实际需求。

（五）经营的可持续性

研发型公司可持续性差，主要原因是缺少相关扶持政策、税收较高、资金不充足、缺少科研经费。同时，物业公司对于辅助器具产品的安装环节非常规范化，要求公司将规划、草图、结构都表述清楚，最后组织业主去评审，业主不同意就无法继续安装，致使研发公司处于"吃力不讨好"的状态。

与国外辅助器具产业相比，我国在原料采购上缺少对每个环节的把控，很多材料不达标，进一步导致最后的辅助器具产品质量不过关。

（六）消费者需求

老年人、残疾人、失能人群、脑瘫儿童等对辅助器具产品的需求量大，但是由于市场不完善等，目前的辅助器具产品并不能完全满足特殊人群的实际需求。同时，许多老年人不承认自己身体状况变坏，在心理上不愿意接受辅助器具产品。

案例5：北京美尔斯通科技发展股份有限公司

一　公司概况

北京美尔斯通科技发展股份有限公司是2005年在中关村国家自主创新示范区注册成立的高新技术企业，位于北京市密云经济开发区清源路2号，同时该公司在北京市海淀中关村地区及密云经济开发区均设有经营点。

该公司是集生产、研发、销售于一体的企业。公司主要从事骨传导语音传感器技术研究，以及基于骨传导语音传感器技术的骨传导助听器、骨传导耳机和助讲器系列产品的开发、生产和销售。公司目前的主导产品有骨传导助听器、骨传导电话机、骨传导耳机（军警用和民用）、超导磁力仪、超导心磁图仪、超导地磁图仪、超导电机、超导飞轮储能器、超导电磁发射系统。

二　公司目前的经营情况

该公司位于中关村国家自主创新示范区内，中关村国家自主创新示范区是20世纪80年代初期的中关村电子一条街，属于中国改革开放的产物。在示范区内有国家政策支持、高科技人才、良好的创新创业生态系统、科技金融的发展和突破、创新文化的引领，在此环境下该公司能够不断优化提升自己，创新和发展。

（一）研发情况

1. 研发中心情况

公司研发部门分布在四个地区，分别在中国北京、成都，乌克兰，新西兰奥克兰，各个研发中心主攻的方向不一，各研发中心情况如下。

（1）公司本部工程技术中心

主要从事听力康复技术与产品开发，目前有从业人员 11 人。

（2）四川成都研发中心

主要从事超导磁悬浮研发，从业人员 9 人。

（3）乌克兰基辅研发中心

主要从事超导电子技术研发，从业人员 11 人。

（4）新西兰奥克兰研发中心

主要从事超导电工技术研发，从业人员 12 人。

2. 研发经费和研发周期

公司每年的研发投入约为 2000 万元（其中，1000 多万元来自国家和北京市政府的资助），占营业收入的 13%~15%。

3. 技术引进情况

该公司在听力康复产品研发中，与爱丁堡大学合作，但仅限于课题研究，后期拟与其共同建设研发中心，进行产品开发。

4. 技术突破

该公司采取国际合作的方式，集成国际最先进的技术，拥有雄厚的技术储备，在下列领域取得重大突破。

第一，听力康复产品研发与听力康复服务。声音源（助听器、耳机、人工耳蜗等）、传播和感知，构成听力三要素。解决听力问题，必须同时研究解决三个方面的问题。该公司在三个方面均有较扎实的技术基础和重大突破，声音源方面的突破为助听器，传播方面的突破为骨传导，感知方面是"互联网＋"听力康复服务平台建设。

声音源主要从拾取声音、处理声音和输出声音三个方面进行研究。其中在声音拾取技术方面该公司正在与爱丁堡大学合作，研究开发新一代麦克风系统。目前基本解决技术问题，试产样机基本达到预期效果，但产业化发展需要的投资较大。在声音处理技术方面，助听器的最高境界是达到类似人耳的灵敏度、方向性和对声音的选择性。为此，北京美尔斯通科技发展股份有限公司在完成高灵敏骨传导扬声器研发之后，开始了拾取声音和处理声音的技术研究。长期以来，美国安森美公司几乎垄断了助听器芯片市场，但安森美公司的芯片技术并没有完全解决听力问题。目前，北京美尔斯通科技发展股份有限公司的声音处理技术已经完成研发，其助听器类产品不仅摆脱了长期依赖美国芯片的弊端，而且具有"颠覆性"的效果。

第二，超导电子技术。超导磁力仪不仅灵敏度高，而且是唯一的一种矢量磁探测传感器，是完成全张量测量的一种磁测量传感器。在生物磁测量、地磁测量、海洋探测领域具有重大应用前景，是发展潜艇探测技术方面必不可少的关键传感器。

目前，基于超导磁力仪开发的超导心磁图仪、超导地磁图仪，已经进入应用试验与市场开发阶段。潜艇探测系统已经被列入军委科技委重大工程建设计划。

第三，超导电工技术。新西兰研发中心现已完成了美国空军2.0MW超导发电机、日本自卫队1.0MW超导发电机研发，并交付用户使用。目前正在研究开发5.0MW超导风力发电机组。

第四，超导磁悬浮技术。电磁发射系统是指总装863计划，该技术已经通过专家验收，新一轮研发计划已经立项，正在实施；同时该公司与航天科工集团合作，研究开发超高速管道磁悬浮系统。

5. 主要竞争对手及该公司的竞争优劣势

（1）传导助听器的主要竞争对手

传导助听器的主要竞争对手是澳大利亚胖头、德国拉贝。北京美尔斯通科技发展股份有限公司的骨传导助听器在性能方面已经超越澳大利亚胖头和德国拉贝，但是在产品做工和产品稳定性、可靠性方面仍然与其存在差距。

（2）该公司在竞争中的优势和劣势

优势为该公司的超导技术走在国际前沿。在超导技术方面（包括超导磁力仪及其应用、超导电工技术和超导磁悬浮技术），北京美尔斯通科技发展股份有限公司已经走在国际前沿。该公司表示有信心在未来 20 年内保持领先优势。

劣势为企业规模小，缺乏市场推广意识和经验。

（二）生产情况

该公司的生产主要采取委托加工的方式完成。目前北京美尔斯通科技发展股份有限公司仅生产骨传导扬声器。生产该产品共有 8 道工序——冲压、绕线、激光焊接、点胶、铆焊、接线、总装和检测，对生产工人的要求较低。骨传导扬声器的生产能力基本满足需要，产品技术达到国际先进水平。

公司正在组建超导磁力仪的生产线，超导磁力仪的生产对工人技术能力的要求较高。

（三）销售情况

1. 销售额

该公司产品中的骨传导助听器、骨传导电话机、骨传导耳机（军警用和民用）、超导磁力仪已经量产。2016 年，助听器年销售量 5 万多台，销售收入达到 1.5 亿元。2017 年约为 8 万台，销售收入达到 2.4 亿元。

2. 政府支持

该公司每年获得的政府支持大约为 1000 万元，北京美尔斯通科技发展股份有限公司在政府的支持下，一路发展走到今天。同时该公司也不负政府厚望，在多个领域已经走在国际前列，出现井喷式的效果指日可待。

北京美尔斯通科技发展股份有限公司是民政部门的服务商，各省区市民政部门采购是该公司唯一的销售渠道。北京美尔斯通科技发展股份有限公司与各省区市民政康复中心建立了听力康复中心。

3. 销售渠道

北京美尔斯通科技发展股份有限公司的销售渠道非常单一，即只针对各地区的民政部门。线上销售即将启动，该公司曾经做过进社区的尝试，发现此法并不可行，主要原因是该活动与社区无直接利益关系。

4. 产品适用对象

听力障碍人群。

（四）公司影响力及口碑

该公司是国家认定的集成电路设计企业、北京市科学技术委员会认定的研究开发机构，拥有自营进出口资格。公司下设的非独立法人机构——北京美尔斯通超导技术研究所，是经北京市科学技术委员会认定的科技研发机构，多项技术被列为国家级和北京市重大科技项目。

该公司通过 ISO9001 质量体系认证、GJB9001A 军标质量体系认证和 3C 等多种认证。

该公司拥有专业的技术队伍，为建立优秀的人才引进和培养机制，促进产学研的结合，公司积极响应国家政策，吸引、培养和使用高层次人才，并于 2009 年经北京市人力资源和社会保障局批准成立"中关村科技园区海淀园博士后工作站美尔斯通分站"。

三 公司经营中的困难和问题

（一）生产方面：设备需求

该公司称目前需要一套骨传导扬声器自动化生产设备。骨传导扬声器是发展听力康复产品必需的产品，也是很有发展前景的产品，尤其是高灵敏度的骨传导扬声器，国内外几乎没有可替代的产品，需要自己生产。该公司目前生产骨传导扬声器的方式为手工加工，但灵敏度、一致性、生产效率均达不到要求。由于对该设备的需求量单一，供应商积极性不高，公司拟开发一套自动化生产设备，但需要资金支持。

（二）服务方式中存在问题

老年辅助器具的根本出路是生产智能化产品和提供服务。服务跟不上，再好的产品也不能发挥作用。目前该公司在各地均设有听力康复服务部。

服务方式应根据人群的不同而有所调整，与目标人群的生活理念相适应才能更好地服务大众，销售产品。

（三）政府力量支持

北京美尔斯通科技发展股份有限公司的"互联网＋民政康复服务平台"即将上线，但需要政府的支持，尤其需要市科委组织市民政局、市残联联合推动互联网平台的建设与运营。

（四）销售方面需要双管齐下

一是加大政府购买服务的力度。北京美尔斯通科技发展股份有限公司一直与各省区市民政厅局所属的康复辅助器具中心合作销售助听器。该公司的目标是各省区市每年有 1 万人左右的购买量。同时该公司提出的"互联网＋民政康复服务平台"和"三个一工程"受到各省区市的欢迎和支持。

二是应用互联网工具，引导消费，与时俱进，与大众的消费方式相吻合，谋求线上线下同时发展。

案例6：北京龙头天威科技发展有限公司

一 公司概况

北京龙头天威科技发展有限公司位于北京市大兴开发区金苑路 2 号，是一家集研发、生产、销售、安装为一体的国家级高新技术企业。该公司本着

"精益求精、锐意创新"的理念，紧盯市场需求，目前已开发出卫生间无障碍系列、生态树脂护栏系列、通道扶手系列、实木系列、护墙角系列五大系列100余种产品。

二 公司目前的经营情况

（一）研发情况

1. 研发人员

该公司目前有4名研发人员，除了本公司研发人员的全力投入外，该公司还会支付一定的专家费用向拥有专业技术的研究人员请教。研发过程中花费较多，国内产品品质差的一个主要原因就是企业不愿意在研发上投入太多。

2. 研发投入

北京龙头天威科技发展有限公司每年对科研方面的投入，各年度依情况而定，基本稳定在销售收入的10%～20%。比如当需要购买新型机器设备时，用于研发的费用规模可能就会有所减小。

3. 专利情况

该公司目前拥有发明专利1项，实用新型专利13项，外观设计专利9项，同时作为参编单位参与修编了《住宅建筑构造》、《建筑无障碍设计》、《中小学校建筑常用构造做法》三项图集，确立了行业标准。

该公司研发的生态树脂护栏是全新概念的护栏产品，产品利用新型技术材料，造型简约时尚、风格典雅、气质尊贵，且材料可以回收再利用，一改传统不锈钢和铁质护栏造型不美观、维护清理难、拆除率高、浪费资源等弊端。公司在满足大众对美观追求的同时加入节能减排的大阵营，引领低碳新生活。

（二）生产情况

1. 模具与原料

考虑到模具钢的生产水平和使用寿命，该公司关键产品的模具都是由南方的其他企业完成的，但价格与北京地区相比贵上几倍。尽管南方各方面的原料供应较好，但距离太远不好控制。

2. 材料分析

为了更好地了解产品成分进行产品研发，该公司会联系一些专家或者实验室对某些产品进行成分分析，比如与大学实验室合作，大学教授与公司签订合作合同并完成鉴定。

3. 委托加工

部分企业委托该公司进行生产。

（三）销售情况

1. 产品种类

北京龙头天威科技发展有限公司目前共有 6 大系列 100 余种产品。其中销量最好的产品为老人家庭需求的产品，比如卫生间无障碍设施。卫生间是老人的必去之处，并且水流可能导致老人摔倒造成伤害等，因此老人对卫生间无障碍设施比如淋浴马桶、洗手盆、小便器、扶手等产品的需求强烈，但人们对辅助器具行业不了解或者了解不多，导致很多老人有需求却不知道有相应的产品，或者不知道哪家公司的哪种产品更加优质。

2. 产品销量

（1）境外销售情况

该公司目前没有主动开辟出口业务，但每年都会有一些出口项目。未来一段时期内，该公司将会组建外贸出口团队开发外贸业务。

（2）境内销售情况

鉴于老年人需要的产品涉及坐卧行走等方方面面，很难有一家企业做到样样生产，因此促成了搭建平台企业的产生，该类型企业对外承接项目，项目中需要什么样的产品就联系什么样的企业进行购买。这样的企业平台通过整合项目信息和资源信息，使得项目的完成更加高效，同时带动了企业的发展。例如某企业承接适老化改造项目时需要该公司的产品，那么某企业直接与该公司对接，该公司不直接面对个人。

有些区域在写招标文件时会提出参考某些厂家的产品，如果有该公司的品牌基本就使用该品牌产品。

3. 经营业绩

目前该公司全年的营业收入在 2500 万元左右。

4. 口碑

公司具有自主研发能力，产品质量有保证，业界口碑良好。

三　公司经营中的困难和问题

生产方面：机器的稳定性差与模具的制造水平低

日本有一款卫生间使用树脂的扶手和通道扶手，该公司目前只有树脂的通道扶手。全套树脂卫生间扶手造价较高，生产时需要购买新的机器设备、开发新的模具。

国内模具制造水平和生产机器的稳定性相对较差，国内只有北京龙头天威科技发展有限公司生产这款扶手，但遇到机器稳定性差、精度差，模具制造水平较低的瓶颈。

为了达到国外产品的水平，该公司请专家严格分析配方并进行了多次尝试，废料多达几十吨，成本价格高出使用 PVC 材料产品价格的两倍左右。

案例 7：北京环球精博辅助器具技术有限公司

一　公司概况

北京环球精博辅助器具技术有限公司以国家康复辅具研究中心为技术支撑，集矫形器产品的研发设计、制造生产、销售服务于一体，主要应用于骨科疾病、神经疾病的早期预防、临床治疗及辅助康复等领域。

公司产品按人体部位分类涉及人体躯干、上肢、下肢、足部四大类；按病种分类涉及骨科、外科、儿科、神经科等方面；按损伤性质分类涉及早期预防、急救处理、临床固定、慢性病保护及缓解、矫正外部形态、功能代偿及辅助康复等各个阶段，共计 100 余类 360 余种产品。

二 公司目前的经营情况

（一）研发情况

北京环球精博辅助器具技术有限公司除自主研发外也承接国家项目，包括国家康复辅具研究中心的项目。该公司与国家康复辅具研究中心合作开展业务。国家康复辅具研究中心的工程师团队负责研发，实践包括部分设计由该公司完成。北京环球精博辅助器具技术有限公司按照临床经验和需求做出产品，国家康复辅具研究中心根据做出的产品画出设计图。

该公司也接受其他企业的委托研发，美的集团美的医疗委托该公司对部队专用的护具比如空军、伞兵的护具等产品进行研发设计。

1. 市场调研

研发来源于客户需求，源于临床。公司安排专人提前进行市场调研、临床调研。北京环球精博辅助器具技术有限公司与一些医院进行合作，达成仅限于技术参考的协议。公司派内部临床人员亲自到医院了解客户的需求，倾听医生和患者的诉求，避免需求与供给的错位。

2. 研发人员

（1）公司现有研发人员

该公司目前有研发人员 5 人，包含经常做机械加工的工程师、机械制图方面的人员、民政部管理干部学院毕业的辅助器具专业的学生，其中只有 1 人毕业于临床专业且有矫形师资格证。

（2）研发人员需求类型

该公司表示最需要既懂临床又有实践能力的人才，重在实践。产品化生产最多只能满足市场中60%的患者，剩余40%的患者需要矫形师为其临床定制。临床定制时，矫形师用石膏给患者局部患处取形，根据1∶1的比例做出模型并修形，矫形师根据自己的经验去给患者固定，形成最终的成品。因此要想做好产品的适配工作，需要既懂医学又懂临床的人才。比如该公司有一名工程师是机械工程专业毕业，但在设计矫形器的时候不能很好地做到与临床结合，这类人员就需要一段时间来了解和学习。

3. 研发投入

该公司是高新技术企业，每年投入销售收入的20%左右用于研究，每年至少要投入200万~300万元，该公司的研发投入中包含对国家康复辅具研究中心的研发投入。

《高新技术企业认定管理办法》（国科发火〔2016〕32号）中对企业研发费用所占比例进行了规定，管理办法中写道：企业近三个会计年度（实际经营期不满三年的按实际经营时间计算，下同）的研究开发费用总额占同期销售收入总额的比例符合如下要求：①最近一年销售收入少于5000万元（含）的企业，比例不低于5%；②最近一年销售收入在5000万元至2亿元（含）的企业，比例不低于4%；③最近一年销售收入在2亿元以上的企业，比例不低于3%。其中，企业在中国境内发生的研究开发费用总额占全部研究开发费用总额的比例不低于60%。由此可见，该公司的研发费用投入高于国家要求。

4. 专利情况

该公司申请成功的专利产品有29项，涉及实用新型和外观设计两种类型。

5. 技术引进

该公司在技术引进方面以借鉴和模仿为主，比如每年参加德国杜赛国际医疗展看到好的技术时会进行借鉴和模仿，主要原因是该公司的技术存在局限，且投入到一个产品中的精力有限。

（二）生产情况

该公司的生产地址在北京市通州区永乐经济开发区恒业八街 6 号院。欧盟某企业曾经对该公司进行考察并委托公司生产产品，然后贴上该企业产品商标，欧盟某企业再用集装箱运回国外进行销售。

（三）销售情况

1. 产品种类

公司共有 100 余类 360 余种产品。

2. 经营业绩

公司资产总额从 2015 年开始下滑严重，2016 年下滑 35%。

3. 位置优势

公司与部分医院达成协议进驻医院，医院是购买人群数量较大的地方，有利于保证销售数量。根据就近的原则，很多患者或者患者家属直接选择附近的辅助器具销售商购买辅助器具，这保证了该公司产品的销售量。

4. 销售方式

该公司主要的销售方式为终端销售，但主要局限在北京市。严格意义来讲，公司产品进入医院是一种形式的合作，公司负责提供技术、提供人员。

同时该公司的一些产品跟随国家项目捐赠给第三世界国家。北京环球精博辅助器具技术有限公司是目前国内唯一一家产品可以包含在国家项目尤其是国际项目中的企业，比如 2008 年发生汶川地震时，该公司不仅发放产品还有技术人员随行。

5. 主要竞争对手

全国范围内有很多该公司的竞争对手，主要原因是竞争对手的产品与该公司生产的产品互补或者有重叠。

产品设计方面的竞争对手主要是北京精博现代假肢矫形器技术有限公司，该公司既是竞争对手，同时又是产品互补的兄弟单位；销售方面的主要竞争对手为北京惠慈假肢医疗用品开发有限责任公司,该公司主要零售产品;在临床装配方面的主要竞争对手为德林义肢辅助器具公司。

三 公司经营中的困难和问题

(一)生产方面:缺乏资金支持生产设备的采买

国内有相关加工设备,设备对于企业来讲价格较高,如果仅靠来自矫形器的营业额很难支持设备购买;同时面临着某一设备只能生产公司上百种产品中的五六种或者两三种的困境。

设备主要解决产品研发和生产的精准度的问题,专业术语为产品精度。若没有这个设备,产品精度无法达到国外产品的精度水平。患者在适配的过程中就会有一些局部的不舒适感,而且很有可能发生二次伤害。

(二)技术方面:材料成为发展3D打印技术的最大阻碍

3D打印技术可通过摄像头照完之后等比例地做出模型,打印每个人发型、衣服、颜色等,但打印出来以后由于材料问题,相关技术不能应用到实际生活中。

该公司与相关集团、两院院士在合作讨论材料的问题,同时在某理工大学有一个研发室进行材料研发。产品的设计基本完成,但碍于材料的问题不能生产。

(三)人才短缺:行业对高新人才的吸引力较低

基于目前社会总体对辅助器具行业基本没有认知的情况,辅助器具行业在招聘人才时设立的门槛较低;而且因为公司为个人创建,公司的薪资待遇很低,对高新人才的吸引力弱。

该公司相关负责人表示高新人才的招聘主要依赖于政策。个人考取矫形师资格证的门槛较低,虽然考取矫形师资格证有工作年限的要求,但对考取专业要求不限，因此考取矫形师资格证的人员有临床专业、机械专业等各种专业。辅助器具行业涉及的学科特别多，比如临床矫形师，除了具备临床的解剖学、人体的生物力学的知识，还要有电学、机械制图、心理学等知识，属于医工结合且涉及很多学科的行业，因此专业不限导致非专业人员缺少相应的知识储备，而相关人员需要时间储备知识之后才能真正投入该行业的生产研发中。

（四）研发方面：对研发产品的专利保护缺失

该公司表示很多研发产品上市半年之内就会出现很多仿品，全国有很多企业都在模仿该公司的产品。公司曾试图联系国家专利局进行求助，专利局的工作人员表示能够解决相关问题，主要是通过关闭公司的方式进行控制，但在公司未关闭期间仿制产品会一直在市场上销售。

（五）技术引进：国外公司对中国公司持谨慎态度

在国外市场中，中国人购买国外公司产品时会面临产品销售公司的谨慎选择，甚至有部分国外公司直接表示不将产品卖给中国公司，除非以做代理的形式销售，国外公司才会给样品。

该公司目前关注了一款以色列的智能机械外骨骼，在国内的预售价是60万元，主要用于因神经损伤而长期卧床、瘫痪的患者，该产品的优势在于仿生物力学制造，产品各个关节与人体贴合在一起，包括足部，可以带动人体进行一些动作，比如上楼梯。同时该公司也跟某大学在合作研发这款产品，但是目前遇到经费和技术双方面的问题。

案例8：北京东方瑞盛假肢矫形器技术发展有限公司

一 公司概况

北京东方瑞盛假肢矫形器技术发展有限公司成立于2004年，目前位于北京市门头沟区中关村科技园内（石龙高科大厦 2 号楼 1 单元 502 室）。

公司集研发、生产、销售于一体，主要从事假肢、矫形器零部件、Ⅰ类医疗器械的生产、开发和销售，Ⅱ类医疗器械的经营及海外产品的进出口贸易。该公司目前生产的产品主要分为假肢配件、各类成品固定器、髋膝踝足类铰链系列、高低位截瘫行走支具等 4 大类 40 余种。

二 公司目前的经营情况

（一）研发情况

1. 研发产品

为了实现从矫形器生产为主到以假肢产品生产为主的转变，2008 年该公司成立了研发中心，目前有研发人员 10 余人。该公司经过十多年的发展，目前有两款在国内领先的假肢产品：智能气压膝关节和液压膝关节，该两项产品均已获得发明及实用新型专利，并且已经成功上市。

2. 研发人才需求

从学科设置的角度（技术需求的角度）出发，研发人员需要掌握一定的机械设计、人体力学、医学方面的知识，从科学、适用、舒适的角度出发，尽力将产品做到完美。很多临床装配公司及院校认可该公司的研发能力并有深入的合作。

3. 研发经费和研发周期

目前该公司每年的研发经费大致为年收入的 10%，虽然研发投入比较多，但仍不能满足该公司对科研资金的需求，有很多项目苦于没有经费而无法进行正常的研发工作。

假肢产品的研发周期一般为 3～5 年。成品矫形器产品大多为注塑成型，看似工艺简单，但前期开发费用很高，研发一套产品需要几万甚至几十万元的投入。产品的回收期太长，如果未能先于仿制品占领市场，成本将很难收回。

4. 技术引进情况

北京东方瑞盛假肢矫形器技术发展有限公司正在尝试技术引进。负责人在北美实地考察时找到合适的对接口，但需要慢慢接触和了解，双方达成共识之后进行技术引进。中国的市场很大，但因为知识产权保护体系不健全，国内没有良好的专利保护网，很多人不愿意与中国的企业合作。

5. 专利情况

目前该公司在发明专利、实用新型专利和外观设计专利中共有 10 多个专利产品，其中智能气压膝关节在 2013 年中国（南宁）国际康复辅助器具博览会"康博杯"评选活动中荣获国内组第一名的好成绩。

6. 该公司产品与国外产品之间存在的差距

该公司人员表示产品在技术方面的差距不大，差距主要在材料方面。必须承认的是，国内的材料质量的确不能与国外相提并论，目前面临的一个问题是在进口材料的采购中缺少保障。

（二）生产情况

目前北京东方瑞盛假肢矫形器技术发展有限公司通过自己投资的方式，在广东和河北各有一个生产基地，基本能够承担该公司产品的生产任务。

（三）销售情况

尽管该公司在研发方面投入较多，但研发周期较长，很难有立竿见影的盈利，仅能够维持公司的正常运转，利润反倒不如后来发展起来的一些生产商高。被采访人形象地说："研发做的事都是期货。"

该公司是配件商、生产商、批发商，不针对终端患者，公司把产品销售给临床装配商，临床装配商再销售给终端患者。该公司没有线上销售渠道。

公司参加过德国莱比锡国际假肢、矫形器和康复技术展览会，中国康复辅助器具博览会和中国福祉会等。

三 公司经营中的困难和问题

（一）技术研发方面：资金短缺，技术引进较难实行

1. 智能假肢类产品的资金投入紧缺

智能假肢是仿生型的产品，与正常的肢体十分相似，会有一些感知，比如在不同的地形自动调节适应，变速跟随。这类产品的原理是关节里放置传感器，能够代替人体的膝关节。产品的重量相当于人一条腿的重量，目前的成果只是一个初级成果，该公司正在和上海理工大学联合开发一款更高端的智能假肢产品。

经费的具体投入可以落实在多点控制的技术上，感应器里边有芯片植入，类似一个微电脑在工作，现在的技术是一到两点控制。从研发角度来说技术问题不难解决，需要相关人员学习一些结构、器械等方面的知识，但需要投入大量的资金。另外一个比较适宜投入资金的产品就是智能型的截瘫支具，也叫外骨骼系统。目前的产品在使用时均需借助使用者自身动力行走，外骨骼系统能够通过外部提供一些动力帮助人被动行走。

2. 技术引进困难

技术引进困难的地方在于国内的专利保护体系不够健全，专利被引进方担忧专利引进后受到侵权时无法维权，因此很多人拒绝将专利引进中国。

（二）市场秩序方面：行业混乱，不够规范

被访者表示由于市场秩序不够规范，存在恶性竞争的现象，影响了该公司的发展。国内市场秩序较乱，很多人只看重价格而忽视产品的品质，与该公司的追求相悖。北京东方瑞盛假肢矫形器技术发展有限公司一直秉承"立足用户、精益求精"的企业精神在做产品，想把产品做到最好，因此需要投入较大成本，产品价格也会相应地有所上升。市场上有很多产品，从外表上看与优质产品的差别不大，差距主要体现在功能、质量等不易分辨的方面。

（三）技术结合方面：辅助器具生产和3D打印结合，理想丰满现实骨感

3D打印技术正在逐渐地应用到这个行业之中，从理论上说是没问题的，但是实践中有很大的局限性。如果真的能够结合起来使用的话，在一定程度上可以节约生产模具的费用。目前技术上的缺陷主要在两个方面：一个是效率问题；另一个是材料强度不够，只能做一些样品。

（四）政策方面：北京政策对生产型企业的限制

对于生产型企业，目前北京的政策只允许生产型企业在京办公，不允许其在京进行经营性、生产性活动。该公司目前是异地经营，药监管机构规定公司的注册地和生产地不能分开，该公司只能将部分业务外包。该公司生产的个别产品属于Ⅰ类医疗器械，因此生产环节中需要遵守医疗器械的规定。

案例9：北京康复之家医疗器械连锁经营有限公司

一　公司概况

北京康复之家医疗器械连锁经营有限公司（以下简称"康复之家集团"）创立于1998年，是中国领先的家用医疗器械全渠道服务商，以"打造医疗器械行业渠道第一品牌，成为顾客生活中的健康管理专家"为企业发展目标。

随着社会康复理念的加强，老龄化的节奏加快，家用医疗器械以细分品类逐步进入社会热点行列，康复之家集团作为该领域内具有标志性的代表，以器械发家，并围绕器械开展了全面的居家康复产业布局，包括线上医药销售、国际品牌器械代理批发、康复辅助器具租赁以及医疗器械售后等服务模

块，开辟了国内多个"第一"，成为独特的标签化服务品牌。

康复之家集团已先后获得高投名力、光大控股、汉能投资、阳光保险等多家机构投资。

二 公司目前的经营情况

（一）企业经营规模

家用医疗器械线下连锁门店：截至 2018 年 3 月，康复之家集团家用医疗器械门店已覆盖全国 22 个省，50 多个城市，直营门店数量达 100 余家。根据康复之家集团 2017 年的公开数据，其线下医疗器械销售业务通过优化品类结构、深化供应商战略合作等策略，毛利额环比 2016 年增长 21.9%。

康复之家集团旗下德开医药：2014 年，康复之家集团收购线上知名医药电商——德开大药房，12 个月即成为医疗器械品类销售冠军，24 个月跻身医药电商行业排名前五位。截至 2018 年 3 月，康复之家集团旗下德开医药板块先后拿下飞利浦、强生、康扬等众多国际名品的医疗器械类旗舰店的运营业务，在血压、血糖等多个慢性病病种领域占据电商行业领导者地位。经过短短几年的发展，德开医药也从传统 B2C 模式逐步转型为服务性医药平台，成为提供整套解决方案的服务商。

康复之家集团旗下和瑞康：2011 年 7 月，康复之家集团成立北京和瑞康分公司，寻求与更多国际知名品牌合作的机会，目标成为国内领先的进口医疗器械运营服务商，为家用医疗器械行业上下游企业提供综合解决方案。

康复之家集团旗下健租宝：健租宝是国内护理康复、辅助器具租赁第一品牌，建有国内最先进的洗消中心，设备进口自日本等国家，业务涵盖医疗器械租赁服务、机构社区配套服务、适老化改造服务、清洗消毒服务、单病种院后康复服务五大模块。2017 年，康复之家集团旗下健租宝获得了达晨创投、常州市钱璟康复股份有限公司、广州龙之杰科技有限公司等投资者的投资，与日本法兰西床集团达成合作，共建器械洗消租赁体系。该项目已为《适老化环境改造地方标准》、《康复辅助器具租赁服务标准》、《老年人保健服务国家标准》等多个国家标准提供参考数据。原中央电视台节目主持人、普雷资本创始合伙人赵普已成为健租宝的投资股东。

康复之家集团旗下械小保：2017 年 9 月，康复之家集团拆分售后服务板块，组建北京械小保分公司，以家用医疗器械售后服务为主营业务，聚焦强服务产品，除为顾客提供售后外，也为上游厂商提供一站式售后服务解决方案。售后服务覆盖轮椅、制氧机、呼吸机、护理床、助听器、治疗仪等多个品类，已与包括杰开扬（康扬辅具）在内的数十家器械生产企业签订合作协议。

（二）影响力

2008 年 2 月，康复之家集团被选评为"2007 年度北京十大商业品牌"。

2011 年 5 月，康复之家集团荣获"上证报卓越企业大奖"。

2014 年 8 月，康复之家集团荣登"2014 中国高成长连锁 50 强榜首"。

2015 年 12 月，康复之家集团旗下健租宝入选"2015 年北京市居家养老服务优秀品牌资助项目"。

2015～2017 年，康复之家集团凭借家用医疗器械特色，连续三年跻身中国药店价值榜单。

2016～2017 年，康复之家集团旗下德开大药房连续两届荣膺"2017 未来医疗 100 强"企业。

2017 年 6 月，康复之家集团旗下德开大药房荣登"2016～2017 年度中国药品零售企业综合竞争力排行榜新榜"首位。

2018 年 3 月，康复之家集团旗下健租宝荣获"2018 中国养老十大品牌"荣誉称号。

三 公司经营中的困难与问题

（一）政策

1. 目前公司是民政部门的服务商，但是零售店并没有得到相关政策的扶持。

2. 国家食药监总局曾下发通知严查违规销售处方药、规范药品配送体系、叫停第三方网售平台等，对医药电商监管日趋严格，对康复之家集团的网上布局造成不小的影响。

（二）市场环境

1. 目前辅助器具产品公司分店的销量下降，主要原因来自网店的冲击。因为网店的运营成本比直营店低，所以产品售价比直营店便宜，很多消费者选择网购，导致直营店产品销量下降。（针对访谈者的回答，笔者认为这种说法不是很准确，这种说法更像药店中辅助器具销售的情况，而不适用于专门的辅助器具专卖店。辅助器具不同于快销品、日化品等，需要较高的专业性和售后保证，线上销售的确分占了线下的市场份额，但质量、体验、服务等较差，如制氧机，3升、5升、8升不同流量的型号对慢阻肺患者血样指标的达标情况的效果不同，需要专业店员的推荐和指导；又如制氧机每个月都要清洗一级过滤器，每3~6个月就要更换过滤器，避免氧浓度受影响，康复之家集团线下门店自顾客购买辅助器具后，每个月都会主动提醒顾客清洗，甚至上门维修，而线上销售则不具备这种优势。有些顾客往往不了解产品，导致网购后出现各种投诉，这是线上销售无法替代线下销售的原因所在，也是康复之家集团线下门店销售业绩持续攀升而没有下滑的原因。）

2. 虽然网店销售逐渐成为市场主力，但是线上交易难以保证后续服务，辅助器具行业具有特殊性，线上交易导致产品使用体验较差。

3. 国内辅助器具市场竞争激烈，很多公司在市场竞争中逐渐关门，生存环境艰辛。

（三）经营的可持续性

随着近几年国内辅助器具产业的发展，国内辅助器具产品的质量已经得到明显的提升，但是国内辅助器具产品比较缺少宣传，国人对国内产品的认知度还不高。

在消费者群体中，老年人更多地选择听从医生的建议购买辅助器具产品，而年轻人会更多地选择参考产品的性价比，消费较为理性。目前老年人能够接受的价格为轮椅 1000~1200 元，国产血糖仪 200 元，进口血糖仪 400 元，国产血压计 250 元，进口血压计 350 元。

（四）消费者需求

许多消费者是直接来自医院门诊的病人或住院患者，所以多为刚性需求。目前来店的顾客主要为老年人，子女陪同老年人的时候，交易的成交概率较低，主要原因是子女会货比三家，而老年人一般会选择直接购买。

案例10：博爱方特国际贸易（北京）有限公司

一 公司概况

博爱方特国际贸易（北京）有限公司是以销售为主的公司，为销售类型。

公司为有限责任公司，公司的投资人类型为自然人独资，注册资本为200万元人民币。

公司的经营范围为：销售医疗器械（限Ⅰ类、Ⅱ类）、体育用品、日用品、卫生用品、机械设备、电子产品、五金交电、服装鞋帽、针织品、橡胶制品、化工用品（不含化学危险品）、通信设备、家用电器、汽车配件、食品、新鲜水果、新鲜蔬菜、粮食，货物进出口，技术进出口，代理进出口，技术推广服务，医学研究，技术开发，技术咨询，技术服务，技术转让，技术培训，医院管理（诊疗活动除外），承办展览展示活动，会议服务，劳务服务。其中，主营产品为轮椅、拐杖、坐便器、防褥疮的床垫、纸尿裤。

二 公司目前的经营情况

（一）经营业绩

博爱方特国际贸易（北京）有限公司目前按月结算利润，每月营业额平均达 10 万元左右，勉强与公司支出持平，但由于公司在前期的创立与发展中投入过多，目前仍是亏损状态。

（二）销售对象

博爱方特国际贸易（北京）有限公司，本着以博爱之心方便特殊群体之意，不仅主要面向残疾人、老年人提供产品、提供服务，同时还关注残疾儿童，尤其是贫困家庭的残疾儿童，通过辅助器具产品的普及提高其生活质量。

（三）进货渠道

目前博爱方特国际贸易（北京）有限公司拥有多种进货渠道，主要以国内渠道居多，国内与国外的进货比约为 7∶3。

（四）产品种类

博爱方特国际贸易（北京）有限公司目前经营至少上千种产品，品类齐全，种类繁多，其中销售量较好的产品有轮椅、拐杖、坐便器、防褥疮的床垫、纸尿裤等。

（五）影响力

目前博爱方特国际贸易（北京）有限公司的影响力有限，因为医院在辅助器具供应环节中处于垄断地位，难以让本公司产品直接接触到需求者，另外市场秩序不够完善，导致企业难以展开公平竞争，仅在经营地址周边具有一定影响力。

三 公司经营中的困难与问题

（一）资金

目前公司仍处于亏损状态，并且没有其他资金注入，公司勉强维持经营。

（二）产品

就博爱方特国际贸易（北京）有限公司目前的状态而言，销售量较大的产品，如轮椅、马桶、拐杖等都为必需品，并不是严格意义上的以提高生活质量为目的的辅助器具产品。市场需要对"辅助器具"进行符合中国国情的定义，让辅助器具产品可以真正满足购买者的实际需求，只有这样公司才能更好地对辅助器具产品进行推广从而提高销售量。

同时，在产品的实用性和人性化方面，国内水平远低于国外水平。国内的辅助器具产品多模仿欧美和日本等国家的产品，没有结合本国人民的体形和具体的身体情况等，安全性及舒适性都较差，比如，质量较好的轮椅坐上去，内侧各留一厘米，不仅注重了舒适，还注重对颈椎的保护；另外国内产品缺乏多样性，难以满足购买者的多层次需求。

（三）规则政策

博爱方特国际贸易（北京）有限公司虽然是民政部门的服务商，但是在实际操作过程中，由于一卡通使用有限，难以发挥作用。

政府对轮椅等辅助器具提供免税政策，虽然存在政府采购现象，但是效率过低，难以满足残疾人的多层次需求。

（四）市场环境

随着中国老龄化社会的到来，越来越多的老年人，越来越需要老年辅助器具，市场需求量巨大。但是由于逐利性，国内的厂家并没有生产适合中国老年人特点的产品，造成了恶性竞争，整个行业发展不健康，难以形成生态链。

由于国外的辅助器具行业发展良好，技术水平高，产品质量更高，对国内市场造成了不小的冲击。而国内的辅助器具产业发展缺少根基，所以外商参与或者联合生产的产品技术含量高，国内厂家生产的产品与之存在差距，而且由于存在技术壁垒，难以打破格局，引进人才。目前国内的市场尚在雏形之中，还需要稳定的发展基础，只有这样才能形成良好的竞争环境，促进企业良性发展。

同时，国内不良竞争现象频发，产品良莠不齐。国内打价格战，导致产品质量参差不齐。许多产品还未完善全面就出售、售后服务跟不上，造成了消费者对公司的不信任，公司难以深入推进辅助器具行业的发展。

虽然各企业间的产品差异不大，但是博爱方特国际贸易（北京）有限公司在服务方面更具人性化，在这里购买站立轮椅，工作人员会帮顾客调到合适的高度，方便顾客使用，避免出现操作失误引起的不良后果。

（五）经营的可持续性

尽管国内辅助器具行业发展时间较短，但发展潜力巨大，发展前景良好。目前发展时间较短造成的后果是根基尚浅，体系不够完善，缺少相关行业规则的规范；同时缺少足够的宣传导致很多辅助器具公司在市场中难以展开经营，消费者不了解辅助器具的真正价值，面对稍显昂贵的辅助器具就选择了放弃，而且预防性理念较差，不愿意选择一些预防类产品；另外线上销售对实体店的冲击也较为严重。

国内辅助器具公司的产品性价比比较低，企业间过于追逐利益，缺少社会责任，没有将满足消费者的需求放在首位，恶化了行业的发展环境。

（六）消费者需求

虽然对于辅助器具产品的购买需求旺盛，但目前辅助器具产品的销售状况不容乐观。首先是对辅助器具产品的定义不够明确，导致很多消费者不了解、不知道产品的功能，其次是因为部分商家更愿意卖畅销辅助器具及利润高的辅助器具，诱导消费者过度消费或盲目消费。

案例11：长者友善商贸服务有限公司

一　公司概况

长者友善商贸服务有限公司是长友养老服务集团旗下负责居家养老业务模块的子公司，业务涉及辅助器具适配与评估、适老化辅助器具产品销售与租赁、智能养老产品设计研发、适老化居家改造、培训与指导、涉老机构养老服务与产品配套等。

作为一个具有社会责任感的养老企业，公司致力于养老服务业，始终秉持"关注长者，友善养老"的宗旨，坚持以"慎于思、专于业、力于行"的行为准则来提升服务品质，积极探索创新，开创了广泛的多功能、多层次、多形态的养老服务模式。自成立以来，公司逐步形成了以"生活态，让养老居家化"、"持续态，让养老安心化"、"服务态，让养老温馨化"、"环境态，让养老绿色化"为核心的服务理念，并得到了社会各界的广泛好评与认同。

本公司类型为有限责任公司（法人独资）；注册资本为5000万元人民币。

本公司的经营范围为：销售医疗器械Ⅱ类、计算机、软件及辅助设备、家具、针纺织品、日用品、服装鞋帽、卫生洁具、汽车配件、工艺美术品、玩具、花卉、钟表、金属材料、建筑材料、装饰材料、机械设备、电子产品、家用电器、五金交电、木材、化工产品、矿产品，租赁机械设备、办公设备，货物进出口，代理进出口，开展经济贸易咨询、企业管理咨询、房地产信息咨询、教育咨询、道路货运代理、市场调查、健康管理、健康咨询、基础软件服务、应用软件服务、集中养老服务。

二 公司目前的经营情况

（一）经营业绩

公司有多个线上线下辅助器具产品销售平台，并先后完成了北京市老年人能力评估（约16000人）、北京市居家改造适配评估（约500户）、北京市"记忆健康进社区"痴呆社区筛查与居家照料辅导（约20000人），建设运营并入驻劲松街道养老辅具体验中心、朝阳区老年用品展示中心、北京市老年用品展示中心三级老年辅具销售与展示平台。公司自成立以来，年销售收入增速始终保持在50%以上。

（二）客户类型

1. 有各类现实及潜在的居家养老服务需求的老人及其家属与护理者。
2. 各类涉老机构、政府机构、社会组织。

（三）业务模块

业务模块包括辅助器具适配与评估服务、居家适老化改造服务、辅助器具培训与指导服务、辅助器具销售平台、辅助器具租赁服务、智能养老产品设计研发、涉老机构适老化产品配套服务、养老驿站设计及运营服务、政府级老年辅助器具展示与指导中心设计及运营服务。

（四）产品来源渠道

目前长者友善商贸服务有限公司所销售产品的国内与国外的比例大概为1:1。

（五）产品种类

公司目前拥有8个大类，50余个中类，700余款各种档次的辅助器具产品。涵盖康复类辅助器具（传统康复与智能康复）、护理床及周边辅助器具、移位类辅助器具、助行类辅助器具、排泄类辅助器具、沐浴类辅助器具、生活类辅助器具、住宅关联与适老家具类。

三　公司经营中的困难与问题

（一）资金

目前资金来源渠道较少，主要依靠企业自有资金，缺少政府扶持。

（二）产品

1. 相较于国内产品，国外产品功能齐全，更加人性化，但价格较高，备货数量较少，交货周期较长，不利于大规模铺货销售。同时，大多数国内厂家目前仍停留在仿制产品阶段，产品创新性不足，整体质量水平不高，产品价格虽较国外产品低廉许多，但因各厂家产品同质化现象严重，且售后服务体系缺失，加之盲目追求性价比，过于热衷于价格战，故而造成国内辅助器具产品产业链发展出现失衡与脱节倾向。

2. 目前市场上很多辅助器具产品的功能与消费者实际需求、期望尚有差距，厂家设计产品时往往陷入闭门造车的陷阱，其产品投放市场后难以真正满足消费者需求。例如智能阿尔兹海默症防抖勺由于价格过高，且测试过程中不够完美，难以真正进入市场。再如电动轮椅虽然功能越来越齐全，但是价格也相应地提高，且轮椅的重量大也不利于搬运。因此，老年辅助器具产品在设计之初就要从功能、适用与经济方面进行综合统筹考虑与规划。

（三）规则政策

日本的介护保险法是养老服务行业蓬勃发展的决定性因素，反观国内目前仍然缺少全国性或地方性的类似法规或政策，特别是缺少对于辅助器具产业发展的支持与优惠政策。鉴于养老服务业是投入资源较大、耗费时间较长、回报率较低的行业，如果缺少政府相关政策与制度的支持，业内公司的发展势必步履蹒跚。

（四）消费者

1. 随着中国人口老龄化加剧，老年人口对辅助器具产品的需求量将在未来呈现持续增长的态势，但是目前普通百姓对辅助器具产品的认知与了解仅停留在商家出售商品时的广告讲解层面上。整个国家普遍缺乏相关辅助器具产品的宣传和培训，更缺少由政府主导的将辅助器具真正融入生活的宣传教育，从而导致老年辅助器具产品难以进入家庭，无法深入到老年人生活中。

2. 由于老年辅助器具产品的特殊属性及用途，很多老年人及其家属可能会频繁地重复购买，但碍于面子却很少会向身边的人进行推荐，因此老年辅助器具产品通过口碑传播的效果不如预期。

案例12：北京老年用品展示中心有限公司

一　公司概况

北京老年用品展示中心有限公司是以展示、体验、销售、租赁为一体的老年用品服务平台，秉承"关爱老人、感恩父母、乐享晚年"的宗旨，以"买世界、卖全国"的资源整合模式，在全球视野下为养老机构和居家老人引入覆盖科技化、智慧化、轻便化和小型化的全品类老年用品，实现促进北京乃至全国老年产业升级、服务老年人的整体目标。

中心经营面积约 5000 平方米，展示了来自日本、德国、荷兰、比利时、中国台湾等国家和地区的 3067 件老年产品，包括个人医疗辅助器具、个人生活自理和防护辅助器具、技能训练辅助器具、矫形器和假肢、个人移动辅助器具、家庭和其他场所使用的家具及其适配件、家务辅助器具、沟通和资讯辅助器具、操作物品和器具的辅助器具、用于改善环境和评估的辅助器具。

二 公司目前的经营情况

（一）展示、体验情况

1. 展示产品种类

目前该公司参展厂家 40 家，产品包括出行、洗浴等与老年人有关的产品 4000 多种。参展厂家中分为公司主动联系和主动联系公司两种，该公司刚开业时参展厂家为 26 家，至今已增至 42 家。

2. 客流量

日客流量 200～300 人，多为老人子女或者健康老人。

（二）租赁销售情况

1. 租赁服务

北京老年用品展示中心有限公司的租赁服务有五大模块：身体评估、方案适配、辅具租赁、专业培训、回收消毒。

（1）身体评估

该中心有国家认证的专业评估资质的专业人员组成的团队，设专人跟踪评估使用者的身体状况。

（2）方案适配

根据使用者的身体状况等信息为使用者量身定制专属适配方案，高效精准搭配辅助器具，并根据实际效果及时调整方案。

（3）辅具租赁

根据需求随用随租，全程上门免费跟踪服务，用户低价享受高端品质辅助器具。

（4）专业培训

中心时常组织辅助器具服务人才参加资质培训、现金辅助器具专业知识培训和辅助器具产品应用实操培训。

（5）回收消毒

中心拥有国内首家租赁消毒中心，检-保-消-存-运全程一体化，消毒进口设备时不留死角。

2. 租赁销售产品种类

租赁产品种类共有六大类，分别为：家务辅助器具（沟通和信息辅助器具）、矫形器和假肢（就业和职业训练辅助器具）、个人医疗辅助器具（操作物品和起居的辅助器具）、个人移动辅助器具（个人生活自理和防护辅助器具）、技能训练辅助器具（用于环境改善和评估的辅助器具）、休闲娱乐辅助器具（家庭和其他场所使用的家具及其适配件）。

具体产品有洗浴用品、护理床、轮椅、代步车、适老鞋、血压血糖系列、保健品系列等。

该中心刚开业时进口产品较多，经过不断调整，现有的国产产品与进口产品之比基本稳定在6∶4。

3. 产品销量

民政部门、残联都有采购项目，比如为每个区购买200～300台轮椅，一般是以街道为单位配备。

4. 租赁与销售方式

北京老年用品展示中心有限公司不仅有实体店，微信公众号的平台已经开通完成，网络平台正在建设中。

5. 经营业绩

北京老年用品展示中心有限公司由北京城乡商业（集团）股份有限公司

和北京市老龄产业协会共同合资组成，注册资本5000万元。该中心的项目属于民生重点工程，民政部门希望能够通过展示中心的成立积极促进社会化、市场化为老服务，为百姓服务。展示中心场地租金全部由民政部门承担。

该中心现有员工25人，不包括各大厂家的导购人员。

2017年上半年中心营业额为350万元，其中消费高峰时段营业额能够达到100万元，低峰时段为40万~50万元。

该中心的盈利点主要为参与政府招投标项目，比如适老化改造项目等，辅助器具产品的展览销售租赁基本无盈利。

6. 优势

（1）品牌优势

中心由北京市老龄产业协会与北京城乡商业（集团）股份有限公司合作成立，具有政策品牌示范效应，品牌优势明显。

（2）产品质量保证

北京老年用品展示中心有限公司的产品均来自各大厂商，顾客可以亲自体验。展厅内的所有产品均有专门的工作人员进行实验测试，产品的质量和适用性得到保证。

（3）售后保障

该中心售后服务完善，中心本着全心全意为老人服务的态度提供服务。凡是因产品质量而产生的退换货问题，中心均高效快速解决，设身处地地为老人及其家属考虑，将中心利益放在第二位。

7. 口碑

使用者对该中心的认可度较高。

案例13：北京市健租宝科技有限公司

一 公司概况

北京市健租宝科技有限公司是一家租赁型企业，也是国内首家护理康复、辅助器具租赁专业服务商。公司业务分为 O2H 租赁平台服务、机构社区配套服务、适老化改造服务、清洗消毒服务、单病种院后康复服务五大模块。2015 年初，公司建立了国内首家清洗、消毒、租赁中心，公司租赁用品种类主要可分为评估检测、康复护理、康复理疗、康复训练、辅助器具、矫形支具、消毒器具七大类。

目前已为北京、上海近 800 家企业和 20000 余名用户提供高品质的服务。同时，公司还为老人、残疾人精准评估并量身定制轮椅、扶手、护理床等辅助器具，满足用户的个性化需求。

二　公司核心业务情况

（一）辅具租售服务

1. 租赁服务方案

该公司的租赁服务方案共分为八个步骤。

（1）咨询介绍推荐适用产品

有任何需要或者疑问可以随时咨询，有专门的客服人员详细地介绍相关信息。专业的客服人员将根据使用者的身体状况、生活环境推荐最适合的护理产品，选定产品之后，协商产品的送货日期、费用支付方式等具体事宜。

（2）签订合同

工作人员说明租赁合同的内容，客户确认后签约。

（3）送货组装

按照客户的要求，有专业的工作人员送货上门，并进行产品的组装、详细说明产品的使用方法及注意事项。

（4）后续服务

定期回访，定期检查维护产品；专业指导相关护理康复用品；根据使用者身体状况随时变换租售用品；进行适老化环境改造。

（5）解约终止租赁

希望终止租赁的客户，可以拨打客服热线，公司根据客户的要求及时受理解约手续。

（6）产品回收

合同终止后，专业的工作人员上门回收租赁产品。

（7）清洗消毒检修维护

清洗和消毒是医疗器械租赁最重要的环节，简单的酒精消毒并不能保证器械的安全卫生。

北京市健租宝科技有限公司在北京地区专门建立了一个1000多平方米的洗消中心，打造了一套完善的评估、租赁和回收体系，客户在租赁前会得到专业的评估，选择合适的产品和租赁方式，获得产品后会得到持续的跟踪服务，在产品回收时还有整体除尘、二级清洗、三级杀菌、高温烘干、无菌塑封、打码入库等多个环节，保证产品清洁、健康和绿色流转。

（8）仓储保管

再生的产品经过包装后，存放于专门的租赁产品仓储区域。

2. 租售产品种类

北京市健租宝科技有限公司2015年开始建立辅助器具租赁平台，公司租赁用品分为评估检测、康复护理、康复理疗、康复训练、辅助器具、矫形支具、消毒器具七大类。

该公司的租赁情况显示，轮椅和护理床为租赁最多的产品。公司会根据老人的身体情况为老人选择合适的护理床，并根据老人的使用状况随时进行调整，同时使用者根据自身情况选择不同的时间长度，护理床的平均租用时间为6个月。

3. 租售产品价格

该租赁平台的产品种类较多，部分产品价格见表1。产品的租期越长，日租金越少。所有产品都有押金约束，以避免用户租用过程中出现恶意毁坏的现象；租赁时设置租赁期，便于实现产品的回收和管理。

表1 部分产品价目表

单位：元

产品名称	押金	起租期	日租金	周日金	半月日金	月日金	2月日金	季日金
康扬一体成型轮椅（小轮）	800	1天	30	20	15	10	7	6
威之群可折叠电动轮椅（小轮）	6200	1天	100	60	40	27	23	20
履带式爬楼梯	10000	无	180	85	65	55	40	35
芙兰舒电动护理床	8000	1个月	—	—	—	30	25	20
邦恩电动翻身护理床	5000	1个月	—	—	—	20	19	18
英维康移动吊臂	8000	7天	—	50	40	33	27	24
英维康5升专业型制氧机	5000	7天	—	35	32	25	18	16
家蓝点大功率空气净化器	1000	1天	20	—	—	10	9	8
龙之杰干扰电治疗仪	198000	1个月	80	—	—	80	80	80
杭州正大下肢关节康复器	12800	1个月	80	—	—	80	80	80

4. 租售对象

租赁群体一万人左右，由于老人卧床之后身体机能退化较快，且很多产品单价较高，使用周期较短，频率较高，因此很多家庭都选择租赁而不是购买护理床等产品。如果顾客需要长时间使用，顾客可以选择购买产品。

消费者可以选择网上预订或者上门服务的方式获得服务，在北京市凡持有"养老（助残）卡"的老人、残疾人均可持卡租赁。

5. 租赁周期

各种产品的租赁周期不同，护理床的周期一般在2年，轮椅的周期大概为一年。周转率越低成本回收时间越长。

6. 口碑

北京市健租宝科技有限公司2015年荣获北京市民政局"2015年北京市居家养老服务优秀品牌"，2016年"大健康好项目"第一名，以及2016年中国养老行业"养老务实创新"奖、"最具潜力奖"。

（二）适老化改造服务

"适老化改造"是对特殊老年人家庭的通道、居室、厨房、卫生间等生活场所，以及家具配置、细节保护等做一定的调整或改造，以利于老年人通行、洗澡、如厕、休息等，缓解老年人因生理机能变化导致的生活不适应，也可以让老年人避免受到人身伤害。"通过适老化改造，让老年人生活得更方便、更舒心"，让家人更轻松地照护老人。

（三）循环利用

该公司可以为大家提供一个康复器械循环利用平台，让每个人家里的康复器械，经过公司的消毒处理，实现二次利用，既减少了浪费，物尽其用，又让人感受了人与人之间的温暖。该公司在做一些公益活动时，把一些旧的辅助器具回收，捐赠给养老院、贫困的地区，旧物循环利用更体现了"低碳生活"的理念。该公司对产品进行循环利用，既降低了成本，又宣传了大家的节约意识，形成良性循环，树立了社会的形象。

三　公司经营中的困难和问题

目前租赁市场没有统一的租赁标准，该公司正致力于促进租赁标准的完善。该公司表示做租赁行业很辛苦，一是市场不成熟，二是政策不明朗，三是没有标准。辅助器具租赁涉及产品的租赁、适配、回收、消毒等多个环节，为了促进行业发展和规范化，出台一套行业租赁标准十分必要。

案例14：北京小豆当家科技有限公司

一　公司概况

北京小豆当家科技有限公司位于北京市西城区西直门外大街137宝蓝金

融创新中心，是一家新兴产业公司。该公司是面向中国空巢独居家庭、以研发智能陪护机器人为核心、建立养老服务生态体系为己任的创新型科技公司。

小豆机器人项目研发始于 2014 年 11 月。公司成立于 2015 年 12 月，是国内首批从事智能服务机器人研发的高科技创新企业。

二 公司目前的经营情况

（一）研发情况

1. 产品功能

北京小豆当家科技有限公司主要产品分为地面级和桌面级两种类型。桌面级产品主要面向个人，可以时刻维护一位或两位老人；地面级产品主要面向机构，地面级产品更加灵活，可以应用到养老机构。

产品功能有远程观看、健康管理、风险预警、情感陪护、娱乐休闲五大功能。健康管理系统包含提醒、检测、分析、推送、咨询五个部分，前三个部分是机器人自动找到老人并通过人脸识别的方式对老人的情况进行分析，推送和咨询两个部分更依赖于预设程序或者已有方案，但也可以直接接入医生。目前该系统的研发工作仍然处于前期，尚未与医生合作。

2. 产品技术

嵌入式技术主要是控制机器人的行走、运动、提醒等，除此之外还有安卓交互层，这个技术更重要，比如老人吃完药后需要以拍不同颜色按键的方式让子女确认老人行为，完成这一系列工作需要功能交互的智能检测，包括人脸传感器、光线传感器、烟雾警报等，这是传感器的结合体。

日本丰田公司有一款名为 shr 人类协助机器人的产品，这是可移动、可升降的交互机器人，该公司以此作为努力的目标。

3. 产品对人工的替代率

该公司曾进入养老院进行实地调研，了解到养老机构基本都有减少工资开销的需求。尽管机器人尚未达到完全替代护工的水平，但能与护工相互配合，机器人负责完成简单重复性的工作。

目前该公司生产的产品能够存储一百多位老人的信息（同时考虑老人信息的繁简程度），能够帮助不同老人服药；同时老人服药的状态、精神状态、起床睡觉时间等都能被产品抓拍进而存储起来。

（二）销售情况

1. 产品销售方式

小豆产品可以租赁可以购买，平均一台产品的成本在两万元左右。

根据产品面向的人群不同，采取的销售方式不同。桌面级产品完全面向个人买家；地面级产品主要面向养老机构，同时以租赁为主。

2. 营业收入

北京小豆当家科技有限公司属于初创企业，目前的营业收入主要来自产品定制，主要业务有产品定制和产品租赁。

三　公司经营中的困难和问题

研发方面：数据收集困难

小豆当家科技有限公司专门做机器人产品，将老年人产品与人工智能结合起来面临的主要问题为资源的获取。

数据是研发的一部分。比如想研发监测老年人跌倒的产品，该公司曾尝试与某养老院合作，要求养老院老人佩戴相关产品，以两个月为周期进行数据收集，研发人员根据收集到的数据进行建模分析。如果通过视频监控的方式收集数据，为了保证模型的准确度达到98%及以上，需要收集一位老人从站立到摔倒过程的百万级别的数据（即百万段小视频）。

如果进行个性化定制，也需要获得老人生活习惯的数据，比如休息的时间、起床时是先开窗户还是先喝水等，可能涉及部分个人隐私。

附 录

Appendix

B.8
附录1　辅助器具推广和
服务"十三五"实施方案

辅助器具推广和服务"十三五"实施方案

各省、自治区、直辖市及计划单列市残联、卫生计生委、民政厅（局）、教育厅（局）、人力资源社会保障厅（局）、质量技术监督局，新疆生产建设兵团残联、卫生局、民政局、教育局、人力资源社会社会保障局、质监局：

　　为做好"十三五"期间残疾人辅助器具推广和服务工作，根据国务院印发的《"十三五"加快残疾人小康进程规划纲要》，中国残联、国家卫生计生委、民政部、教育部、人力资源社会保障部、国家质检总局联合制定了《辅助器具推广和服务"十三五"实施方案》，现印发给你们，请认真贯彻执行。

中国残联

国家卫生计生委

民政部

教育部

人力资源社会保障部

国家质检总局

2016 年 10 月 9 日

辅助器具推广和服务"十三五"实施方案

一、背景

辅助器具是帮助残疾人补偿、改善功能，提高生存质量，增强社会生活参与能力最基本、最有效的手段。我国有 8500 万残疾人，逾 1/3 有辅助器具需求。"十二五"期间，通过组织实施辅助器具服务实施方案，为残疾人提供各类辅助器具 600 余万件，培训辅助器具专业服务人员万余人次，覆盖城乡的辅助器具服务网络逐步完善，为残疾人提供个性化辅助器具适配服务的能力进一步提升。

由于工作起步晚、基础薄弱，我国辅助器具推广和服务工作还存在许多突出问题，残疾人的辅助器具服务需求远未普遍满足。全国残疾人基本服务状况和需求专项调查（2015 年）显示，我国有 758 万有辅助器具需求的持证残疾人和残疾儿童未得到基本的辅助器具服务。

为贯彻落实《国务院关于加快推进残疾人小康进程的意见》，进一步做好辅助器具推广和服务工作，根据《"十三五"加快残疾人小康进程规划纲要》，制定本方案。

二、任务目标

到 2020 年，初步建立覆盖城乡的较完善的辅助器具服务网络，形成保障残疾人基本辅助器具服务的政策体系，显著提升辅助器具服务能力，改善服务状况，使有需求的持证残疾人、残疾儿童基本辅助器具适配率达到 80% 以上。

三、主要措施

（一）加强组织领导，完善工作机制。

各级政府将辅助器具推广和服务纳入国民经济和社会发展规划，完善保障政策、服务体系，建立政府主导、部门协作、社会参与的工作机制。

发展改革、财政、卫生计生、人力资源社会保障、民政、教育、质检等部门按职责做好辅助器具产业规划、服务机构建设、服务政策保障、专业人才培养、辅助器具质量监督等工作。

各级残联接受政府委托组织开展辅助器具推广和服务，实施贫困残疾人辅助器具救助项目，协调推进残疾人辅助器具保障政策和服务体系建设。

各级残疾人康复工作办公室负责具体组织实施辅助器具推广和服务实施方案，做好协调、指导、监督、考核。

（二）健全辅助器具服务保障政策。

将辅助器具适配服务纳入基本公共服务范畴，鼓励有条件的地方研究将基本的治疗性辅助器具逐步纳入基本医疗保险支付范围。

推动建立基本型辅助器具适配补贴制度，对残疾人适配基本型辅助器具给予补贴。中央财政为持证残疾人适配辅助器具提供补贴。各级地方政府加大财政投入，优先保障残疾儿童、持证残疾人获得基本辅助器具适配服务。

（三）健全辅助器具服务体系。

坚持政府主导、社会参与、国家扶持、市场推动，充分发挥残联、民政、卫生计生等系统和社会力量的作用，构建多元化的辅助器具服务网络。大力推广政府购买残疾人辅助器具服务，支持民办辅助器具服务机构发展。

加强国家、区域残疾人辅助器具服务中心建设，着力提升人才培养、科技研发、服务示范等能力。按《残疾人康复机构建设标准》（建标165－2013）及相关要求，完善省、市、县辅助器具服务中心建设，重点加强县级及以下辅助器具服务设施和能力建设。

大力推进社区辅助器具服务，发挥基层卫生专业人员、社区康复协调员、残疾人、社会组织、志愿者等作用，广泛开展辅助器具需求调查、信息咨询、转介、宣传等。

（四）提升辅助器具服务专业化水平。

加强辅助器具服务人才培养，支持高等学校、职业学校开设辅助器具相关专业或课程。完善辅助器具从业人员职业能力评价办法，推进上岗及认证培训，改善职称评审工作。完善假肢师、矫形器师、听力师等辅助器具工程技术人员及相关从业人员继续教育管理制度，全面开展规范化培训。

加强卫生专业技术人员、社区康复协调员辅助器具知识培训。鼓励建立专项技能实训基地，加强实用辅助器具服务技术的推广。

完善辅助器具服务标准、规范，加强评价、监督，全面推广辅助器具专业化、个性化适配服务。

（五）促进辅助器具产业发展。

完善辅助器具产业发展扶持政策，综合运用财政、税收、金融、土地等手段，引导、鼓励企业、科研机构、高等院校、社会组织等参与辅助器具研发、生产、流通和适配服务。

以信息共享、人才培养、适配服务、产品与技术交易、质量监督、企业孵化、国际合作为核心内容，建设全国辅助器具产业发展促进平台，为辅助器具产品研发、政府采购、人才培养等提供支持。

加强辅助器具科技创新，加大辅助器具关键共性技术、先进实用技术和残疾人亟需辅助器具的研发力度，加快科研成果转化，培育国产化品牌，促进产业升级换代。

加强辅助器具生产和流通领域产品的质量监督检验，完善辅助器具产品标准体系，加强监督抽查，保障产品质量。

（六）推广辅助器具应用。

强化辅助器具服务的供给侧和需求侧的有效衔接和交互作用，以需求为导向，应用大数据、"互联网＋"、物联网等手段，推广辅助器具应用。

利用全国"助残日"、"爱耳日"、"爱眼日"等宣传节点，通过广播、电视、报纸、网站、新媒体、知识读本等方式，提高公众对辅助器具的认知，推介辅助器具新产品、新技术、新理念。

办好中国国际福祉博览会，鼓励各地举办辅助器具相关博览会、展销会，为辅助器具信息、产品和技术的交流和推广提供平台。

发布基本型辅助器具产品目录并推广应用，推动辅助器具企业的品牌建设，加强辅助器具生产企业和服务机构的互联互通。

（七）加强辅助器具国际交流合作。

落实亚欧会议框架下残疾人合作暨全球辅助器具产业发展大会精神，促进与亚欧会议成员、"一带一路"沿线国家、东盟及其他国家和地区在政策建设、信息共享、研发创新、标准规范等方面的国际合作。

加强与世界卫生组织、康复国际、国际标准化组织等国际组织的合作，积极采用辅助器具国际标准，实质性参与辅助器具国际标准制定，在推行全球辅助健康技术合作（GATE）中发挥积极作用。

以海峡两岸残疾人交流活动为平台，加强与港澳和台湾地区辅助器具服务工作的互动交流。

鼓励支持国内辅助器具企业、服务机构学习借鉴发达国家经验，引进先进理念、方法、技术，开拓国际国内市场，提升我国辅助器具产业竞争力。

四、经费

（一）中央经费。

用于以贫困持证残疾人基本辅助器具适配为重点的救助服务；用于辅助器具适配服务专业人才培养、机构建设、宣传、教育、推广等。

（二）地方经费。

使用范围与中央经费相同，并保障相关工作经费。

五、检查统计

（一）检查。

2018 年中国残联组织进行残疾人辅助器具服务工作中期检查，2020 年进行全面检查验收。

各地要组织开展辅助器具服务工作第三方绩效评价，上报中期和全面绩效评估报告。

（二）统计。

按照中国残疾人事业统计报表的要求，上报统计数据。

B.9

附录2 国务院关于加快发展康复
辅助器具产业的若干意见

国务院关于加快发展康复辅助器具产业的若干意见

国发〔2016〕60 号

各省、自治区、直辖市人民政府，国务院各部委、各直属机构：

　　康复辅助器具是改善、补偿、替代人体功能和实施辅助性治疗以及预防残疾的产品。康复辅助器具产业是包括产品制造、配置服务、研发设计等业态门类的新兴产业。我国是世界上康复辅助器具需求人数最多、市场潜力最大的国家。近年来，我国康复辅助器具产业规模持续扩大，产品种类日益丰富，供给能力不断增强，服务质量稳步提升，但仍存在产业体系不健全、自主创新能力不够强、市场秩序不规范等问题。当前，我国经济发展进入新常态，全球新一轮科技革命与产业变革日益加快，给提升康复辅助器具产业核心竞争力带来新的机遇与挑战。发展康复辅助器具产业有利于引导激发新消费、培育壮大新动能、加快发展新经济，推动经济转型升级；有利于积极应对人口老龄化，满足残疾人康复服务需求，推进健康中国建设，增进人民福祉。为加快康复辅助器具产业发展，现提出以下意见。

　　一、总体要求

　　（一）指导思想。全面贯彻党的十八大和十八届三中、四中、五中全会精神，按照"四个全面"战略布局和党中央、国务院决策部署，牢固树立创新、协调、绿色、开放、共享的发展理念，以服务于人的全面发展为导向，以扩大有效供给为目标，以增强自主创新能力为动力，充分发挥市场在资源配置中的决定性作用和更好发挥政府作用，完善市场机制，激发市场活力，促进社会投资，进一步发挥社会力量在康复辅助器具产业发展中的主体作用，推动产业跨越式发展，更好地满足人民群众多层次、多样化的需求。

（二）基本原则。

坚持市场主导、政府引导。遵循产业发展规律，以需求为导向，发挥各类市场主体积极性和创造力。注重规划、政策、标准的引导规范作用，营造良好市场环境。

坚持自主创新、开放合作。政产学研用协同，推动康复辅助器具技术、管理、品牌、商业模式创新，着眼全球加强交流合作，提升市场竞争力。

坚持问题导向、突出重点。瞄准制约康复辅助器具产业发展的薄弱环节，补短板、破难题，优化资源要素配置，持续扩大有效供给，促进产业转型升级。

坚持统筹兼顾、协调发展。立足全局，将康复辅助器具产业发展融入"中国制造2025"、"互联网＋"、现代服务业发展进程，促进业态融合，推动产业全面发展。

（三）发展目标。到2020年，康复辅助器具产业自主创新能力明显增强，创新成果向现实生产力高效转化，创新人才队伍发展壮大，创新驱动形成产业发展优势。产业规模突破7000亿元，布局合理、门类齐备、产品丰富的产业格局基本形成，涌现一批知名自主品牌和优势产业集群，中高端市场占有率显著提高。产业发展环境更加优化，产业政策体系更加完善，市场监管机制更加健全，产品质量和服务水平明显改善，统一开放、竞争有序的市场环境基本形成。

二、主要任务

（四）增强自主创新能力。深入实施创新驱动发展战略，推进大众创业、万众创新，形成以人才为根本、市场为导向、资本为支撑、科技为核心的全面创新，提高康复辅助器具产业关键环节和重要领域创新能力。

激励创新人才。实施以增加知识价值为导向的分配政策和更加积极的创新人才培养、引进政策，提高创新成果转化收益分享比例，打造生物医学工程、临床医学、材料科学、信息系统学、制造科学等多学科人才聚合创新机制，造就一批创新创业领军人才和高水平创新团队。

搭建创新平台。统筹企业、科研院所、高等院校等创新资源，搭建康复辅助器具科技创新平台和基础共性技术研发平台，建立协同创新机制，加强相关基础理论、基础工艺、基础材料、基础元器件、基础技术研发和系统集成能力。支持各类研发机构通过公开竞争方式承接政府科研项目。

促进成果转化。以"互联网＋技术市场"为核心，充分利用现有技术交易网络平台，促进康复辅助器具科技成果线上线下交易。依托康复辅助器具研发、生产、应用的优势单位，开展康复辅助器具产业创业孵化和双创示范工作。支持行业组织开展产业创新评选活动，推介康复辅助器具创新产品目录、科技成果及转化项目信息。加强国际交流合作，加快引进吸收国外先进科技成果。

（五）促进产业优化升级。优化产业空间布局，显著提升产业发展整体素质和产品附加值，推动康复辅助器具产业向中高端迈进。

优化产业空间布局。依托长三角、珠三角、京津冀等区域产业集聚优势和资金、技术、人才等优势，打造一批示范性康复辅助器具产业园区和生产基地，建设国际先进研发中心和总部基地，发展区域特色强、附加值高、资源消耗低的康复辅助器具产业。支持中西部地区根据资源环境承载能力，因地制宜发展劳动密集型康复辅助器具产业。

促进制造体系升级。实施康复辅助器具产业智能制造工程，开展智能工厂和数字化车间建设示范，促进工业互联网、云计算、大数据在研发设计、生产制造、经营管理、销售服务等全流程、全产业链的综合集成应用，加快增材制造、工业机器人、智能物流等技术装备应用，推动形成基于消费需求动态感知的研发、制造和产业组织方式。推广节能环保技术、工艺、装备应用，积极构建绿色制造体系。

大力发展生产性服务。大力推进康复辅助器具全产业链整合优化，重点发展研发设计、融资租赁、信息技术服务、检验检测认证、电子商务、服务外包和品牌建设等生产性服务，促进产业要素高效流动和合理配置。推进面向产业集群和中小型企业的专业化公共服务平台建设，整合优化生产服务系统。重点围绕市场营销和品牌服务，发展现代销售体系，增强产业链上下游企业协同能力。

提高国际合作水平。支持企业着眼全球优化资源配置，开展境外并购和股权投资、创业投资，加强技术、产能、贸易等国际合作，建立海外研发中心、生产基地、销售网络和服务体系，巩固优势产品出口，持续拓展中高端产品国际国内市场份额。鼓励境外企业和科研机构在我国设立全球研发生产机构，加快产业合作由加工制造环节向研发设计、市场营销、品牌培育等高附加值环节延伸。

（六）扩大市场有效供给。推动康复辅助器具产品创新和配置服务深度融合，实现品质化、精细化、便利化发展，在满足人民群众基本需求的基础上，适应消费需求升级，打造"中国制造"品牌。

培育市场主体。支持企业战略合作和兼并重组，促进规模化、集约化、连锁化经营。培育一批全球范围内配置要素资源、布局市场网络、具有跨国经营能力的领军企业，鼓励创新型、创业型和劳动密集型中小微企业专注于细分市场发展，走"专精特新"和与大企业协作配套发展的道路。组建一批产业联盟或产业联合体。加快公办机构改革，推进服务型单位职能转型，有条件的生产型单位转制为企业。扶持社会力量兴办非营利性康复辅助器具配置服务机构。支持通过线上线下相结合的方式，举办高层次、高水平、高品质的康复辅助器具博览会、展览会和交易平台。支持行业组织开展康复辅助器具创新创业竞赛活动。

丰富产品供给。将老年人、伤病人护理照料，残疾人生活、教育和就业辅助，残疾儿童抢救性康复等作为优先发展领域，推动"医工结合"，支持人工智能、脑机接口、虚拟现实等新技术在康复辅助器具产品中的集成应用，支持外骨骼机器人、照护和康复机器人、仿生假肢、虚拟现实康复训练设备等产品研发，形成一批高智能、高科技、高品质的康复辅助器具产品。积极拓展改善普通人群生活品质的产品。加强传统中医康复技术、方法创新，形成和推广一批具有自主知识产权、疗效确切、中医特色突出的康复辅助器具。培育一批国际国内知名品牌、知名产品。

增强服务能力。大力推广康复医师、康复治疗师与康复辅助器具配置人员团队协作，重点推进骨科、眼科、耳科、康复科等医疗服务与康复辅助器具配置服务衔接融合，促进康复辅助器具在养老、助残、医疗、健康、教育、通信、交通、文体娱乐等领域广泛应用。开展康复辅助器具社区租赁和回收再利用服务试点。整合利用相关资源，建立国家康复辅助器具产品服务信息平台，完善产品目录和配置指引，促进供需有效衔接。健全主体多元、覆盖城乡、方便可及的配置服务网络。

加强质量管理。强化企业质量安全主体责任，开展质量管理示范活动，鼓励企业建立覆盖产品全生命周期的质量管理体系并通过相关认证，加强质量安全培训，优化质量控制技术。开展企业产品和服务标准自我声明公开和监督制度试点。建立强制性和自愿性相结合的产品、服务认证体系和质量追溯体系，完善服务回访制度。加强产品质量监督抽查、风险预警和缺陷产品强制召回、产品伤害监测验证评估等工作，发布产品和服务质量"红黑榜"。培育发展一批质量检验机构。

（七）营造良好市场环境。深化康复辅助器具产业领域"放管服"改革，加快建立权责明确、公平公正、透明高效、法治保障的市场监管格局，平等保护各类市场主体合法权益。

完善法规政策体系。健全完善促进康复辅助器具产业发展的法规政策体系，研究制定康复辅助器具产品和配置服务管理制度、康复辅助器具与医疗器械管理服务衔接办法。探索建立康复辅助器具产品分类分级认证制度，推进康复辅助器具产品认证国际互认。持续推进商事制度改革，降低市场准入门槛，简化注册登记流程，健全监管服务机制，营造良好营商环境。

发挥标准导向作用。加快重点产品、管理、服务标准制修订，健全康复辅助器具标准体系，充分发挥标准对市场的规范作用。将康复辅助器具配置服务纳入国家级服务业标准化试点范围。加强康复辅助器具标准国际合作，积极采用适合我国康复辅助器具产业发展的国际先进标准，积极参与国际标准制定，推动我国优势技术标准成为国际标准。建立标准分类实施和监督机制。培育一批康复辅助器具检验、检测、认证机构。

维护良好市场秩序。健全统一规范、权责明确、公正高效、法治保障的市场监管体系。严格执行反不正当竞争法、反垄断法，严肃查处违法违规行为，打击侵犯知识产权和制售假冒伪劣商品行为，维护公平竞争市场秩序。充分发挥全国企业信用信息公示系统、全国信用信息共享平台和"信用中国"网站作用，建立康复辅助器具企业信用信息公示、动态评价、守信激励和失信惩戒机制。支持行业组织完善自律惩戒机制，在行业标准制定、数据统计、信息披露、反不正当竞争等方面充分发挥作用。

三、政策支持

（八）落实税收价格优惠。符合条件的康复辅助器具企业可依法享受研发费用加计扣除和固定资产加速折旧政策。对符合条件的公益性捐赠支出依法在所得税税前扣除。经认定为高新技术企业的康复辅助器具企业，按规定享受企业所得税优惠。落实生产和装配伤残人员专门用品的企业和单位有关税收优惠政策。落实康复辅助器具配置服务企业用水、用电、用气、用热与工业企业同价政策。

（九）强化企业金融服务。培育壮大创业投资和资本市场，提高信贷支持的灵活性和便利性，发展知识产权质押融资和专利保险，开展股权众筹融资等试点，通过国家设立的科技成果转化引导基金、新兴产业创业投资引导基金、中小企业发展基金等吸引社会资本协同发力，按照市场化方式支持符合基金投向的康复辅助器具产业创新。支持符合条件的企业发行企业债、公司债和资产支持证券。支持企业通过发行短期融资券、中期票据、中小企业集合票据等非金融企业债务融资工具筹集资金。鼓励商业银行、保险公司、证券公司等金融机构在风险可控、商业可持续的前提下开发适合康复辅助器具企业的金融产品。

（十）加强财政资金引导。将康复辅助器具产业纳入众创、众包、众扶、众筹相关财政以及新兴产业投资支持范围。地方财政可利用奖励引导、资本金注入、应用示范补助等方式，支持非营利性康复辅助器具配置服务机构建设，以及具有良好示范效应、较强公共服务性质的康复辅助器具项目。健全政府采购机制，国产产品能够满足要求的原则上须采购国产产品。将符合条件的高端康复辅助器具产品纳入首台（套）重大技术装备保险补偿试点范围。

（十一）完善消费支持措施。鼓励有条件的地方研究将基本的治疗性康复辅助器具逐步纳入基本医疗保险支付范围。完善康复辅助器具工伤保险支付制度，合理确定支付范围。支持商业保险公司创新产品设计，将康复辅助器具配置纳入保险支付范围。鼓励金融机构创新消费信贷产品，支持康复辅助器具消费。有条件的地方可以对城乡贫困残疾人、重度残疾人基本型康复辅助器具配置给予补贴。

（十二）加强人才队伍建设。鼓励将康复辅助器具相关知识纳入临床医学、生物医学工程相关专业教育以及医师、护士、特殊教育教师、养老护理员、孤残儿童护理员等专业人员继续教育范围。依托科研院所、高等院校、企业设立康复辅助器具方面的博士后科研工作站。支持企业、院校合作建立实用型人才培养基地，鼓励企业为教师实践、学生实习提供岗位。完善康复辅助器具从业人员职业分类、国家职业标准、职称评定政策，研究建立假肢师和矫形器师水平评价类职业资格制度。

四、保障措施

（十三）加强组织领导。各地各有关部门要高度重视康复辅助器具产业发展，加强协调联动。建立民政部牵头的部际联席会议制度，统筹推进康复辅助器具产业发展。各级民政部门要协同发展改革、工业和信息化、财政、卫生计生、食品药品监管等有关部门及残联组织，做好康复辅助器具产业发展规划、行业指导和监督管理工作。教育、科技、司法、人力资源社会保障、商务、人民银行、海关、税务、工商、质检、银监、证监、保监、统计、知识产权等部门要各司其职，及时解决工作中遇到的问题，形成齐抓共管、整体推进的工作局面。

（十四）推进综合创新试点。国家选择条件成熟地区开展综合创新试点，在康复辅助器具产业集聚发展、服务网络建设、政产学研用模式创新、业态融合等重点领域先行先试，打造一批知名产业园区、前沿创新平台、知名企业品牌、优势特色产品和新型服务模式，为加快康复辅助器具产业发展提供经验。

（十五）健全行业统计制度。以国民经济行业分类为基础，健全康复辅助器具产业统计监测分析体系。建立以主要产品数量、生产企业、服务机构等信息为主要内容的统计指标体系，完善统计调查、行政记录和行业统计相结合的信息采集机制。

民政部、国家发展改革委要加强对本意见实施情况的督促落实，及时向国务院报告。国务院将适时组织专项督查。

国务院

2016 年 10 月 23 日

223

B.10

附录3 关于开展国家康复辅助器具产业综合创新试点的通知

民政部　发展改革委　科技部

工业和信息化部　质检总局　中国残联

关于开展国家康复辅助器具产业

综合创新试点的通知

民发〔2017〕150号

各省、自治区、直辖市民政厅（局）、发展改革委、科学技术厅（局）、工业和信息化主管部门、质量技术监督局、残联：

　　为贯彻落实《国务院关于加快发展康复辅助器具产业的若干意见》（国发〔2016〕60号），进一步摸清康复辅助器具产业发展规律，积极探索和总结成功的经验做法，民政部、发展改革委、科技部、工业和信息化部、质检总局、中国残联等6部门和单位决定组织开展国家康复辅助器具产业综合创新试点。现将《国家康复辅助器具产业综合创新试点工作方案》印发给你们，请认真贯彻落实。

民政部　发展改革委

科技部　工业和信息化部

质检总局　中国残联

2017年9月11日

国家康复辅助器具产业综合创新试点工作方案

一、指导思想

全面贯彻党的十八大和十八届三中、四中、五中、六中全会精神，深入贯彻习近平总书记系列重要讲话精神和治国理政新理念新思想新战略，按照党中央、国务院关于加快发展康复辅助器具产业的决策部署，充分发挥地方的主动性和创造性，围绕促进产业集聚发展、加强服务网络建设、推进政产学研用模式创新、实现业态融合发展、营造良好市场环境等领域，选择一批有条件的地区，在最大限度利用现有资源的基础上，开展康复辅助器具产业综合创新试点。

二、总体目标

通过试点，将康复辅助器具产业打造成为推动经济转型升级的先导产业，产业增长速度超过本地区 GDP 增长速度，不断满足老年人、残疾人和伤病人多层次、多样化的康复辅助器具配置服务需求，创造一批各具特色的典型经验和先进做法，形成一批可复制、可推广的政策措施和发展模式，为全国加快发展康复辅助器具产业积累经验。

三、试点要求

（一）试点地区。试点地区为地市级行政区域（包含副省级城市）。

（二）试点数量。根据地方现有发展基础，兼顾东、中、西部实际情况，在全国选择 12 个地区开展试点。

（三）试点条件。党委政府高度重视，有强烈的试点意愿，在试点领域已出台或即将出台相关支持措施；试点领域工作基础较好，有明显亮点和优势；对已规划或已建成产业园区或生产基地的地区，予以优先考虑；对已建立国家辅助器具区域中心或较完善配置服务网络的地区，予以优先考虑。

（四）试点时限。试点工作自试点地区名单确定通知下发之日起启动，期限 2 年。

四、试点任务

申报地区结合实际，可选择以下一个或多个方面任务开展试点，试点内容包括但不限于下列任务中所列事项。

（一）促进产业集聚发展。重点是搭建聚集发展平台，打造康复辅助器具产业园区或生产基地，科学定位产业发展方向，完善基础设施和配套建设等；强化产业公共服务，建设面向康复辅助器具产业集群和中小型企业的公共服务平台，大力发展研发设计、科技成果转化、融资租赁、信息技术服务、检验检测认证、电子商务、服务外包、品牌建设和人力资源服务等生产性服务等；创造良好发展环境，通过加强财政引导和强化金融服务等方式培育壮大产业发展资本市场，实施积极的创新创业人才培养、引进政策等；加强国际合作交流，支持企业加快引进吸收国外先进科技成果，着眼全球配置优势资源，持续拓展国外市场份额等。通过试点，形成一批具有国际竞争力和影响力的领军企业，造就一批创新性强、成长性好的企业。

（二）加强服务网络建设。重点是发展配置服务机构，鼓励地方财政通过奖励引导等方式支持非营利性康复辅助器具配置服务机构建设，鼓励、吸引和扶持社会力量兴办康复辅助器具配置服务机构等；提升配置服务能力，推动康复辅助器具配置服务机构适应消费需求升级，发展内容多样化、品质精细化的配置服务，支持现有服务网络规范化建设和能力提升等；创新配置服务模式，开展康复辅助器具社区租赁和回收再利用服务，推进互联网、云计算、大数据、3D打印等新技术在配置服务中的集成应用，搭建康复辅助器具产品服务信息平台等。通过试点，形成主体多元、覆盖面广、可及性高的康复辅助器具配置服务网络。

（三）推进政产学研用模式创新。重点是充分发挥政府职能作用，加快构建有利于康复辅助器具科技产业发展的法规政策体系等；建立资源互动共享机制，推动企业与普通高校、职业院校合作建立人才培养基地，鼓励有关院校增设康复辅助器具相关专业，支持企业为科研机构和有关院校提供兼职或实践岗位，统筹企业、科研院所、高等学校等创新资源，搭建科技创新平台和基础共性技术研发平台等；促进创新主体高效对接，搭建面向康复辅助器具科技成果转化、产业孵化的服务平台，组建政产学研用创新联盟，注重发挥用户需求在产品研发设计中的引导作用等；着力提升研发创新能力，多渠道增加投入，支持相关基础理论、基础工艺、基础材料、基础元器件、基础技术研发，积极探索高新技术和产品的研发应用等。通过试点，政产学研用协同创新能力明显增强，突破一批前沿、关键和共性技术，促进新产品开发、旧产品升级，形成一批具有自主知识产权的高品质产品。

（四）实现业态融合发展。重点是加强与养老服务业的融合，推进康复辅助器具在居家养老服务中的普及应用和老年人居住场所的无障碍设施改造，推动各类养老服务机构设置康复辅助器具配置室并提供基本的配置服务等；加强与助残扶残业的融合，推动康复辅助器具在残疾人服务、教育和就业机构中的集中应用，有条件的地方可以对城乡贫困残疾人、重度残疾人基本型康复辅助器具配置给予补贴；加强与医疗健康业的融合，推进骨科、眼科、耳科、康复科等医疗服务与康复辅助器具配置服务紧密衔接，鼓励有条件的地方研究将基本的治疗性康复辅助器具逐步纳入基本医疗保险支付范围等。通过试点，实现康复辅助器具在养老、助残、医疗、健康等领域的深度融合，发挥对其他行业发展的支撑作用。

（五）营造良好市场环境。重点是加强康复辅助器具质量监督管理，完善监督管理制度，强化部门协同配合，探索形成各司其职、统一协调的监管体制等；发挥标准导向作用，培育康复辅助器具检验检测认证机构，加快产品、管理、服务等方面的地方标准制修订，培育发展团体标准，积极推动地方标准转化为行业标准或国家标准等；强化企业主体责任，推动企业建立覆盖产品全生命周期的质量管理体系并通过相关认证，实行企业产品和服务标准自我声明公开和监督制度，建立产品和服务质量"红黑榜"，鼓励康复辅助器具产品领域开展自愿性认证等；维护良好市场秩序，严厉打击侵犯知识产权和制售假冒伪劣商品行为，加强康复辅助器具行业信用体系建设，构建以信用为核心的市场监管机制等。通过试点，形成公平竞争的市场秩序，平等保护各类市场主体合法权益。

五、组织实施

综合创新试点工作分 4 个步骤实施，即试点申报、评审确定、试点开展、试点评估。

（一）试点申报。申报地区人民政府拟定试点方案并附相关申报材料一同上报省级民政和发展改革部门，试点方案内容包括：本地区概况、试点任务和内容、工作基础、试点目标、进度安排、保障措施等。省级民政、发展改革部门会同科技、工业和信息化、质检、残联等部门和单位负责对申报地区的试点方案进行初审，择优选择 1～2 个地区，并于 2017 年 9 月 30 日之前将相关材料联合上报民政部、发展改革委、科技部、工业和信息化部、质检总局和中国残联。

（二）评审确定。民政部、发展改革委会同科技部、工业和信息化部、质检总局、中国残联制定评审办法和评分标准，组织专家开展评审，主要从试点方案的完整和规范程度、申报地区经济社会发展水平、申报地区发展康复辅助器具产业相关领导机构和工作机制的建立情况、申报地区在试点领域出台或计划出台的支持政策情况、申报地区在试点领域的资金投入或计划投入情况、申报地区在试点领域的产业发展基础、申报地区计划达到的绩效目标及相关保障措施等 7 个方面对申报地区进行打分。根据打分结果并兼顾东、中、西部发展实际对申报地区进行综合研究，经向社会公示后确定试点地区名单。

（三）试点开展。试点地区人民政府是试点工作的责任主体，负责试点工作的组织领导、实施推动、综合协调和措施保障，全力推进落实试点方案中的各项任务，确保试点工作取得实效。省级民政、发展改革、科技、工业和信息化、质检、残联等部门和单位加强对试点地区的动态跟踪和工作督导，积极协调相关部门和单位帮助解决试点工作存在的困难和问题。民政部、发展改革委、科技部、工业和信息化部、质检总局、中国残联会同相关部门和单位，加强对试点工作的宏观指导、政策协调和督促推动。

（四）试点评估。省级民政、发展改革、科技、工业和信息化、质检、残联等部门和单位建立工作评价机制，及时掌握试点地区的试点工作进展，并于试点中期将相关情况联合上报民政部、发展改革委等有关部门和单位。民政部、发展改革委会同科技部、工业和信息化部、质检总局和中国残联于试点末期对地点地区的试点工作进行评估和总结，对试点过程中取得的有益经验和成功做法及时向全国推广。

联系人：民政部社会福利和慈善事业促进司王振泽，尹冬华
联系电话：（010）58123279，（010）58123267
传　　真：（010）58123279

Abstract

The report of the 19th CPC National Congress proposed that we should actively respond to aging of the population. The population of Beijing is in the stage of moderate aging. The service for the aged becomes a crucial problem to be solved in the future, and the goods for the aged are gradually being paid attention to at the national level. In 2016, "Suggestions of the State Council on Accelerating the Development of Rehabilitation Assistive Devices Industry" (National [2016] No. 60) was issued. For the first time and in the name of the State Council, the document conducted the top-level design and layout of the rehabilitation assistive devices industry and established the goal of realizing the breakthrough at 700 billionyuan in industrial scale by 2020.

The book contains a general report and six sub-reports. The general report is the development report of rehabilitation assistant devices for the elderly in Beijing, the six sub-sections are as follows: Research status of rehabilitation assistant devices: theory and literature, Policy development report of rehabilitation assistant devices, Report on the development of elderly rehabilitation assistive devices industry in Beijing, Report on the development of elderly rehabilitation assistive products in Beijing, Report on the product case of elderly rehabilitation assistive devices, Case report of Beijing elderly rehabilitation assistive devices enterprise (organization).

The general report summarized the current classifications of rehabilitation assistive devices by various standards, and proposed the criteria for the classification of rehabilitation assistive devices, such as use environment and target customer; sorted out 77 national policy documents about rehabilitation assistive devices from 1988 to December 2017 and 11 policy documents issued by Beijing since 2009; explained the status quo of the current industry chain of elderly assistive devices in the jurisdiction of Beijing, analyzed the status and problems of the elderly assistive devices industry as well as elderly rehabilitation assistive devices market in Beijing, and finally expounds the outlook for the development of the elderly rehabilitation assistive devices market in Beijing.

The sub-report 1 summarized the related literatures of the assistive products and industrial status of elderly. First of all, the basic concept of assistive devices, historical evolution and classification are introduced, and the domestic related research on assistive devices is summarized. Secondly, based on the relevant literatures, the concept, function and configuration principle of assistive products of elderly are extracted. Thirdly, The characteristics of the assistive industry in the research are summarized and the development status of the industry at home and abroad arecompared. Finally, The four kinds of evaluation methods for the assistive products and industries were summarized: namely satisfaction evaluation, life quality evaluation, psychological impact assessment and economic evaluation. Overall, the domestic research on assistive devices of elderly for the development of products and industry lags behind that of developed countries and regions, We should introduce the foreign advanced method concept to domestic. Based on national conditions and practice of China , we carry out high-quality localization research and apply the research results to practice.

The sub-report 2 clarifies the policy of rehabilitation assistant devices, these policy include policy evolution, R&D and production, support policy, the improvement of institutional construction and service network, free distribution, publicity and talent cultivation, industry and market, and other problems of rehabilitation assistant devices. The Office of the National Working Committee on Ageing should give more attention to the policy of rehabilitation assistant devices in the future. Special policies should be put forward for the problems of R & D, production and sales of rehabilitation assistive devices. The propaganda of rehabilitative assistive devices should be more "grounded". Special training policy for rehabilitation assistive devices and related policies for rehabilitation assistive devices leasing should be put forward.

The sub-report 3 analyzed the development status of the elderly assistive devices industry in Beijing. Firstly, it described the process of collection and thorough investigation into the Beijing enterprises sample database and the process of supplementing to the sample database for five times. Besides, based on the survey, in terms of elderly rehabilitation assistive devices industry in Beijing, it described current enterprise location distribution, business types of enterprises, registered capitals of enterprises, and sustainability of business operation time, and also suggested that there were five problems in industrial development, including small-scale industrial market, less competitive enterprises, low support provided by policies for industrial development, insufficient funds for research and development of industrial innovation and the elderly' less activity in consumption which restricted market development. Finally, it put forward the countermeasures and suggestions on the development of the elderly rehabilitation assistive devices industry in Beijing.

Sub-report 4 mainly analyzes the market situation of elderly rehabilitation assistive devices inBeijing. The survey shows that the large sales products of elderly aged assistive devices in Beijing are wheelchairs, anti bedsore products, walking sticks, the old age substitute car, toilet chairs and so on, and the sales channels are diversified. The products produced by enterprises in the district of Beijing include wheelchairs, hearing aids, handrails, multifunctional seats, robots, cupping, sphygmom-anometers, artificial limbs, orthoses, limb trainers, shoes, and insoles. There are some problems, such as the insufficient investment in the overall R & D innovation ability, the big difficulties in the production and operation of the products, the insufficient purchasing power of the old people to the assistive products, and the inadequate supervision and support of the policy to the assistive products in Beijing. Based on this, it is proposed that we should strengthen the propaganda and promotion of the assistive products, improve the policy support system, emphasize the input of scientific research and innovation, satisfy the adaptation requirements of the assistive products, create the humanized assistive products, create the barrier-free environmentl facilities, and develop the renting service of the rehabilitation assistive devices in China.

Sub-report 5 selected elderly mobile assistive devices, elderly assistive devices for the bedroom, aged assistive devices for the kitchen, aged assistive devices for the living room, elderly assistive devices for the toilet, displaced elderly assistive devices and other 20 categories of senile rehabilitation assistive devices in 6 functional areas was introduced as a typical case. Each type of product is introduced from the aspects of product category, product features, product cases and so on.

Sub-report 6 select 14 senior assistive-care companies (institutions) as the case highlights from the perspectives of management institutions, Research and development (R&D), production, sales, leasing and smart development. These companies include China Assistive Devices and Technology Centre for Persons with Disabilities, National Research Centre for Rehabilitation Technical Aids, China Rehabilitation Research Centre, National Supervision & Testing Center of Quality for Rehabilitation Instrument, Beijing Te Bie Te Rehabilitation aids technology Limited company, Beijing Merston Technology Development Shares Limited company, Bingjing Long Tou Tian Wei Technology Development Limited company, Bingjing Worldwid Jingbo Prosthetic Rehabilitation Equipment Limited company, Beijing Onental Re – Sun Prosthetics & Orthotics Technology Development Limited company, Beijing Rehabilitation Home Medical Device Chain Management Limited company, Bo Ai Fang Te International Trade (Beijing) Limited company, Friendly Business Services for the Elderly Limited company, Beijing Geriatric Products Exhibition Center Limited company, Beijing JianZuBao Technology Limited company and Beijing XiaoDow Technology Limited company. The case analysis mainly introduces three aspects: the summary of each year's auxiliary equipment companies (organizations), the current status of operations, and the difficulties and problems encountered in operations.

Contents

I General Report

Abstract: In order to actively respond to the aging of the population, build a policy system and social environment of respecting, honoring and supporting the elderly, promote the combination of medical care with service for the elderly, and to accelerate the development of the elderly businesses and industries, the state and relevant ministries are actively promoting the development of theassitive devices industry, while additionally Beijing has gradually introduced corresponding policies. This report summarized the current classifications of various assistive devices according to different criteria and proposed the classification standards including the use environment and target customers; sorted out 77 national policy documents about rehabilitation assistive devices from 1988 to December 2017 and 11 policy documents issued by Beijing since 2009; explained the status quo of the current industry chain of elderly assistive devices in the jurisdiction of Beijing, analyzed the status and problems of the elderly assistive devices industry as well as elderly rehabilitation assistive devices market in Beijing, and finally expounds the outlook for the development of the elderly rehabilitation assistive devices market in Beijing.

Keywords: Elderly Assistive Devices; Elderly Rehabilitation Assistive Devices Market; Elderly Rehabilitation Assistive Devices Policy

II   Segment Reports

B. 2   The Research Status of Assistive Devices: Theory and
Literature   *Feng Qian* / 028

Abstract: Assistive devices of elderly refers to the assistive products which can help the elderly to be compensated, improve the status and assist the independent. The report 1 summarized the related literatures of the assistive products and industrial status of elderly . First of all, the basic concept of assistive devices, historical evolution and classification are introduced, and the domestic related research on assistive devices is summarized. Secondly, based on the relevant literatures, the concept, function and configuration principle of assistive products of elderly are extracted. Thirdly, The characteristics of the assistive industry in the research are summarized and the development status of the industry at home and abroad are compared. Finally, The four kinds of evaluation methods for the assistive products and industries were summarized: namely satisfaction evaluation, life quality evaluation, psychological impact assessment and economic evaluation. Overall, the domestic research on assistive devices of elderly for the development of products and industry lags behind that of developed countries and regions, We should introduce the foreign advanced method concept to domestic. Based on national conditions and practice of China , we carry out high – quality localization research and apply the research results to practice.

Keywords: Assistive Devices; Assistive Products of Elderly; Assistive Industry of Elderly

B. 3　Development Report of The Policy of Rehabilitation

Assistant Devices　　　　　　　　　　　*Zhang Hangkong* / 043

Abstract：this paper clarifies the policy of rehabilitation assistant devices, these policy include policy evolution, R & D and production, support policy, the improvement of institutional construction and service network, free distribution, publicity and talent cultivation, industry and market, and other problems of rehabilitation assistant devices. The Office of the National Working Committee on Ageing should give more attention to the policy of rehabilitation assistant devices in the future. Special policies should be put forward for the problems of R & D, production and sales of rehabilitation assistive devices. The propaganda of rehabilitative assistive devices should be more "grounded". Special training policy for rehabilitation assistive devices and related policies for rehabilitation assistive devices leasing should be put forward.

Keywords：Assistive Devices; Assistive Products Of Elderly; Assistive Industry Of Elderly.

B. 4　Development Report of Elderly Rehabilitation Assistive

Industry in Beijing　　　　　　　*Jiang Hua, Liu Luyao* / 067

Abstract：The report analyzed the development status of the elderly assistive devices industry in Beijing. Firstly, it described the process of collection and thorough investigation into the Beijing enterprises sample database and the process of supplementing to the sample database for 5 times. Besides, based on the survey, in terms of elderly rehabilitation assistive devices industry in Beijing, it described current enterprise location distribution, business types of enterprises, registered capitals of enterprises, and sustainability of business operation time, and also suggested that there were five problems in industrial development, including small － scale industrial market, less competitive enterprises, low support provided by policies for industrial development, insufficient funds for research and development of industrial innovation and theelderly'less activity in consumption which restricted market development. Finally, it put forward the countermeasures and suggestions on the development of the elderly rehabilitation assistive devices industry in Beijing.

Keywords: Industries; Research Samples; Industrial Scale; Research and Development; Market

B. 5 Development Report of Elderly Rehabilitation Assistive Products in Beijing *Jiang Hua, Li Qianyu* / 093

Abstract: This report mainly analyzes the market situation of elderly assistive products in Beijing. The survey shows that the large sales products of elderly aged assistive devices in Beijing are wheelchairs, anti bedsore products, walking sticks, the old age substitute car, toilet chairs and so on, and the sales channels are diversified. The products produced by enterprises in the district of Beijing include wheelchairs, hearing aids, handrails, multifunctional seats, robots, cupping, sphygmom −

anometers, artificial limbs, orthoses, limb trainers, shoes, and insoles. There are some problems, such as the insufficient investment in the overall R & D innovation ability, the big difficulties in the production and operation of the products, the insufficient purchasing power of the old people to the assistive products, and the inadequate supervision and support of the policy to the assistive products in Beijing. Based on this, it is proposed that we should strengthen the propaganda and promotion of the assistive products, improve the policy support system, emphasize the input of scientific research and innovation, satisfy the adaptation requirements of the assistive products, create the humanized assistive products, create the barrier −free environmentl facilities, and develop the renting service of the rehabilitation assistive devices in China.

Keywords: Product; Innovation; Production; Policy Support

B. 6   Case Report of Elderly Rehabilitation Assistive Products

Feng XiLiang, Su Ranran and Wang Quan / 111

Abstract: According to the division standard for the use of functional areas for elderly assistive products, we select elderly mobile assistive devices, elderly assistive devices for the bedroom, aged assistive devices for the kitchen, aged assistive devices for the living room, elderly assistive devices for the toilet, displaced elderly assistive devices and other 20 categories of senile rehabilitation assistive devices in 6 functional areas was introduced as a typical case. Each type of product is introduced from the aspects of product category, product features, product cases and so on.

Keywords: Elderly Assistive Products; Category; Function; Case

B. 7   Case Report of 14 Elderly Rehabilitation Assistive Companies (Institutions)

Jiang Hua, Zhang Hangkong, Meng Fanli and Wang Deyong / 159

Abstract: 14 elderly rehabilitation assistive companies (institutions) as the case highlights from the perspectives of management institutions, Research and development (R&D), production, sales, leasing and smart development. These companies include China Assistive Devices and Technology Centre for Persons with Disabilities, National Research Centre for Rehabilitation Technical Aids, China Rehabilitation Research Centre, National Supervision & Testing Center of Quality for Rehabilitation Instrument, Beijing Te Bie Te Rehabilitation aids technology Limited company, Beijing Merston Technology Development Shares Limited company, Bingjing Long Tou Tian Wei Technology Development Limited company, Bingjing Worldwid Jingbo Prosthetic Rehabilitation Equipment

Limited company, Beijing Onental Re − Sun Prosthetics & Orthotics Technology Development Limited company, Beijing Rehabilitation Home Medical Device Chain Management Limited company, Bo Ai Fang Te International Trade (Beijing) Limited company, Friendly Business Services for the Elderly Limited company, Beijing Geriatric Products Exhibition Center Limited company, Beijing JianZuBao Technology Limited company and Beijing XiaoDow Technology Limited company. The case analysis mainly introduces three aspects: the summary of each year's auxiliary equipment companies (organizations), the current status of operations, and the difficulties and problems encountered in operations. The case analysis mainly introduces three aspects: the summary of each year's auxiliary equipment companies (organizations), the current status of operations, and the difficulties and problems encountered in operations.

Keywords: Aged Assistive Agency; Elderly Assistive Company; Operation; Difficulties and Problems

社会科学文献出版社

皮书系列

❖ 皮书起源 ❖

"皮书"起源于十七、十八世纪的英国，主要指官方或社会组织正式发表的重要文件或报告，多以"白皮书"命名。在中国，"皮书"这一概念被社会广泛接受，并被成功运作、发展成为一种全新的出版形态，则源于中国社会科学院社会科学文献出版社。

❖ 皮书定义 ❖

皮书是对中国与世界发展状况和热点问题进行年度监测，以专业的角度、专家的视野和实证研究方法，针对某一领域或区域现状与发展态势展开分析和预测，具备原创性、实证性、专业性、连续性、前沿性、时效性等特点的公开出版物，由一系列权威研究报告组成。

❖ 皮书作者 ❖

皮书系列的作者以中国社会科学院、著名高校、地方社会科学院的研究人员为主，多为国内一流研究机构的权威专家学者，他们的看法和观点代表了学界对中国与世界的现实和未来最高水平的解读与分析。

❖ 皮书荣誉 ❖

皮书系列已成为社会科学文献出版社的著名图书品牌和中国社会科学院的知名学术品牌。2016年，皮书系列正式列入"十三五"国家重点出版规划项目；2013~2018年，重点皮书列入中国社会科学院承担的国家哲学社会科学创新工程项目；2018年，59种院外皮书使用"中国社会科学院创新工程学术出版项目"标识。

中国皮书网

（网址：www.pishu.cn）

发布皮书研创资讯，传播皮书精彩内容
引领皮书出版潮流，打造皮书服务平台

栏目设置

关于皮书：何谓皮书、皮书分类、皮书大事记、皮书荣誉、
　　　　　皮书出版第一人、皮书编辑部

最新资讯：通知公告、新闻动态、媒体聚焦、网站专题、视频直播、下载专区

皮书研创：皮书规范、皮书选题、皮书出版、皮书研究、研创团队

皮书评奖评价：指标体系、皮书评价、皮书评奖

互动专区：皮书说、社科数托邦、皮书微博、留言板

所获荣誉

2008 年、2011 年，中国皮书网均在全国新闻出版业网站荣誉评选中获得"最具商业价值网站"称号；

2012 年，获得"出版业网站百强"称号。

网库合一

2014 年，中国皮书网与皮书数据库端口合一，实现资源共享。

权威报告·一手数据·特色资源

皮书数据库
ANNUAL REPORT(YEARBOOK)
DATABASE

当代中国经济与社会发展高端智库平台

所获荣誉

- 2016年，入选"'十三五'国家重点电子出版物出版规划骨干工程"
- 2015年，荣获"搜索中国正能量 点赞2015""创新中国科技创新奖"
- 2013年，荣获"中国出版政府奖·网络出版物奖"提名奖
- 连续多年荣获中国数字出版博览会"数字出版·优秀品牌"奖

成为会员

通过网址www.pishu.com.cn访问皮书数据库网站或下载皮书数据库APP，进行手机号码验证或邮箱验证即可成为皮书数据库会员。

会员福利

- 使用手机号码首次注册的会员，账号自动充值100元体验金，可直接购买和查看数据库内容（仅限PC端）。
- 已注册用户购书后可免费获赠100元皮书数据库充值卡。刮开充值卡涂层获取充值密码，登录并进入"会员中心"—"在线充值"—"充值卡充值"，充值成功后即可购买和查看数据库内容（仅限PC端）。
- 会员福利最终解释权归社会科学文献出版社所有。

社会科学文献出版社 皮书系列
SOCIAL SCIENCES ACADEMIC PRESS (CHINA)
卡号：278375845482
密码：

数据库服务热线：400-008-6695
数据库服务QQ：2475522410
数据库服务邮箱：database@ssap.cn
图书销售热线：010-59367070/7028
图书服务QQ：1265056568
图书服务邮箱：duzhe@ssap.cn

S 基本子库
SUB DATABASE

中国社会发展数据库（下设 12 个子库）

全面整合国内外中国社会发展研究成果，汇聚独家统计数据、深度分析报告，涉及社会、人口、政治、教育、法律等 12 个领域，为了解中国社会发展动态、跟踪社会核心热点、分析社会发展趋势提供一站式资源搜索和数据分析与挖掘服务。

中国经济发展数据库（下设 12 个子库）

基于"皮书系列"中涉及中国经济发展的研究资料构建，内容涵盖宏观经济、农业经济、工业经济、产业经济等 12 个重点经济领域，为实时掌控经济运行态势、把握经济发展规律、洞察经济形势、进行经济决策提供参考和依据。

中国行业发展数据库（下设 17 个子库）

以中国国民经济行业分类为依据，覆盖金融业、旅游、医疗卫生、交通运输、能源矿产等 100 多个行业，跟踪分析国民经济相关行业市场运行状况和政策导向，汇集行业发展前沿资讯，为投资、从业及各种经济决策提供理论基础和实践指导。

中国区域发展数据库（下设 6 个子库）

对中国特定区域内的经济、社会、文化等领域现状与发展情况进行深度分析和预测，研究层级至县及县以下行政区，涉及地区、区域经济体、城市、农村等不同维度。为地方经济社会宏观态势研究、发展经验研究、案例分析提供数据服务。

中国文化传媒数据库（下设 18 个子库）

汇聚文化传媒领域专家观点、热点资讯，梳理国内外中国文化发展相关学术研究成果、一手统计数据，涵盖文化产业、新闻传播、电影娱乐、文学艺术、群众文化等 18 个重点研究领域。为文化传媒研究提供相关数据、研究报告和综合分析服务。

世界经济与国际关系数据库（下设 6 个子库）

立足"皮书系列"世界经济、国际关系相关学术资源，整合世界经济、国际政治、世界文化与科技、全球性问题、国际组织与国际法、区域研究 6 大领域研究成果，为世界经济与国际关系研究提供全方位数据分析，为决策和形势研判提供参考。

法律声明

　　“皮书系列”（含蓝皮书、绿皮书、黄皮书）之品牌由社会科学文献出版社最早使用并持续至今，现已被中国图书市场所熟知。“皮书系列”的相关商标已在中华人民共和国国家工商行政管理总局商标局注册，如LOGO（▮）、皮书、Pishu、经济蓝皮书、社会蓝皮书等。“皮书系列”图书的注册商标专用权及封面设计、版式设计的著作权均为社会科学文献出版社所有。未经社会科学文献出版社书面授权许可，任何使用与“皮书系列”图书注册商标、封面设计、版式设计相同或者近似的文字、图形或其组合的行为均系侵权行为。

　　经作者授权，本书的专有出版权及信息网络传播权等为社会科学文献出版社享有。未经社会科学文献出版社书面授权许可，任何就本书内容的复制、发行或以数字形式进行网络传播的行为均系侵权行为。

　　社会科学文献出版社将通过法律途径追究上述侵权行为的法律责任，维护自身合法权益。

　　欢迎社会各界人士对侵犯社会科学文献出版社上述权利的侵权行为进行举报。电话：010-59367121，电子邮箱：fawubu@ssap.cn。

社会科学文献出版社